Im Jahr des WASSER-TIGERS, 2022,
kann man neue Wege beschreiten

2022

	Januar	Februar	März	April
Mo	3 10 17 24 31	7 14 21 28	7 14 21 28	4 11 18 25
Di	4 11 18 25	1 8 15 22	1 8 15 22 29	5 12 19 26
Mi	5 12 19 26	2 9 16 23	2 9 16 23 30	6 13 20 27
Do	6 13 20 27	3 10 17 24	3 10 17 24 31	7 14 21 28
Fr	7 14 21 28	4 11 18 25	4 11 18 25	1 8 15 22 29
Sa	1 8 15 22 29	5 12 19 26	5 12 19 26	2 9 16 23 30
So	**2 9 16 23 30**	**6 13 20 27**	**6 13 20 27**	**3 10 17 24**

	Mai	Juni	Juli	August
Mo	2 9 16 23 30	6 13 20 27	4 11 18 25	1 8 15 22 29
Di	3 10 17 24 31	7 14 21 28	5 12 19 26	2 9 16 23 30
Mi	4 11 18 25	1 8 15 22 29	6 13 20 27	3 10 17 24 31
Do	5 12 19 26	2 9 16 23 30	7 14 21 28	4 11 18 25
Fr	6 13 20 27	3 10 17 24	1 8 15 22 29	5 12 19 26
Sa	7 14 21 28	4 11 18 25	2 9 16 23 30	6 13 20 27
So	**1 8 15 22 29**	**5 12 19 26**	**3 10 17 24 31**	**7 14 21 28**

	September	Oktober	November	Dezember
Mo	5 12 19 26	3 10 17 24 31	7 14 21 28	5 12 19 26
Di	6 13 20 27	4 11 18 25	1 8 15 22 29	6 13 20 27
Mi	7 14 21 28	5 12 19 26	2 9 16 23 30	7 14 21 28
Do	1 8 15 22 29	6 13 20 27	3 10 17 24	1 8 15 22 29
Fr	2 9 16 23 30	7 14 21 28	4 11 18 25	2 9 16 23 30
Sa	3 10 17 24	1 8 15 22 29	5 12 19 26	3 10 17 24 31
So	**4 11 18 25**	**2 9 16 23 30**	**6 13 20 27**	**4 11 18 25**

Glückskalender für Kinder 2022/2023

Land	Winter-/Frühjahrs-/ Osterferien	Pfingstferien	Sommerferien	Herbstferien	Weihnachts-ferien
Baden-Württemberg	– 14.04./19.04. - 23.04.	07.06. - 18.06.	28.07. - 10.09.	31.10./ 02.11. - 04.11.	21.12. - 07.01.
Bayern	28.02. - 04.03. 11.04. - 23.04.	07.06. - 18.06.	01.08. - 12.09.	31.10. - 04.11./ 16.11.	24.12. - 07.01.
Berlin	29.01. - 05.02. 07.03./11.04. - 23.04.	27.05. / 07.06.	07.07. - 19.08.	24.10. - 05.11.	22.12. - 02.01.
Brandenburg	31.01. - 05.02. 11.04. - 23.04.	–	07.07. - 20.08.	24.10. - 05.11.	22.12. - 03.01.
Bremen	31.01. - 01.02. 04.04. - 19.04.	27.05./07.06.	14.07. - 24.08.	17.10. - 29.10.	23.12. - 06.01.
Hamburg	28.01. 07.03. - 18.03.	23.05. - 27.05.	07.07. - 17.08.	10.10. - 21.10.	23.12. - 06.01.
Hessen	– 11.04. - 23.04.	–	25.07. - 02.09.	24.10. - 29.10.	22.12. - 07.01.
Mecklenburg-Vorpommern	05.02. - 17.02./18.02. 11.04. - 20.04.	27.05./ 03.06. - 07.06.	04.07. - 13.08.	10.10. - 14.10./ 01.11./02.11.	22.12. - 02.01.
Niedersachsen	31.01. - 01.02. 04.04. - 19.04.	27.05./07.06.	14.07. - 24.08.	17.10. - 28.10.	23.12. - 06.01.
Nordrhein-Westfalen	– 11.04. - 23.04.	–	27.06. - 09.08.	04.10. - 15.10.	23.12. - 06.01.
Rheinland-Pfalz	21.02. - 25.02. 13.04. - 22.04.	–	25.07. - 02.09..	17.10. - 31.10.	23.12. - 02.01.
Saarland	21.02. - 01.03. 14.04. - 22.04.	07.06. - 10.06.	25.07. - 02.09.	24.10. - 04.11.	22.12. - 04.01.
Sachsen	12.02. - 26.02. 15.04. - 23.04.	27.05.	18.07. - 26.08.	17.10. - 29.10.	22.12. - 02.01.
Sachsen-Anhalt	12.02. - 19.02. 11.04. - 16.04.	23.05. - 28.05.	14.07. - 24.08.	24.10. - 04.11.	21.12. - 05.01.
Schleswig-Holstein	– 04.04. - 16.04.	27.05. - 28.05.	04.07. - 13.08.	10.10. - 21.10.	23.12. - 07.01.
Thüringen	12.02. - 19.02. 11.04. - 23.04.	27.05.	18.07. - 27.08.	17.10. - 29.10.	22.12. - 03.01.

Auf den Inseln Sylt, Föhr, Amrum und Helgoland sowie auf den Halligen gelten für die Sommer- und Herbstferien Sonderregelungen

INHALT

Ihr Chinesisches Horoskop-Jahrbuch erscheint seit 45 Jahren im

BIO Ritter Verlag
Waldschmidtstr. 21
D-82327 Tutzing
Fax (0 81 58) 71 42
E-Mail: bioritterverlag@aol.com

Das Chinesische Horoskop-Jahrbuch aus dem BIO Ritter Verlag kann auch bei AMAZON oder über den Buchhandel bestellt werden

Prognosen/Texte: Daniela Herzberg/Roger Keller
Illustration chinesische Tierzeichen: Reinhard Habeck
Redaktion: Monica Ritter
Satz: Ostfriesische Presse Druck GmbH, Emden
Druck: Silber-Druck, Niestetal

Im Jahr des Wasser-Tigers zählt Gerechtigkeit

Liebe Leserin, lieber Leser!

Daniela Herzberg mit ihrem Lebensgefährten Roger Keller, der unter anderem für die Monatstabellen mit den wertvollen Entscheidungshilfen verantwortlich ist

Mit dem Metall-Büffel wurden wir in den vergangenen 12 Monaten recht gut bei der Stange gehalten. Schließlich ist dieses Tierzeichen bekannt dafür, dass es einen einmal eingeschlagenen Weg unbeirrt bis ans Ende geht und sich dabei von nichts und niemandem aufhalten lässt. Das spiegelte sich vor allem auch in der Art und Weise wider, wie wir 2021 miteinander kommuniziert haben - sei es in den sozialen Netzen oder auch im direkten Umgang. Da zeigte sich die Sturheit des scheidenden Jahresregenten immer dann, wenn es schwierig war, sachlich und ohne Vorverurteilung auch andere Argumente als die eigenen anzuhören.

Mit dem Wasser-Tiger dürften die Dinge in den kommenden 12 Monaten allerdings anders laufen als unter der Büffel-Herrschaft. Schließlich ist der Tiger dafür bekannt, dass er mutig und entschlossen voranschreitet, auch wenn ihm der Weg noch unbekannt ist. Der Tiger hinterfragt alte Strukturen und kann damit so manches Konstrukt ins Wanken bringen. Vor allem, wenn dieses auf für ihn nicht nachvollziehbaren Überzeugungen basiert. Er könnte es schaffen, mit dem bestehenden Chaos aufzuräumen und für klare Verhältnisse zu sorgen.

Sollte es dafür notwendig sein, die Krallen auszufahren, wird der Wasser-Tiger davor nicht zurückschrecken. Immer dann, wenn es seiner Ansicht nach nicht fair genug zugeht im Weltgeschehen, wird der neue Regent nicht einfach wegschauen, sondern das Bedürfnis haben, aktiv einzugreifen und für mehr Gerechtigkeit zu sorgen.

In der Chinesischen Astrologie wird der Wasser-Tiger auch „der Tiger, der den Wald verlässt" genannt und es wird ihm ein hoher Grad an Spiritualität nachgesagt. In den kommenden Monaten wird also der Draht nach oben gefördert, so dass sich viele Dinge eher aus einer übergeordneten Perspektive betrachten und lösen lassen.

Der Wasser-Tiger ist bereit, für seine Überzeugungen seine Deckung zu verlassen und sich sichtbar zu machen. Das birgt für unsere persönliche Entwicklung jede Menge Chancen. Wer mutig nach vorne schaut, kann 2022 manche Probleme lösen, auch wenn das zunächst einmal schwierig erscheint.

Auf der beruflichen Ebene kann uns der neue Regent immer dann besonders gut unterstützen, wenn wir ein klares Ziel vor Augen haben und dieses mit redlichen Mitteln umsetzen. Dabei wünscht sich der Tiger vor allem, dass wir zu unseren Aktionen stehen und auch dann die Verantwortung übernehmen, wenn es einmal nicht ganz optimal gelaufen ist.

Wer sich persönlich für seine Rechte und die seiner Mitmenschen einsetzt, kann 2022 sicher mehr erreichen als noch im Jahr zuvor. War es mit dem Büffel zuweilen recht schwer, eine neue Sichtweise zu etablieren, dürfte sich der Tiger in diesem Bereich deutlich aufgeschlossener zeigen. Wer sich ungerecht behandelt fühlt, darf das nun laut aussprechen und darauf hoffen, dass er Gehör findet. Das gilt übrigens im öffentlichen Raum genauso wie in der Partnerschaft…

Herzlichst

Daniela Herzberg

Tipps für die Nutzung des China Horoskop Jahrbuchs 2022

Mit dem Wasser-Tiger brechen ab Februar 2022 sicher aufregende Zeiten an, denn in Tiger Jahren können wir in der Regel starke Veränderungen erwarten. Wie immer finden Sie hier alle Informationen, damit Sie unseren Ratgeber optimal nutzen können.

Wie bestimme ich mein Tierzeichen?

Der Hauptunterschied zwischen einem westlichen und einem chinesischen Horoskop besteht darin, dass in China das Tierzeichen nach dem Jahr berechnet wird und nicht wie im westlichen Horoskop nach dem Monat. **Welches chinesische Tierzeichen für welches Jahr gilt, können Sie ganz einfach in der Tabelle auf den Seiten 8/9 nachlesen.** Aber Achtung: Bei den Chinesen beginnt das astrologische Jahr nicht wie bei uns am 1. Januar, sondern nach dem chinesischen Sonnenkalender immer um den 4. Februar. Wer also vor diesem Termin geboren wurde, gehört noch zum Tierzeichen des Vorjahres.

Die zu der Jahresvorschau der einzelnen Tierzeichen angegebenen Daten ab Seite 10 beziehen sich übrigens auf den jeweiligen Termin des chinesischen Neujahrsfestes, der im Gegensatz zum persönlichen Horoskop nach dem Mondkalender berechnet wird.

Was Ihre Geburtsstunde über Sie verrät

Neben dem Geburtsjahr hat auch die Geburtsstunde einen wichtigen Einfluss auf die Persönlichkeit eines Menschen. Gibt das Tier des Jahres Hinweise auf Ihr Äußeres, so spiegelt das Tier der Geburtsstunde eher Ihre innere Persönlichkeit wider. Je nachdem, wie diese beiden Tiere zueinander stehen, ist der Mensch in Harmonie mit sich selbst oder geprägt von Spannungen innerhalb seiner Persönlichkeit. Oft finden sich auch Aspekte Ihrer Persönlichkeit im Tier der Geburtsstunde, die das Jahrestier nicht repräsentiert.

Die Chinesen teilen den Tag in zwölf Doppelstunden ein und ihr Tag beginnt, anders als bei uns, bereits um 23:00 Uhr mit der Doppelstunde der Ratte. Ihr persönliches Stundentier können Sie ganz einfach mit Hilfe der Tabelle auf Seiten 8 und 9 finden.

Je nachdem, wo Sie geboren sind, müssen Sie Ihre Geburtszeit der realen astronomischen Zeit anpassen. Für Deutschland, Österreich, die Schweiz und einige andere europäischen Länder gilt die so genannte Mitteleuropäische Zeit (kurz MEZ), die bei Görlitz an der deutsch-polnischen Grenze gemessen wird. Generell gilt: Je weiter westlich Ihr Geburtsort von Görlitz entfernt liegt, desto höher die Abweichung. Wenn also jemand zum Beispiel um 12:00 Uhr in Köln geboren wurde, ergibt sich aus astronomischer Sicht eine Abweichung von minus 32 Minuten. Das bedeutet, dass die astronomische Geburtszeit etwas früher bei etwa 11:28 Uhr liegt. Für Geburtsdaten nach 1980 müssen Sie darüber hinaus zwischen Ende März und Anfang Oktober die Sommerzeit berücksichtigen und eine Stunde abziehen, um die genaue astronomische Zeit zu erhalten.

Die Entstehung der Tierzeichen, die Fünf Elemente und Yin/Yang

Jahrtausende lang waren die Geheimnisse der chinesischen Astrologie nur dem Kaiser und seinem Hofstaat vorbehalten. Wahrscheinlich waren es buddhistische Mönche, die vor etwa 1200 Jahren einen Weg fanden, die kaiserlichen Verbote zu umgehen, um mit Horoskopen ihren Lebensunterhalt aufbessern zu können. Sie nahmen das bis dahin geheime Wissen um die Fünf Elemente und Yin und Yang und ordneten den Eigenschaften zwölf Tierzeichen zu. Jedes Jahr wurde einem Tier zugewiesen, so dass sich jedes der Tierzeichen alle zwölf Jahre wiederholt.

So kam jedes Tier zu seinem persönlichen Element und seiner Polarität, die seine Charaktereigenschaften recht genau widerspiegeln. Yang-Holz steht zum Beispiel für ungestümes, expansives Wachstum, das sehr eindrucksvoll durch den Tiger repräsentiert wird. Die mütterliche Yin-Erde passt dagegen hervorragend zur sanftmütigen Ziege.
Neben dem Element, welches das Tier repräsentiert, ergibt sich durch das Geburtsjahr jedoch noch ein weiterer Elemente-Anteil, mit dessen Hilfe sich die Tierzeichen noch besser einordnen lassen. Nicht jeder Drache ist gleich – je nachdem, ob Holz, Feuer, Erde, Metall oder Wasser ihn begleiten ist er mal forscher, mal verträumter. **Welches Element Ihr Geburtszeichen charakterisiert, können Sie auf der Seite mit Ihrer persönlichen Jahresvorschau ab Seite 10 im Kasten neben den Geburtsjahren nachlesen.**

Wer passt zu wem?

Diese Frage ist leider nicht ganz so einfach zu beantworten. Was man klar sagen kann, ist, dass es wie auch im westlichen Horoskop Tierzeichen gibt, die sich besser verstehen als andere. Auf der Tabelle auf den Seiten 8 und 9 finden Sie die günstigen und die weniger günstigen Kombinationen für Ihr Tierzeichen. Falls Sie Ihr Stundentier kennen, können Sie auch dieses in Ihr Urteil mit einbeziehen. Manchmal ergeben sich daraus neue Aspekte, die bei ausschließlicher Betrachtung des Jahrestiers nicht so offensichtlich zu sehen sind. Generell vermittelt Ihnen die Tabelle eine Tendenz, wie die Tiere miteinander harmonieren. Bedenken Sie jedoch bitte, dass sich ein komplettes Horoskop (Geburtstag, -stunde, -monat und -jahr) aus vier Tierzeichen bzw. acht Elementanteilen zusammensetzt, die für eine genaue Analyse im Gesamtkontext und unter dem zeitlichen Aspekt betrachtet werden müssen. So kann die Kombination aus zwei Jahrestieren auf den ersten Blick unharmonisch sein, sich aber bei genauerem Betrachten des gesamten Bildes durchaus zu einem harmonischen Ganzen zusammenfügen.

Astronomische Abweichung der Geburtszeit von der MEZ

Aachen	ca. -36 min	**Freiburg**	ca. -29 min
Augsburg	ca. -16 min	**Fulda**	ca. -21 min
Baden-Baden	ca. -27 min	**Hamburg**	ca. -20 min
Berlin	ca. -6 min	**Hannover**	ca. -25 min
Bielefeld	ca. -26 min	**Karlsruhe**	ca. -26 min
Bonn	ca. -32 min	**Kassel**	ca. -22 min
Bremen	ca. -25 min	**Kiel**	ca. -19 min
Dortmund	ca. -30 min	**Köln**	ca. -32 min
Dresden	ca. -5 min	**Leipzig**	ca. -11 min
Düsseldorf	ca. -33 min	**Magdeburg**	ca. -14 min
Erfurt	ca. -16 min	**München**	ca. -14 min
Flensburg	ca. -22 min	**Nürnberg**	ca. -16 min
Frankfurt a. Main	ca. -25 min	**Stuttgart**	ca. -23 min
Wien	ca. + 5 min	**Zürich**	ca. -26 min
Graz	ca. + 1 min	**Bern**	ca. -30 min

Tierzeichen	Grund-element	Geburts-zeit	Passt generell zu	Passt generell nicht zu	Geburtsjahre mit Zusatzelement	Eigenschaften
Ratte 	Yang Wasser	23:00 – 01:00	Ratte Büffel Drache Affe	Pferd Hase Hahn	1924, 1984 Holz-Ratte 1936, 1996 Feuer-Ratte 1948, 2008 Erd-Ratte 1960, 2020 Metall-Ratte 1972 Wasser-Ratte	kreativ bewusst clever weitsichtig kommunikativ
Büffel 	Yin Erde	01:00 – 03:00	Ratte Schlange Hahn	Ziege Drache Hund	1925, 1985 Holz-Büffel 1937, 1997 Feuer-Büffel 1949, 2009 Erd-Büffel 1961, 2021 Metall-Büffel 1973 Wasser-Büffel	einfallsreich stark konservativ durchsetzungsstark aufmerksam
Tiger 	Yang Holz	03:00 – 05:00	Pferd Hund Schwein Hase	Affe Tiger Schlange	1926, 1986 Feuer-Tiger 1938, 1998 Erd-Tiger 1950, 2010 Metall-Tiger 1962, 2022 Wasser-Tiger 1974 Holz-Tiger	strategisch willensstark entschlossen mutig führungsstark
Hase 	Yin Holz	05:00 – 07:00	Hase Ziege Schwein Schlange Tiger	Drache Hahn Pferd Ratte	1927, 1987 Feuer-Hase 1939, 1999 Erd-Hase 1951, 2011 Metall-Hase 1963, 2023 Wasser-Hase 1975 Holz-Hase	träumerisch diplomatisch häuslich heilend intuitiv
Drache 	Yang Erde	07:00 – 09:00	Ratte Affe Schlange	Hund Hase Ziege Büffel	1928, 1988 Erd-Drache 1940, 2000 Metall-Drache 1952, 2012 Wasser-Drache 1964, 2024 Holz-Drache 1976 Feuer-Drache	moralisch selbstsicher glückbringend opportunistisch erfolgreich
Schlange 	Yin Feuer	09:00 – 11:00	Büffel Hahn Drache Hase	Schwein Tiger	1929, 1989 Erd-Schlange 1941, 2001 Metall-Schlange 1953, 2013 Wasser-Schlange 1965, 2025 Holz-Schlange	zufrieden abwartend verlässlich vorsichtig

Pferd 	Yang Feuer	11:00 – 13:00	Pferd Tiger Hund Ziege	Ratte Hahn Hase	1930, 1990 Metall-Pferd 1942, 2002 Wasser-Pferd 1954, 2014 Holz-Pferd 1966, 2026 Feuer-Pferd 1978 Erd-Pferd	verantwortungsvoll hitzig versonnen aktiv teamfähig
Ziege 	Yin Erde	13:00 – 15:00	Ziege Hase Schwein Pferd	Büffel Hund Drache	1931, 1991 Metall-Ziege 1943, 2003 Wasser-Ziege 1955, 2015 Holz-Ziege 1967, 2027 Feuer-Ziege 1979 Erd-Ziege	freundlich genügsam künstlerisch versonnen selbstlos
Affe 	Yang Metall	15:00 – 17:00	Affe Ratte Drache Hahn Schlange	Tiger Schwein	1920, 1980 Metall-Affe 1932, 1992 Wasser-Affe 1944, 2004 Holz-Affe 1956, 2016 Feuer-Affe 1968, 2028 Erd-Affe	entschlussfreudig elegant fingerfertig leichtsinnig zuversichtlich
Hahn 	Yin Metall	17:00 – 19:00	Büffel Schlange Affe	Hase Hahn Ratte Pferd	1921, 1981 Metall-Hahn 1933, 1993 Wasser-Hahn 1945, 2005 Holz-Hahn 1957, 2017 Feuer-Hahn 1969, 2029 Erd-Hahn	stolz weitsichtig perfektionistisch offen sparsam
Hund 	Yang Erde	19:00 – 21:00	Hund Tiger Pferd Schwein	Drache Ziege Büffel	1922, 1982 Wasser-Hund 1934, 1994 Holz-Hund 1946, 2006 Feuer-Hund 1958, 2018 Erd-Hund 1970, 2030 Metall-Hund	wachsam intellektuell loyal misstrauisch komplex
Schwein 	Yin Wasser	21:00 – 23:00	Schwein Hase Ziege Hund Tiger	Schlange Affe	1923, 1983 Wasser-Schwein 1935, 1995 Holz-Schwein 1947, 2007 Feuer-Schwein 1959, 2019 Erd-Schwein 1971, 2031 Metall-Schwein	gesprächig treu hingebungsvoll mitfühlend fleißig

Die Tierzeichen und ihre Entsprechungen

TZE, die
RATTE
vertraut auf ihre Fähigkeiten

Grund-Element
Wasser Yang

Wenn Sie eine Ratte sind, sind Sie in einem der folgenden Jahre geboren:

鼠

1936	Feuer-Ratte	(24.01.1936-10.02.1937)
1948	Erd-Ratte	(10.02.1948-28.01.1949)
1960	Metall-Ratte	(28.01.1960-14.02.1961)
1972	Wasser-Ratte	(15.02.1972-03.02.1973)
1984	Holz-Ratte	(02.02.1984-19.02.1985)
1996	Feuer-Ratte	(19.02.1996-06.02.1997)
2008	Erd-Ratte	(07.02.2008-25.01.2009)
2020	Metall-Ratte	(25.01.2020-11.02.2021)

Auch wenn der Büffel in den vergangenen zwölf Monaten sicher bemüht war, die Ideen der Ratte umzusetzen, dürfte es ihr so manches Mal trotzdem nicht schnell genug gegangen sein. Zufrieden sein konnten nur diejenigen, die sich auf das aktuelle Geschehen und weniger auf zukünftige Möglichkeiten konzentriert haben - bei allen anderen Ratten dürfte die Ungeduld gesiegt und vielleicht für so manche unüberlegte Handlung gesorgt haben.

Mit dem Wasser-Tiger kommt 2022 ein Tierzeichen mit natürlicher Autorität ans Ruder. Das macht es der Ratte deutlich leichter, an den eigenen Erfolg zu glauben und auch entsprechend selbstbewusst aufzutreten. Mit dem neuen Jahresregenten ändert sich allerdings nichts an der Tatsache, dass man sich für den eigenen Erfolg aktiv einsetzen muss. Hat die Ratte das verstanden, kann sie viel erreichen. Wer dagegen lieber dabei zuschauen möchte, wie Andere die Verantwortung übernehmen, wird 2022 nicht zufriedenstellend vom Platz kommen.

Sowohl auf der beruflichen als auch der finanziellen Ebene kann es mit dem Tiger positive Veränderungen geben. Dafür ist jedoch einiges an Mut und Entschlossenheit erforderlich. Zögerliche Vorgehensweisen schätzt der neue Regent nicht besonders und legt solches Verhalten gerne pauschal als Schwäche aus. Trotzdem ist es für die Ratte wichtig, sich nicht zu spontan in neue Abenteuer zu stürzen, sondern eine gute Balance zwischen planen und tun zu finden.

In der Liebe profitieren bestehende Beziehungen sehr stark davon, wenn die Ratte jetzt nicht nur tolle Pläne macht, sondern diese auch trotz möglicherweise schwieriger Umstände in die Tat umsetzt.

Wer auf der Suche nach einem neuen Partner ist, kann übrigens von der selbstbewussten Haltung des Wasser-Tigers profitieren und sich wunderbar ins rechte Licht rücken.

Ihr Powertipp für 2022

Legen Sie auf keinen Fall die Hände in den Schoß, sondern werden Sie selbst aktiv! Wer darauf hofft, dass sich die Dinge von alleine regeln, kommt jetzt nicht weiter.

Was braucht die Ratte für ihr Lebensglück?

Die Ratte braucht in der Regel ein sicheres soziales Umfeld mit unterschiedlichen Menschen, um sich rundum wohl zu fühlen. Das gilt besonders in ihren ersten Lebensjahren. Ihr geselliges Wesen ist einfach nicht dafür gemacht, sich selbst überlassen zu sein und so sucht sie von klein auf immer den direkten Kontakt mit ihrer Umgebung. Im Kreis von ihr vertrauten Menschen blüht die kleine Ratte so richtig auf.
Wird die Ratte erwachsen, liebt sie es, wenn sie ihrer Fantasie freien Lauf lassen darf. Dann sprüht sie vor neuen Ideen, entwickelt spannende Projekte und freut sich immer dann ganz besonders, wenn andere sich mit der Umsetzung befassen oder ihr dabei behilflich sind. Für Zufriedenheit im Erwachsenenalter braucht sie unbedingt genug Freiräume, damit ihre Kreativität sprudeln kann. Hier liegt ihre Erfüllung in der Regel mehr auf der gedanklichen Ebene – zu handwerklich ausführenden Tätigkeiten fühlen sich die meisten Ratten nicht geschaffen.
Im Herbst ihres Lebens möchte die Ratte Menschen an ihrer Seite wissen, auf die sie sich hundertprozentig verlassen kann. Gerne gibt sie dann die Organisation der alltäglichen Dinge in deren Hände und konzentriert sich lieber auf die geistige Ebene. So mag sie manchem Betrachter von außen manchmal ein wenig weltfremd erscheinen. Doch sie fühlt sich einfach am wohlsten, wenn sie sich nicht mit lästigen Pflichten herumschlagen muss. Spätestens in dieser Phase ihres Lebens hat sie erkannt, dass sie dafür nicht gemacht ist.

Das Glücksrezept für die Ratte

In allzu feste Strukturen mag sich die Ratte ungern drängen lassen. Da fühlt sie sich schnell eingeengt und es fehlt ihr die Luft zum Atmen. Es braucht ausreichend Freiräume, damit die Ratte zufrieden ist und ihr Geist rege bleibt. Wenn es ihr gelingt, sich weitgehend von Aufgaben fernzuhalten, die ihr nicht liegen und ihrer Zeit mit interessanten Menschen zu verbringen, reicht das der Ratte zum Glücklich sein.
Vor allem im Beruf ist Abwechslung das A und O für die Ratte. Damit sie auf Dauer zufrieden ist, sollte sie Routine so weit wie möglich meiden.

Braucht kreative Freiräume - die Ratte

Sollte das bedeuten, dass sie zuweilen die Stelle, den Standort oder den Arbeitgeber wechseln muss, mag das die Ratte nur zu Beginn verunsichern. Im Grunde liebt sie es, sich auf neue Herausforderungen einzulassen und gibt alles, wenn es ihr nicht zu leichtgemacht wird.
In der Partnerschaft braucht die Ratte einen Menschen, der sie vor den Unbilden des täglichen Lebens schützen kann. Dann kümmert sie sich liebevoll um ihn und sorgt dafür, dass er sich wohl fühlt. Sie möchte sich auf ihre bessere Hälfte stützen können und sich nicht mehr als nötig mit den alltäglichen Sorgen herumplagen. Auch von ihren Freunden erwartet die Ratte, dass man sie nicht mit Banalitäten belästigt, sondern lieber gemeinsam Pläne schmiedet. Je verwegener die Ideen, desto mehr blüht die Ratte auf und bringt sich mit ihren eigenen Vorschlägen ein.

Berühmte Ratte-Persönlichkeiten:

Helene Fischer, Sängerin
Mark Zuckerberg, Facebook-Gründer
Ben Affleck, Schauspieler
Dieter Nuhr, Kabarettist

KIU, der BÜFFEL darf sich tolerant zeigen

Grund-Element
Erde Yin

Wenn Sie ein Büffel sind, sind Sie in einem der folgenden Jahre geboren:

牛

1937	Feuer-Büffel	(11.02.1937-30.01.1938)
1949	Erd-Büffel	(29.01.1949-16.02.1950)
1961	Metall-Büffel	(15.02.1961-04.02.1962)
1973	Wasser-Büffel	(04.02.1973-22.01.1974)
1985	Holz-Büffel	(20.02.1985-08.02.1986)
1997	Feuer-Büffel	(07.02.1997-27.01.1998)
2009	Erd-Büffel	(26.01.2009-13.02.2010)
2021	Metall-Büffel	(12.02.2021-31.01.2022)

An Durchsetzungskraft dürfte es den meisten Büffeln 2021 nicht gemangelt haben. Unterstützt vom eigenen Zeichen als Jahresregent war es sicher einfacher, einen vernünftig erscheinenden Kurs zu verfolgen und entschlossen den gewählten Weg zu gehen.
Mit dem neuen Jahresregenten wird es nun wahrscheinlich schwieriger werden, einen Konsens zu finden. Tiger und Büffel sind einfach sehr unterschiedlich in ihrer Grundeinstellung. Da gibt es in den kommenden zwölf Monaten sicher deutlich mehr Diskussionsbedarf. So lange der Diskurs sachlich geführt wird, wird sich ein guter Kompromiss finden lassen, mit dem alle Parteien gut klarkommen.
Je klarer der Büffel sein Ziel vor Augen hat, desto wahrscheinlicher geht er bei geschäftlichen Auseinandersetzungen als Sieger aus dem Ring. Es ist im Jahr des Tigers unbedingt nötig, sich möglicher Kritik zu stellen. Weggucken oder abwarten sind jetzt keine Option mehr, wenn es beruflich weitergehen soll. Wer zeigt, dass er sich weiterentwickeln will, hat die besten Chancen.
Betrifft es allerdings die eigenen Finanzen ist eine gewisse Zurückhaltung 2022 sicher eine gute Taktik. Man mag im privaten und beruflichen Umfeld nun zu größeren und kostspieligeren Aktivitäten neigen. Hier heißt es, seine Geldbörse nicht ohne entsprechende Sicherheiten zu öffnen.
Mit Sturheit kommt der Büffel auf der privaten Ebene in diesem Jahr nicht weiter. Anstatt sich in endlose Diskussionen zu verstricken, ist es besser, sich im Zweifelsfall vor allem dem Nachwuchs gegenüber nachgiebiger zu zeigen.
In der Liebe darf es nun wieder leidenschaftlicher zugehen - das gilt sowohl für länger bestehende als auch für frische Beziehungen. Wer sich auf neues Terrain vorwagt, kann erfreuliche Überraschungen erleben. Diskretion und Fingerspitzengefühl sind im Umgang mit dem Partner jedoch wichtige Attribute.

Ihr Powertipp für 2022

Setzen Sie sich für die Dinge ein, die Ihnen wirklich wichtig sind! Wer sich auf Nebenschauplätzen aufhält, vergeudet seine Energie und erreicht dabei nicht viel.

Was braucht der Büffel für sein Lebensglück?

Im Gegensatz zur Ratte mag es der Büffel nicht, wenn sich an seiner Lebenssituation ständig etwas ändert.
Gerade in jungen Jahren ist Stabilität für ihn eine Grundvoraussetzung zum Glücklich sein. Der kleine Büffel möchte ganz genau wissen, was er zu erwarten hat und mag in der Regel keine Überraschungen. Spontane Aktionen stressen ihn eher, als dass er darauf neugierig reagiert.
Je älter der Büffel wird, desto genauer werden seine Vorstellungen davon, wie er sich sein Leben wünscht. Auf beruflicher Ebene freut er sich über Herausforderungen und nimmt durchaus auch unbequeme Aufgaben an. Es bringt ihm Freude, Probleme zu lösen, an denen andere scheitern, solange man ihn die Sache so angehen lässt, wie er es für richtig hält. Kann er nach seinen Fähigkeiten und Ansichten schalten und walten, genügt ihm in der Regel schon ein kleiner Verantwortungsbereich, damit er Erfüllung findet.
Spektakuläre Unternehmungen sind nicht sein Fall. Das gilt auch für die Partnerschaft, die vor allem durch gegenseitigen Respekt geprägt ist. Zufriedenheit entsteht hier vor allem dann, wenn langsam zusammenwachsen darf, was zusammengehört.
Im Alter reichen dem Büffel oft schon kleine Dinge, damit er sich zufrieden und glücklich fühlt. Gefestigte persönliche Beziehungen sind ganz nach seinem Geschmack, wo er sich als Fels in der Brandung fühlen kann.

Das Glücksrezept für den Büffel
Gleich und gleich gesellt sich gern findet der Büffel und wünscht sich deshalb in seinem Umfeld Menschen, die genau verstehen, wie er tickt. Dabei sind vergleichbare Werte und Lebensphilosophien vor allem im Bereich der Partnerschaft für ihn wichtig. Er macht sich nicht gerne Gedanken darüber, ob der andere genauso glücklich ist mit dem gemeinsamen Weg.
Bei seinen Freunden sieht das schon etwas anders aus – hier schätzt er durchaus eine gepflegte Diskussion und eine gewisse Reibung und freut sich, wenn er seine Ansichten verteidigen muss. Sehr weit aber dürfen die Meinungen auch in seinem Freundeskreis nicht auseinanderliegen, denn im Privatleben mag der Büffel sein Leben nicht unnötig verkomplizieren.

Braucht Stabilität für sein Wohlbefinden - der Büffel

Berufliches Glück kann der Büffel auf ganz unterschiedliche Weise finden - je nachdem, ob er für andere Menschen tätig ist oder auf eigene Rechnung arbeitet. In beiden Fällen ist er sicher am zufriedensten, wenn er auf eine gewisse Regelmäßigkeit zählen kann und ihn nicht ständig Überraschungen erwarten. Eine hohe Befriedigung finden die meisten Büffel darüber hinaus darin, Projekte abzuschließen und komplizierte Sachverhalte endgültig zu bereinigen.
Im Allgemeinen misst der Büffel sein Glück nicht am Grad des Erlebten. Er fühlt sich immer dann am besten, wenn sein Leben wie ein ruhiger Fluss harmonisch dahinfließt. Er braucht keine spektakulären Aktionen, weil schon die kleinen Dinge im Alltag sein Leben nachhaltig bereichern.

Berühmte Büffel-Persönlichkeiten:
Barack Obama, Ex-Präsident der USA
Cristiano Ronaldo, Fußballer
Heidi Klum, Model
Alexander Zverev, Tennisspieler

YING, der TIGER darf auf sein Glück vertrauen

Grund-Element
Holz Yang

Wenn Sie ein Tiger sind, sind Sie in einem der folgenden Jahre geboren:

虎

1938	Erd-Tiger	(31.01.1938-18.02.1939)
1950	Metall-Tiger	(17.02.1950-05.02.1951)
1962	Wasser-Tiger	(05.02.1962-24.01.1963)
1974	Holz-Tiger	(23.01.1974-10.02.1975)
1986	Feuer-Tiger	(09.02.1986-28.01.1987)
1998	Erd-Tiger	(28.01.1998-15.02.1999)
2010	Metall-Tiger	(14.02.2010-02.02.2011)
2022	Wasser-Tiger	(01.02.2022-21.01.2023)

Ging es in den vergangenen zwölf Monaten für den Tiger vor allem darum, eher traditionelle Wege zu beschreiten und Kompromisse einzugehen, weht 2022 für die meisten Tiger wieder ein ganz anderer Wind.

Mit dem Büffel als Jahresherrscher hat sich der König des Dschungels so manches Mal zurückgehalten und wichtige Vorhaben verschieben müssen. Der willensstarke Wasser-Tiger an seiner Seite unterstützt ihn ab sofort voll und ganz dabei, die eigenen Projekte voran zu treiben - das lange Warten hat endlich ein Ende!

Dabei kann der Tiger in diesem Jahr in allen Bereichen seines Lebens selbstbewusst auftreten. Auch wenn es darum geht, den eigenen Horizont zu erweitern, wird man ihm kaum Steine in den Weg legen. Mit Elan und Begeisterung geht der Tiger seine Projekte an und erreicht seine Ziele vielleicht sogar schneller als gedacht. Ist das der Fall, darf er die Zügel ruhig ein wenig lockerer lassen und sich seinen Mitmenschen gegenüber nachgiebiger zeigen.

Auch wenn es 2022 für die meisten Tiger gut laufen dürfte, ist es wichtig, für spätere Zeiten vorzusorgen. Gerade auf der finanziellen Ebene kann es nicht schaden, in den kommenden Monaten Rücklagen zu bilden. Das ermöglicht es dem Tiger, entspannt zu bleiben und über die nötigen Mittel zu verfügen, wenn sich eine gute Gelegenheit bietet.

Mit gekonnten Eroberungsstrategien lässt sich auf den ersten Blick bei potentiellen Partnern sicher Eindruck machen. Soll daraus jedoch etwas Dauerhaftes werden, ist es ratsam, sich auch von der sanften Seite zu zeigen.

In bestehenden Beziehungen wäre es wichtig, einen gemeinsamen Nenner zu finden anstatt Entscheidungen alleine zu treffen. So vermeidet man unnötige Auseinandersetzungen und kann sich dann mehr den angenehmen Dingen der Partnerschaft widmen

Ihr Powertipp für 2022

Verfolgen Sie Ihre Ziele, ohne dabei die zwischenmenschliche Komponente zu vergessen. Ein dauerhafter Erfolg wird sich nur einstellen, wenn alle zufrieden sind

Was braucht der Tiger für sein Lebensglück?

Als König des Dschungels gibt sich der Tiger nur ungern mit halben Sachen zufrieden. Er möchte sein Wachstum vorantreiben und ist in der Regel bereit, dafür viel zu tun.
Schon in der Kindheit braucht der Tiger eine gewisse Unabhängigkeit, um glücklich zu sein. So lassen sich kleine Tiger oft kaum etwas sagen, sondern möchten lieber ihre eigenen Erfahrungen machen.
Trotz dieser scheinbaren Selbständigkeit brauchen kleine Tiger die Anerkennung der Menschen, die ihnen wichtig sind. Die Bestätigung und Unterstützung von außen ist von großer Bedeutung für ihn, um gefestigt und geradlinig seinen Lebensweg zu beschreiten
Erwachsene Tiger möchten ihre Umwelt gerne davon überzeugen, dass sie wunderbar alleine klarkommen. Tatsächlich fühlen sie sich am besten, wenn sie die Fäden selbst in der Hand haben und Entscheidungen alleine treffen können. Am Arbeitsplatz sind sie vor allem dann erfolgreich, wenn sie genug Entscheidungsspielraum bekommen und nicht wegen jeder Kleinigkeit nachfragen müssen. Gibt man ihm freie Hand, kann der Tiger nicht nur Tolles leisten, sondern auch seine Mitstreiter begeistern.
Wird der Tiger älter, ist es für ihn vor allem erfüllend, ein gestecktes Ziel zu erreichen – der Weg dorthin ist dann nicht mehr wichtig. Mit seiner Lebenserfahrung übernimmt er jetzt besonders gerne die Führung. Er kann in dieser Rolle über sich hinauswachsen, solange er davon ausgehen kann, dass seine Entscheidungen von seinen Mitmenschen mitgetragen werden.

Das Glücksrezept für den Tiger
Im Umgang mit seinen Lieben könnte sich der Tiger das Leben um einiges leichter machen, wenn es ihm gelingt, sich mehr in sein Gegenüber einzufühlen und für Kompromisse bereit zu sein. Kann er akzeptieren, dass nicht alle seine Ansichten teilen, ist es leichter für ihn, sich zu entspannen. Je weniger er versucht, Probleme lösen zu wollen, die noch gar nicht akut sind, desto mehr kann er das Hier und Jetzt genießen.
Nicht immer gelingt es dem Tiger, Herr des Geschehen zu sein. Wenn er loslässt, wird er feststellen, dass er gar nicht immer für sein Glück kämpfen muss, sonders es ihm zuweilen einfach in den Schoss fällt. In solchen Momenten fehlt ihm absolut nichts.

Ist seines eigenen Glückes Schmied - der Tiger

Der Tiger braucht zuverlässige Freunde für sein Wohlbefinden. Dabei geht es gar nicht darum, sich gegenseitig ständig zu sehen, sondern mehr um das Gefühl, dass immer jemand da ist, der sich vorbehaltlos hinter ihn stellt.
Für sein Wohlbefinden braucht er auch den regelmäßigen intellektuellen Austausch mit Gleichgesinnten. Dafür darf er sich allerdings nicht in seiner Höhle verkriechen und warten, bis man ihn ruft, sondern sollte selbst aktiv werden. Beruflich will der Tiger gefordert werden, damit er seine Fähigkeiten unter Beweis stellen kann. Er fühlt sich sonst schnell gelangweilt und bleibt dann unter seinen Möglichkeiten.

Berühmte Tiger-Persönlichkeiten:
Sebastian Kurz, österreichischer Bundeskanzler
Rafael Nadal, Tennisspieler
Barbara Schöneberger, Moderatorin
Leonardo di Caprio, Schauspieler

MAO, der HASE kann neue Pläne schmieden

Wenn Sie ein Hase sind, sind Sie in einem der folgenden Jahre geboren:

兔

Grund-Element
Holz Yin

1939	Erd-Hase	(19.02.1939-07.02.1940)
1951	Metall-Hase	(06.02.1951-26.01.1952)
1963	Wasser-Hase	(25.01.1963-12.02.1964)
1975	Holz-Hase	(11.02.1975-30.01.1976)
1987	Feuer-Hase	(29.01.1987-16.02.1988)
1999	Erd-Hase	(16.02.1999-04.02.2000)
2011	Metall-Hase	(03.02.2011-22.01.2012)
2023	Wasser-Hase	(22.01.2023-09.02.2024)

In den letzten zwölf Monaten dürften die meisten Hasen in ruhigeren Gewässern gesegelt sein. Dem Büffel war es vor allen Dingen wichtig, gemächlich seinen Weg zu gehen und nichts zu überstürzen. So konnten Entscheidungen in Ruhe getroffen werden.

Mit dem neuen Jahresherrscher dürften nun andere Zeiten anbrechen. Schließlich gehören Tiger und Hase aus Sicht der Chinesischen Astrologie zum gleichen Haus, welches vor allem für Ausbreitung und Weiterentwicklung steht. So können in den kommenden Monaten ambitionierte Pläne geschmiedet werden. Der Tiger gibt dem Hasen die Stärke, sich darüber klar zu werden, was er wirklich will. Wer souverän auftritt, sollte in der Lage sein, wichtige Vorhaben in die richtigen Bahnen zu leiten.

Der Ton mag allerdings für so manchen Hasen noch etwas zu rau sein - schließlich scheut der neue Jahresherrscher nicht davor zurück, im Zweifelsfall seine Ellenbogen einzusetzen. Wer jetzt etwas erreichen will, muss sich da sicher bis zu einem gewissen Grad anpassen. Alternativ kann der Hase aber auch einfach abwarten, bis sich das Klima zu seinen Gunsten verändert.

Auf der privaten Ebene kann es zu Situationen kommen, die den Hasen von seiner eigentlichen Bestimmung ablenken. Wer sich zu sehr damit beschäftigt, die Harmonie im Freundes- oder Familienkreis aufrecht zu erhalten, dem mag diese Zeit fehlen, wenn es um die eigenen Belange geht. Anstatt die Wogen im Umfeld zu glätten, wäre es sinnvoll, an der eigenen Selbstverwirklichung zu arbeiten und sich dabei vom tatkräftigen Tiger unterstützen zu lassen.

Wer sich in diesem Jahr auf Partnersuche begeben möchte, bekommt vom Wasser-Tiger sicher so manchen positiven Impuls. Ob das Ganze von Dauer sein kann, wird sich vielfach erst im nächsten Jahr zeigen, wenn mit dem Wasser-Hasen das eigene Zeichen die Herrschaft übernimmt.

Ihr Powertipp für 2022

Stellen Sie Ihr Licht nicht länger unter den Scheffel! Wer an der Seite des Tigers glänzen will, muss sich 2022 mutig und entschlossen zeigen.

Was braucht der Hase für sein Lebensglück?

Dem harmoniebedürftigen Hasen liegt das Glück seiner Mitmenschen oft mehr am Herzen als das eigene und es bereitet ihm große Freude, wenn die Menschen, die ihm nahestehen, zufrieden sind.
Kleine Hasen brauchen die Sicherheit und Geborgenheit von Eltern und Familie ganz besonders, damit sie zu selbstbewussten Persönlichkeiten heranwachsen können. Eine freundliche Atmosphäre ist dabei besonders wichtig, denn Hasenkinder spüren sofort, wenn der Haussegen schief hängt und leiden besonders stark unter schwelenden Auseinandersetzungen.
Glücklich fühlt sich der kleine Hase immer dann, wenn er seine Kreativität ausleben darf und seine Talente mit der Außenwelt teilen kann.
Im späteren Leben machen den Hasen vor allem Tätigkeiten glücklich, bei denen seine Hilfsbereitschaft und sein Feingefühl zum Zuge kommen können. Werden seine Fähigkeiten dann noch gebührend geschätzt und anerkannt, braucht der Hase kein großes Gehalt oder ein schickes Büro, sondern kommt auch mit weniger aus.
In einer Beziehung fühlt sich der Hase vor allem dann wohl, wenn es dem Partner auch gut geht. Kann er seine Freude nicht teilen, ist sie für ihn nur halb so viel wert.
Seinen Lebensabend verbringt der Hase am Liebsten im Kreise von vertrauten Menschen, denen er auf keinen Fall zur Last fallen möchte. Er blickt dann zufrieden zurück und freut sich dabei vor allem über das, was Kinder und Kindeskinder erreicht haben.

Das Glücksrezept für den Hasen

Kleinere und größere Auszeiten von Partner und Familie tun dem Hasen recht gut. Dann kann er nämlich unabhängig von der Meinung anderer tun, wonach ihm der Sinn steht, ohne ein schlechtes Gewissen zu bekommen.
Auf beruflicher Ebene ist es für die persönliche Zufriedenheit unerlässlich, dass der Hase auf seine innere Stimme hört und seiner Berufung folgt, auch wenn man ihm vielleicht etwas ganz Anderes vorschlägt. Auf Dauer kann er nur dann bei der Arbeit Erfüllung finden, wenn er das tut, was sein Herz ihm sagt. Kann er dabei noch

Wünscht sich Harmonie in seinen Beziehungen - der Hase

Gutes tun oder andere motivieren, ist das umso besser für sein Lebensglück. Besonders erfüllend für die meisten Hasen ist übrigens die Beschäftigung mit Kindern oder ein Beruf, der einen therapeutischen Hintergrund hat.
In der Partnerschaft ist ein gegenseitiges Geben und Nehmen für den Hasen wichtig. Es macht ihm nichts aus, zurückzustecken, wenn er weiß, dass er später selbst am Zuge ist
Insgeheim wünscht sich der Hase, dass der ganze Aufwand, den er betreibt, um andere glücklich zu machen, diese motiviert, auch auf seine Wünsche einzugehen. Viele andere Tierzeichen nehmen allerdings seine Gaben gerne an, sehen aber keine Notwendigkeit, es ihm direkt zu vergelten – schließlich macht der Hase das alles ja freiwillig... Damit es nicht zu Frust kommt, sollte der Hase seine Erwartungen deshalb zuweilen etwas herunterschrauben.

Berühmte Hase-Persönlichkeiten:

Jamie Oliver, britischer Fernsehkoch
Robin Williams, Schauspieler
Sebastian Vettel, Formel 1 Weltmeister
Angelina Jolie, Schauspielerin

SHENG, der DRACHE kann mit Zustimmung rechnen

Grund-Element
Erde Yang

Wenn Sie ein Drache sind, sind Sie in einem der folgenden Jahre geboren:

龍

1928	Erd-Drache	(23.01.1928-09.02.1929)
1940	Metall-Drache	(08.02.1940-26.01.1941)
1952	Wasser-Drache	(27.01.1952-13.02.1953)
1964	Holz-Drache	(13.02.1964-01.02.1965)
1976	Feuer-Drache	(31.01.1976-17.02.1977)
1988	Erd-Drache	(17.02.1988-05.02.1989)
2000	Metall-Drache	(05.02.2000-23.01.2001)
2012	Wasser-Drache	(23.01.2012-09.02.2013)

Im vergangenen Jahr musste sich der Drache oft geduldig zeigen und kam in vielen Situationen nur zäh voran. Das Abwarten mag ihm sicher nicht immer leichtgefallen sein - vor allem, wenn dadurch seine wunderbaren kreativen Ideen ins Stocken geraten sind.
Umso mehr wird es ihn freuen, dass mit dem Tiger nun ein Tierzeichen das Zepter übernimmt, das sich nicht lange mit Formalitäten aufhalten mag, sondern lieber gleich loslegen möchte. 2022 brechen also deutlich aufregendere Zeiten für den Drachen an und er kann sich über mangelnde Abwechslung sicher nicht beklagen. Die Zielstrebigkeit des neuen Herrschers kann ihm jetzt dabei helfen, nicht nur vielversprechende Pläne zu entwickeln, sondern auch aktiv in die Umsetzung einzusteigen. Am Ende des Weges wartet dann die ersehnte Belohnung - vorausgesetzt, der Drache zeigt den dafür nötigen Einsatz und lässt sich nicht ablenken.
Wenn es um Investitionen geht, sollte sich der Drache lieber absichern, bevor er sich in größere Ausgaben stürzt. Vor lauter Begeisterung kann es sonst passieren, dass er das Risiko nicht realistisch einschätzt. Das kann sich dann nicht nur auf seine Geldbörse, sondern auch auf sein Zeitmanagement auswirken.
Auf der beruflichen Ebene stehen sicher einige Entscheidungen an. Richtig getroffen können diese für den Drachen einen enormen Satz nach vorne bedeuten, mit dem er so vielleicht gar nicht gerechnet hatte.
In der Liebe kann es ebenfalls spannend werden, denn endlich kann sich der Drache wieder von seiner aktiveren Seite zeigen. Mit seinem Charisma kann er viele Sympathien gewinnen und die Herzen fliegen ihm zu. Ob sich so langfristig eine tiefe Bindung ergeben kann, liegt vor allem an der Bereitschaft des Drachens, sich wirklich in die Beziehung einzubringen. Je mehr Hingabe im Spiel ist, desto mehr Magie kann sich entwickeln.

Ihr Powertipp für 2022
Überlegen Sie sich genau, worum Sie das Schicksal bitten! Im Jahr des Tigers kann das nämlich in Erfüllung gehen. Da ist es wichtig, dass Sie Ihre Prioritäten richtig setzen.

Was braucht der Drache für sein Lebensglück?

Ganz so selbstverständlich, wie es sich vor allem die alten Chinesen vorgestellt haben, wird dem Drachen das Glück nicht in die Wiege gelegt... Hat er jedoch erst einmal eingesehen, dass er aktiv werden muss, nimmt er die Sache gerne selbst in die Hand und zeigt sich dabei sehr geschickt.

Vor allem in der Anfangsphase seines Lebens mag der Drache zuweilen hohe Erwartungen haben, die nicht immer erfüllt werden können. Allerdings ist der kleine Drache oft auch schon zufrieden, wenn er ausgiebig seinen Träumen nachhängen darf.

Kann der erwachsene Drache sich in aller Pracht auf dem öffentlichen Parkett präsentieren, so ist er beruflich und privat fast wunschlos glücklich. Dabei fühlt er sich dann am wohlsten, wenn er sich nicht mit den Details aufhalten muss, sondern eher die großen Zusammenhänge und visionäre Ideen gefragt sind.

In der Liebe ist der Drache immer dann glücklich, wenn es nicht langweilig wird. Darf er seine Gefühle offen zeigen, so zeigt er sich beschwingt und unbeschwert.

Im Herbst des Lebens gefällt es dem Drachen, auf das zurückzublicken, was er erreicht hat. Er wünscht sich spätestens dann die Anerkennung für sein Tun - und zwar sowohl auf der privaten als auch der gesellschaftlichen Ebene. Kann der Drache seine Emotionen ohne Zurückhaltung ausleben, macht ihn das sehr zufrieden.

Will wunderbare Visionen entwickeln - der Drache

Das Glücksrezept für den Drachen

Ohne die entsprechende Anerkennung ist es recht schwer für den Drachen, glücklich zu sein. Bei allem Glanz und Schimmer vergisst er darüber zuweilen manchmal, sein Lebensglück mehr an den kleinen und dennoch so wichtigen Dingen des Lebens festzumachen. Sein Glück steht auf wackeligen Füßen, wenn es für ihn in der Öffentlichkeit einmal nicht ganz so gut läuft. Deshalb wäre es ratsam, wenn er auch für feine Glücksmomente mehr Zeit und Raum schaffen könnte.

Auf beruflicher Ebene ist es für ihn wichtig, dass es spannend bleibt. Sobald der Drache sich langweilt, geht seine Laune unweigerlich in den Keller und er kann sich nur schwer motivieren, weiter am Ball zu bleiben. Mit entsprechender Planung lassen sich eintönige Phasen besser mit Leben füllen und so interessant gestalten, dass die Fantasie des Drachen nicht brachliegen muss. Für die berufliche Erfüllung werden aber wohl nur die wenigsten Drachen dauerhaft an einem Platz bleiben können. Vielmehr besteht der Reiz für sie darin, möglichst viel in möglichst kurzer Zeit zu schaffen und zu erleben.

Auch auf der privaten Ebene braucht der Drache Abwechslung für sein Glück. Gelingt es, die Beziehung interessant zu gestalten und gemeinsam neugierig durchs Leben zu gehen, wird das die Partnerschaft lebendig erhalten.

Viele Drachen schwanken übrigens auf der emotionalen Ebene zwischen himmelhochjauchzend und zu Tode betrübt - und würden es vielleicht auch gar nicht anders wollen, weil das das Salz in der Lebenssuppe für sie ist.

Berühmte Drache-Persönlichkeiten:

Adele, britische Sängerin
Alexander Gerst, Astronaut
Jan Josef Liefers, Schauspieler
Hape Kerkeling, Schauspieler

SZE, die SCHLANGE kann im Hintergrund wirken

Grund-Element Feuer Yin

Wenn Sie eine Schlange sind, sind Sie in einem der folgenden Jahre geboren:

蛇

1929	Erd-Schlange	(10.02.1929-29.01.1930)
1941	Metall-Schlange	(27.01.1941-14.02.1942)
1953	Wasser-Schlange	(14.02.1953-02.02.1954)
1965	Holz-Schlange	(02.02.1965-20.01.1966)
1977	Feuer-Schlange	(18.02.1977-06.02.1978)
1989	Erd-Schlange	(06.02.1989-26.01.1990)
2001	Metall-Schlange	(24.01.2001-11.02.2002)
2013	Wasser-Schlange	(10.02.2013-30.01.2014)

Büffel und Schlange waren in den vergangenen Monaten ein durchaus gutes Team - sowohl in geschäftlichen als auch privaten Belangen. Stabilität und Verlässlichkeit sind Werte, die so mancher Schlange 2021 geholfen haben, die unsicheren Zeiten gut zu überstehen.

Mit dem Wasser-Tiger ändert sich die Grundstimmung um Einiges. So wird es nun sicher nicht mehr so leicht für die Schlange sein, sich einfach weg zu ducken, wenn sie sich in einer Situation nicht wohl fühlt. Der Tiger steht für Transparenz und Ehrlichkeit und hat in der Regel kein Problem damit, diese Aspekte lautstark von seinen Untertanen einzufordern..

Für die Schlange bedeutet das, dass sie sich deutlich extrovertierter zeigen darf als es eigentlich ihrem Naturell entspricht. Geheimniskrämerei kommt beim Tiger überhaupt nicht gut an. Wer seine Karten dagegen offen auf den Tisch legt, kommt mit den aktuellen Gegebenheiten 2022 deutlich besser zurecht.

Bei aller Zielstrebigkeit sollte sich die Schlange in den nächsten Monaten vor allem in geschäftlichen Angelegenheiten lieber nicht zu sehr in den Vordergrund schieben. Sie kann ihre Stärken jetzt am besten ausspielen, wenn sie im Hintergrund aktiv ist und die Fäden dort fest in der Hand hält. Das schützt sie dann auch vor ungerechten Angriffen und gibt ihr die Gelegenheit, in Ruhe ihren Job zu machen.

Auch wenn der Jahresregent zuweilen zu größeren Gesten neigt, muss die Schlange das nicht übernehmen, wenn sie auf der Suche nach einem neuen Partner ist. Viel besser ist es, authentisch zu sein und bei sich selbst zu bleiben. So lässt sich dann vielleicht ein neues, dauerhaftes Glück finden.

In bestehende Beziehungen geht es vor allem darum, gemeinsam zu wachsen. Dazu gehört auch, über kleinere Schwächen großzügig hinwegsehen zu können.

Ihr Powertipp für 2022

Seien Sie ehrlich mit sich selbst und ihren Mitmenschen! Das kann zum einen sehr befreiend sein. Zum anderen gewinnen Sie so mehr Vertrauen.

Was braucht die Schlange ihr Lebensglück?

Die Schlange ist sich bewusst, dass sie für ihr Glück selbst aktiv werden muss.
In jungen Jahren ist es das Größte für sie, wenn sie sich einfach ungestört den eigenen Projekten widmen kann. Wenn niemand sie hetzt und sie sich die Zeit nehmen kann, die sie ernsthaft braucht, um sich auf eine Sache einzulassen, kann sie alles um sich herum vergessen.
Im Erwachsenenalter überlässt die Schlange wie bei allen Dingen in ihrem Leben ungern etwas dem Zufall. Sie plant gerne im Voraus und macht sich deshalb schon recht früh Gedanken darüber, wie sie in den verschiedensten Bereichen ihres Lebens Erfüllung finden kann. Zufällige Glücksmomente werden von ihr zwar gerne angenommen, halten sie aber in der Regel nicht von vorher getroffenen Entscheidungen ab. Ihre Ernsthaftigkeit bewahrt sie auch davor, sich auf riskante Manöver einzulassen. Schließlich geht es hier um die eigene Zukunft und da gibt man sich nicht einfach dem Schicksal hin.
Privat ist die Schlange am glücklichsten, wenn sie sich nicht ständig in der Öffentlichkeit rechtfertigen muss. Sie genießt ihr partnerschaftliches und familiäres Glück lieber im Stillen und freut sich an den kleinen Geheimnissen, die man miteinander hat
Kommt die Schlange in die letzte Phase ihres Lebens, sind ihr Äußerlichkeiten in der Regel nicht mehr wichtig. Jetzt verbringt sie ihre Zeit am liebsten damit, ihr Wissen für sich selbst zu vertiefen. Dabei findet sie den Weg dorthin genauso befriedigend wie das Ziel.

Das Glücksrezept für die Schlange

Für die Schlange bedeutet Glück vor allem, mit sich selbst im Reinen zu sein – ganz unabhängig davon, wie die Außenwelt sie wahrnimmt. Da sie sich gerne mit einer geheimnisvollen Aura umgibt, ist es für ihre Umgebung oft nicht leicht zu erkennen, wie sie sich im Augenblick fühlt. Das kann dazu führen, dass sie manchmal nicht die Unterstützung bekommt, die sie für ihr Lebensglück braucht. Wenn es ihr gelingt, ihre Mitmenschen ein wenig mehr in ihr Herz blicken zu lassen, wird man es sicher nicht zulassen, dass sie unglücklich durchs Leben geht.

Überlässt für ihr Glück nichts dem Zufall - die Schlange

Auf beruflicher Ebene möchte sich die Schlange am liebsten doppelt und dreifach absichern. Damit sie in diesem Bereich glücklich ist, braucht sie eine Tätigkeit, bei der sie ihren Wissensdrang und die Liebe zum Detail einbringen kann. Wenn ihr dann auch noch kein Termindruck im Nacken sitzt, läuft sie zu Hochform auf. Im Team braucht die Schlange nicht unbedingt den Ton anzugeben, will aber auf jeden Fall gehört und ernst genommen werden. Wer keine spontanen Entscheidungen von ihr erwartet und sie nicht hetzt, trägt maßgeblich dazu bei, dass sie sich beruflich voll entfalten kann.
In einer Beziehung findet die Schlange ihr Glück vor allem dann, wenn sie die Dinge auch einfach mal geschehen lässt. Es macht ihr auch in anderen Bereichen des Lebens nichts aus, auf den richtigen Zeitpunkt zu warten – nur so wird sie ihr Glück langfristig finden.

Berühmte Schlangen-Persönlichkeiten:
Taylor Swift, Musikerin
Guido Maria Kretschmer, Modedesigner
Emanuel Macron, französischer Präsident
Xi Jinping, Chinesischer Staatspräsident

WU, das PFERD bekommt viel Rückenwind

Grund-Element
Feuer Yang

Wenn Sie ein Pferd sind, sind Sie in einem der folgenden Jahre geboren:

馬

1930	Metall-Pferd	(30.01.1930-16.02.1931)
1942	Wasser-Pferd	(15.02.1942-04.02.1943)
1954	Holz-Pferd	(03.02.1954-23.01.1955)
1966	Feuer-Pferd	(21.01.1966-08.02.1967)
1978	Erd-Pferd	(07.02.1978-27.01.1979)
1990	Metall-Pferd	(27.01.1990-14.02.1991)
2002	Wasser-Pferd	(12.02.2002-31.01.2003)
2014	Holz-Pferd	(31.01.2014-18.02.2015)

Im Jahr des Büffels hat das Pferd so manchen Kompromiss eingehen müssen. Schließlich ging es in vielen Angelegenheiten darum, einen gesunden Mittelweg zu finden. Vielleicht musste das Pferd die eigenen Bedürfnisse oft hinten anstellen. Mit dem Wasser-Tiger kommt ab Februar 2022 ein Tierzeichen ans Ruder, das mit Kompromissen recht wenig am Hut hat. Es gibt ein Ziel, das zu erreichen ist? Dann wird der Kurs gesetzt und losmarschiert. Das freut das Pferd umso mehr, denn die nun vorhandenen Chancen entsprechen den eigenen Wünschen deutlich mehr als noch in den vergangenen zwölf Monaten. Anstehende Aufgaben können mit sehr viel mehr Motivation angegangen und dann auch mit mehr Elan und Einsatz erledigt werden. Das Pferd gewinnt neue Freude an seinem Tun!

Das wirkt sich auch auf seine sozialen Kontakte aus, die sich in den kommenden Monaten hervorragend sowohl auf digitalem Wege als auch direkt ausbauen lassen. So kann das Pferd auf der privaten und auch auf der geschäftlichen Ebene eine Atmosphäre schaffen, in der sich alle Beteiligten wohlfühlen können. Das gemeinsame Arbeiten wird besonders erleichtert, wenn alle gemeinsam an einem Strang ziehen.

Mit seinen Ausgaben sollte das Pferd bedächtig umgehen und nicht über seine Verhältnisse wirtschaften, auch wenn die Versuchung 2022 zuweilen groß sein kann.

Liebesangelegenheiten stehen unter einem guten Stern - schließlich gibt der Tiger seinen Untertanen genug Selbstbewusstsein mit auf den Weg, um bei einem potentiellen Partner zu punkten. Das Pferd sollte sich nicht scheuen, dabei den ersten Schritt zu machen.

In bestehenden Beziehungen kann sich der Elan des Tiger-Jahres ebenfalls positiv bemerkbar machen. Gemeinsame Unternehmungen stärken die Bindung und sorgen dafür, dass beide Seiten glücklich sind.

Ihr Powertipp für 2022

In einer anregenden Atmosphäre lassen sich die eigenen Wünsche viel besser umsetzen. Nutzen Sie die Energie der nächsten Monate für die Umsetzung Ihrer Pläne!

Was braucht das Pferd für sein Lebensglück?

Seine Unabhängigkeit mag dem Pferd sehr wichtig sein – in der Regel ist es aber nicht bereit, dafür sein Lebensglück aufs Spiel zu setzen. Dafür braucht das Pferd zu sehr den Kontakt zu anderen Menschen!
Pferdekinder fühlen sich im Kreise ihrer Freunde am glücklichsten. Hier können sie ganz sie selbst sein und müssen sich nicht verbiegen, um akzeptiert zu werden. Wird das Pferd in seiner Kindheit so angenommen, wie es wirklich ist, fühlt es sich am richtigen Platz.
Im Erwachsenenleben fühlt sich das Pferd vor allem dann wohl, wenn es sich in ein Team einbringen kann, das sich gemeinsam mit hoher Motivation für die gewählten Ziele einsetzt. Der gemeinsame Erfolg spornt es an und bringt ihm deutlich mehr Erfüllung, als wenn es eine herausragende Einzelleistung vollbringt.
Geht es um die persönlichen Beziehungen gehört zum Lebensglück des Pferds sicher eine gleichberechtigte Partnerschaft, in der offen miteinander umgegangen wird. Gegenseitiges Vertrauen, Respekt vor dem anderen und genügend Freiräume sind die Grundvoraussetzungen für eine harmonische Beziehung mit einem Pferd.
Im späteren Leben werden Pferde kompromissbereiter, wenn es um ihre sozialen Kontakte und das angestrebte Lebensmodell geht. Das Glück findet das Pferd dann in einem Leben, das vor allem von traditionellen Bindungen und Werten geprägt wird, ihm aber trotzdem genug Freiheiten lässt.

Das Glücksrezept für das Pferd

Pferde sind wirklich keine Stubenhocker! Damit sie sich wohl in ihrer Haut fühlen, brauchen sie Aktivitäten, die vor allem außerhalb der eigenen vier Wände stattfinden sollten. Dabei ist es ihnen wichtig, Gesellschaft zu haben – allein gelassen mit sich selbst wird das Pferd auf Dauer kaum glücklich sein.
Partner und Familie zu motivieren gehört deshalb zu den wichtigen Aufgaben, die dem Pferd niemand abnehmen kann. Im Gegenzug schließt man sich mit Begeisterung seinen Unternehmungen an und hilft ihm, ungeahnte Kraftreserven freizusetzen.

Braucht soziale Kontakte für seinen Erfolg - das Pferd

Spielerisches Kräftemessen unter Freunden in Sport und Freizeit steht bei einer ausgeglichenen Pferdepersönlichkeit sicher regelmäßig auf dem Terminplan. Man freut sich über Momente, die man gemeinsam teilen kann, tut sich manchmal aber vielleicht etwas schwer damit, die regelmäßigen Treffen zu organisieren. Ein wenig mehr Planung würde hier zuweilen sicher helfen, damit sich die Glücksmomente mehren können.
Auch im Job entwickelt das Pferd in der Regel einen gesunden Ehrgeiz, der befriedigt werden will. Für die berufliche Erfüllung sollte es sich am besten eine Tätigkeit suchen, wo es sich mit anderen messen kann. Trifft es dann noch inspirierende Mitstreiter, die die gleichen Ideale teilen, fühlt sich das Pferd ganz in seinem Element.
Das Pferd verkörpert das männliche Prinzip im Chinesischen Horoskop - das Gefühl, sein eigener Herr zu sein, trägt deshalb nachhaltig zu seinem Lebensglück bei.

Berühmte Pferde-Persönlichkeiten:

Joe Biden, US-Präsident
Greta Thunberg, Umweltaktivistin
Dieter Bohlen, Musiker
Paul McCartney, Musiker

WEI, die ZIEGE darf sich mutig zeigen

Grund-Element
Erde Yin

Wenn Sie eine Ziege sind, sind Sie in einem der folgenden Jahre geboren:

羊

1931	Metall-Ziege	(17.02.1931-05.02.1932)
1943	Wasser-Ziege	(05.02.1943-24.01.1944)
1955	Holz-Ziege	(24.01.1955-11.02.1956)
1967	Feuer-Ziege	(09.02.1967-29.01.1968)
1979	Erd-Ziege	(28.01.1979-15.02.1980)
1991	Metall-Ziege	(15.02.1991-03.02.1992)
2003	Wasser-Ziege	(01.02.2003-21.01.2004)
2015	Holz-Ziege	(19.02.2015-07.02.2016)

Im Jahr des Büffels mag sich für die meisten Ziegen nicht viel getan haben, was sie begeistern konnte. Dafür konnte die Ziege lernen, konsequenter für die eigene Meinung einzustehen und sich durchzusetzen, wenn es ihr wichtig erschien. So geht sie mit gestärktem Rücken in das neue Jahr, das von einem mutigen Tiger gelenkt wird.

Hat sich in den letzten Monaten mitunter wenig für die Ziege verändert, so kann im Jahr des Wasser-Tigers Einiges für sie in Bewegung kommen. Ihre persönliche Entwicklung steht auf jeden Fall deutlich mehr im Vordergrund als in den letzten beiden Jahren. Vor allem ambitionierte Ziegen wird das freuen. Vorsichtigere Zeitgenossen fühlen sich dagegen vielleicht zunächst einmal überfordert. Dafür gibt es aber überhaupt keinen Grund, denn das Tempo der Veränderungen kann die Ziege ganz alleine bestimmen. Wer sich nicht zu sehr antreiben lässt, sondern seinem eigenen Rhythmus folgt, wird 2022 sicher Erfolge verbuchen können.

Auf der beruflichen Ebene beginnt jede Reise mit dem ersten Schritt. Vielleicht ist das Ergebnis nicht so schnell greifbar oder der Weg noch nicht ganz klar. Trotzdem sollte nun mit Hilfe des dominanten Tigers die Initiative ergriffen werden.

Im privaten Bereich kann die Ziege jetzt so manchen Umschwung erwarten. Vielleicht ist ein Ortswechsel angesagt, vielleicht steht eine Reise an… Vielleicht findet sie auch den Herzensmenschen ihrer Träume. Wenn die Ziege offen bleibt und aufmerksam, hält das Schicksal wunderbare Gelegenheiten bereit.

In bestehenden Beziehungen ist es wichtig, die gegenseitigen Kompetenzen abzugrenzen und sich an die getroffenen Absprachen zu halten. Wenn klar ist, wer für was zuständig ist, muss es darüber in den nächsten Monaten keine Diskussion mehr geben.

Ihr Powertipp für 2022

Haben Sie keine Angst, den ersten Schritt in eine neue Richtung zu tun! Wenn Sie erst einmal auf dem Weg sind, wird sich alles ganz leicht anfühlen.

Was braucht die Ziege für ihr Lebensglück?

Mit dem sanften Yin-Erdeelement braucht die Ziege vor allem Harmonie in ihrem Leben, um glücklich zu sein. Laute Töne und heftige Diskussionen kann sie nur schwer ertragen und fühlt sich damit in ihrem persönlichen Gleichgewicht nachhaltig gestört.

In der Kindheit und Jugend erfreut sich die Ziege generell mehr an den kleinen Dingen. Wird die Aufmerksamkeit zu sehr auf sie gelenkt, empfindet sie das eher als störend. Sie möchte lieber in einer geschützten und sicheren Umgebung aufwachsen und scheut das Rampenlicht.

In ihrem Erwachsenenleben will die Ziege lieber nichts dem Zufall überlassen, weshalb sie auch ihr persönliches Fortkommen sorgfältig plant. Mit außerplanmäßigen Ereignissen kann sie in der Regel nicht so gut umgehen – vor allem, wenn sie das partnerschaftliche Zusammenleben betreffen. Die Ziege braucht vor allem Verständnis und Zuwendung ihres Partners.

Im Beruf findet die erwachsene Ziege am meisten Erfüllung, wenn sie ihre Fähigkeiten zum Wohl der Allgemeinheit einsetzen kann. Dabei will sie in der Regel gar nicht die ganze Verantwortung übernehmen, sondern überlässt bereitwillig anderen den Vortritt.

Geht es auf den Herbst des Lebens zu, wünschen sich die meisten Ziegen vor allem, dass in ihrem privaten Umfeld Harmonie herrscht. Dafür kann sie die eigenen Bedürfnisse hintenanstellen, ohne dass sie sich in ihrem persönlichen Glück geschmälert fühlt. Solange sie sich mit Familie, Freunden und Partner einig weiß, ist sie mit ihrem Leben zufrieden.

Das Glücksrezept für die Ziege

Schon kleinere Streitigkeiten in ihrem persönlichen Reich können das Glück der Ziege mächtig aus dem Gleichgewicht bringen. Stimmt es nicht in ihrem privaten Umfeld, beeinflusst das alle Bereiche ihres Lebens. Damit ihre Gefühlslage dauerhaft auf Schönwetter stehen kann, ist es hilfreich, wenn sie sich ein etwas dickeres Fell zulegt und sich Kritik nicht zu sehr zu Herzen nimmt. Da die meisten Ziegen ihr persönliches Glück weniger über materielle Dinge, sondern über positive Emotionen definieren, kann es ihnen gut

Will gebraucht werden, aber trotzdem ihre Ruhe haben - die Ziege

gelingen, den Augenblick zu genießen.

Bestätigungen aus dem persönlichen Umfeld sind wichtig für die Ziege, um sich geliebt zu fühlen. Dazu gehören Aufmerksamkeiten im Alltag genauso wie kleine Liebesbeweise von Partner und Nachwuchs. Sie sollte ihre Erwartungen nicht zu hoch ansetzen, sondern realistisch einschätzen, was die Familie geben kann.

Für Erfüllung auf beruflicher Ebene brauchen die meisten Ziegen das Gefühl, gebraucht zu werden. Damit sie wirklich die persönliche Wertschätzung bekommen, die sie sich wünschen, müssen sie allerdings lernen, sich besser bemerkbar zu machen und nicht in der Masse untertauchen.

Finanziell braucht die Ziege keine großen Reichtümer – ein Sicherheitspolster auf dem Konto hilft ihr allerdings sehr, die Ruhe zu bewahren und sich weniger Sorgen zu machen.

Berühmte Ziegen-Persönlichkeiten:

Ed Sheeran, Musiker
Bill Gates, Unternehmer
Königin Silvia von Schweden
Jürgen Klopp, Fussballtrainer

SUNG, der AFFE sollte sich seine Energie einteilen

Grund-Element
Metall Yang

Wenn Sie ein Affe sind, sind Sie in einem der folgenden Jahre geboren:

猴

1932	Wasser-Affe	(06.02.1932-25.01.1933)
1944	Holz-Affe	(25.01.1944-12.02.1945)
1956	Feuer-Affe	(12.02.1956-30.01.1957)
1968	Erd-Affe	(30.01.1968-16.02.1969)
1980	Metall-Affe	(16.02.1980-04.02.1981)
1992	Wasser-Affe	(04.02.1992-22.01.1993)
2004	Holz-Affe	(22.01.2004-08.02.2005)
2016	Feuer-Affe	(08.02.2016-28.01.2017)

Im vergangenen Jahr ging es für viele Affen mehr darum, auf Ergebnisse zu setzen, anstatt Pläne zu schmieden. Das kann dazu geführt haben, dass man sich eher auf bestehende Projekte konzentriert hat und daran gearbeitet hat, das zu erhalten, was geschaffen wurde.

Damit gibt sich der neue Jahresregent 2022 nicht zufrieden. Dem Tiger geht es vielmehr darum, das Tätigkeitsfeld zu erweitern und neue, oft unbekannte Wege zu beschreiten. Das dürfte sich für den Affen im ersten Augenblick sehr spannend anhören und am liebsten würde er sich gleich in neue Abenteuer stürzen. Bei genauerem Hinsehen ist es aber wahrscheinlich, dass ihm dafür schlicht die Zeit fehlen wird. Wer sich in den kommenden Monaten nicht wirklich voll und ganz für eine Sache engagieren kann, sollte lieber von vorne herein die Finger davon lassen. Das erspart Stress und Enttäuschungen.

Tiger und Affe gelten in der Chinesischen Astrologie nicht unbedingt als die besten Freunde - auch weil sie sehr unterschiedlich an ihre Projekte herangehen. Das kann sich in den kommenden Monaten vor allem in beruflicher Hinsicht bemerkbar machen, wo verschiedene Ansichten aufeinanderprallen können. Der Affe tut dann gut daran, sich zurückzuhalten und sich im Zweifelsfall einfach an die Gegebenheiten anzupassen.

Im Bereich der persönlichen Beziehungen können nun vielfach die Karten neu gemischt werden. Interessante Begegnungen erweitern den Horizont und neue Seilschaften versprechen Erfolg. Dabei kommen dem Affen seine kommunikativen Fähigkeiten und sein flinker Verstand sicher zugute.

Beides hilft ihm auch, wenn er 2022 auf Partnersuche geht. Unter dem Einfluss des Tigers wagt sich so mancher Affe auf Eroberungstour und darf dabei selbstbewusst zu seinen Schwächen stehen.

Ihr Powertipp für 2022

Manchmal ist weniger mehr! Sie sollten sich nicht verzetteln, umso einfacher können Sie Ihre Pläne nun umsetzen. Das wird Ihnen auch Anerkennung einbringen.

Was braucht der Affe für sein Lebensglück?

Auf den ersten Blick scheint der Affe eines der fidelsten Tierzeichen im Chinesischen Horoskop zu sein, das überhaupt nicht viel zum glücklich sein braucht. Es muss einfach nur genug los sein!

Gerade im Kindesalter braucht der Affe die persönliche Bestätigung mindestens genauso sehr wie seine zahlreichen Aktivitäten. Vor allem, wenn der kleine Affe sich unsicher fühlt, steht sein persönliches Glück schnell auf wackligen Beinen. In einer solchen Situation ist von seiner scheinbaren Sorglosigkeit nicht mehr viel übrig und er braucht festen Halt, damit er seine Gefühlslage wieder unter Kontrolle bringen kann.

In der Regel ist der erwachsene Affe so beschäftigt, dass ihm wenig Zeit bleibt, über seine Zufriedenheit nachzudenken. Allein die Tatsache, dass er seine Hände nicht müßig in den Schoss legen muss, macht ihn froh und so füllt er seine Tage gerne mit Aktivitäten, die auf den ersten Blick mal mehr, mal weniger sinnvoll erscheinen. Kann der Affe seine Begeisterung mit anderen teilen, fehlt ihm in der Regel nichts zum Glücklichsein. Dabei definiert er sein Glück nicht ausschließlich über materiellen Wohlstand, auch wenn er diesen durchaus zu schätzen weiß.

Im Herbst seines Lebens braucht der Affe ebenfalls Abwechslung. Zu viel Routine schmälert sein persönliches Glück und er lässt sich auch im fortgeschrittenen Alter immer etwas einfallen, damit er sich lebendig fühlt. So freut er sich auch jetzt noch über spannende Begegnungen, die seinen Geist wach erhalten.

Das Glücksrezept für den Affen

Der Affe ist am liebsten seines eigenen Glückes Schmied. Es erfüllt ihn mit tiefer Zufriedenheit, wenn es ihm aus eigener Kraft gelingt, einen gewissen Lebensstandard zu erreichen.

Dabei muss er die Latte gar nicht so hoch hängen, sondern ist durchaus in der Lage, seine Ansprüche an die Realität anzupassen und mit dem zufrieden zu sein, was er bekommt.

Wenn es um die Liebe geht, bringen ihn seine verborgenen Sehnsüchte vielleicht zuweilen dazu, mit der Situation zu hadern – vor allem, wenn er sich mehr Spannung wünscht. Wichtig ist dann für ihn, dass er seine Gefühle zum Ausdruck bringen kann und sich von der anderen Seite ernst genommen fühlt. Ist die bessere Hälfte nur wenig zu motivieren, darf der Affe das gerne als Ansporn verstehen und selbst die Initiative ergreifen, damit das persönliche Glück gedeihen kann.

Beim Thema Freundschaft zeigt sich der Affe flexibel. Er öffnet sein Herz schnell und ohne groß darüber nachzudenken. Auf der anderen Seite ist er aber oft nicht besonders rührig, wenn es darum geht, den Kontakt zu halten.

Seine optimistische Grundeinstellung zum Leben lässt den Affen immer wieder auf die Füße fallen. Dabei kann man ihm seine Laune nicht dauerhaft durch die äußeren Umstände vermiesen, an denen er ohnehin nichts ändern kann. So findet er sein Glück vor allem dann, wenn er gefordert wird und sich neu erfinden darf.

Fühlt sich am wohlsten, wenn er beschäftigt ist - der Affe

Berühmte Affe-Persönlichkeiten:

David Garrett, Violinist
Celine Dion, Sängerin
Tom Hanks, Schauspieler
Herbert Grönemeyer, Sänger

YU, dem HAHN präsentieren sich gute Chancen

Grund-Element
Metall Yin

Wenn Sie ein Hahn sind, sind Sie in einem der folgenden Jahre geboren:

雞

1933	Wasser-Hahn	(26.01.1933-13.02.1934)
1945	Holz-Hahn	(13.02.1945-01.02.1946)
1957	Feuer-Hahn	(31.01.1957-17.02.1958)
1969	Erd-Hahn	(17.02.1969-05.02.1970)
1981	Metall-Hahn	(05.02.1981-24.01.1982)
1993	Wasser-Hahn	(23.01.1993-09.02.1994)
2005	Holz-Hahn	(09.02.2005-28.01.2006)
2017	Feuer-Hahn	(29.01.2017-15.02.2018)

Mit dem Büffel an seiner Seite konnte der Hahn in allen Bereichen seines Lebens voran kommen. Auch schwierigere Umstände konnten so gemeistert werden, solange er im vergangenen Jahr geduldig geblieben ist.
Mit dem Tiger kommt nun ein Tierzeichen ans Ruder, das dem Hahn gar nicht mal unähnlich ist in seiner persönlichen Haltung. Es sollte deshalb in den nächsten zwölf Monaten keine Schwierigkeiten bereiten, die eigenen Bedürfnisse klar und deutlich zu formulieren. Ob sich die andere Seite darauf einlässt, steht allerdings auf einem anderen Blatt. Da braucht es wahrscheinlich die Bereitschaft, gewisse Zugeständnisse zu machen.
Das starke Selbstbewusstsein des Tigers kann 2022 auf den Hahn abfärben, so dass er vor allem berufliche Möglichkeiten mutig ergreifen kann. Er darf seine Fähigkeiten stolz präsentieren und das ernten, was er in den vergangenen Monaten gesät hat. Wenn er dabei auch an seine Mitstreiter denkt und gerecht in seiner Einschätzung bleibt, kann das seinen Erfolg noch verstärken.
Auch wenn der Hahn im Prinzip ein gutes Gespür für Trends hat, sollte er auf der finanziellen Ebene extra Vorsicht walten lassen.
Diplomatisches Geschick gehört nicht gerade zu den Stärken des neuen Herrschers. Gerade auf der privaten Ebene ist nun Fingerspitzengefühl erforderlich, wenn der Hahn seine Pläne durchsetzen will. Er ist gut beraten, alle Beteiligten mit ins Boot zu nehmen und nichts über die Köpfe von Partner und Familie hinweg zu entscheiden. Der Haussegen könnte sonst in den kommenden Monaten schief hängen.
Die Liebe lässt sich nicht kontrollieren oder planen. Das wird so mancher frisch verliebte Hahn feststellen, der sich nun vielleicht mehr Struktur in seiner Beziehung wünscht. Der Tiger steht nun einmal für Unabhängigkeit, die er allen seinen Untertanen zugesteht.

Ihr Powertipp für 2022
Investieren Sie mehr Zeit in Ihre persönlichen Beziehungen und zeigen Sie Einfühlungsvermögen.

Was braucht der Hahn für sein Lebensglück?

Viele Hähne streben auf vielen Ebenen Perfektion an, was es manchmal nicht ganz so einfach für dieses Tierzeichen macht, sich vorbehaltlos glücklich zu fühlen. Mit dieser Einstellung findet der Hahn in der Regel nämlich schnell ein Haar in der Suppe.
Im Kindesalter ist es für den Hahn wichtig, dass die Dinge eine logische Struktur haben. Eine gewisse Ordnung und Regelmäßigkeit kommt seiner Entwicklung entgegen, denn so kann er sich besser mit den Details befassen. Dabei möchte der kleine Hahn wahrgenommen werden und nicht nur mitlaufen.
Im späteren Erwachsenenleben braucht der Hahn einen Rahmen, in dem sein Sinn für Präzision geschätzt wird. Das gilt sowohl für sein Privat- als auch sein Berufsleben.
Partner und Nachwuchs tun gut daran, ihm das Gefühl zu geben, dass sie seine Talente zu schätzen wissen. Meistens weiß der Hahn recht gut, was alle glücklich macht und kann den Familienalltag hervorragend organisieren.
Als geborene Führungskraft will der Hahn gefordert werden und ist glücklich, wenn er mit seinem Eifer auch seine Mitstreiter anstecken kann. Erfüllung findet er in seinem Beruf immer dann, wenn er mit dem, was er tut, seinen hohen persönlichen Ansprüchen gerecht werden kann. Dafür ist es übrigens nicht unbedingt nötig, dass er das alleinige Sagen hat – auch wenn ihm das in der Regel gut gefällt.
Auch im späteren Leben genießt es der Hahn, wenn er den Ton angeben kann. Allerdings ist es für ihn nun nicht mehr ganz so wichtig, dabei in der ersten Reihe zu stehen.

Freut sich, wenn man seinen Einsatz schätzt - der Hahn

Das Glücksrezept für den Hahn

Eine genaue Planung ist für das Wohlbefinden des Hahnes unabdingbar. Je mehr er seinen Alltag strukturieren kann, desto entspannter wird er sich dann den täglichen Herausforderungen stellen. Für seine Umgebung ist das vielleicht nicht immer ganz so leicht. Da ist dann eine gute Kommunikation gefragt, um auch die Menschen in seinem Umfeld mit ins Boot zu holen.
Für seine berufliche Zufriedenheit ist es extrem wichtig, dass der Hahn sich Ziele setzt. Kann er diese konsequent verfolgen, ist ihm kein Aufwand zu groß und kein Weg zu steil. Wenn es ihm gelingt, die eigenen Ansprüche realistisch zu gestalten, setzt er sich nicht unnötig unter Stress und kann seine Arbeit zufrieden erledigen.
In der Partnerschaft muss der Hahn sich zuweilen ein wenig lockerer zeigen, will er dauerhaft mit einem anderen Menschen glücklich werden. Viele Hähne regen sich zu schnell über die Macken der besseren Hälfte auf, die am Ende doch nicht zu ändern sind. Auch tut er für sein persönliches Glück gut daran, sich davon zu lösen, nach außen immer ein perfektes Bild abzugeben – das ist auf Dauer zu anstrengend.
Auch in Bezug auf seinen Nachwuchs oder den Rest der Familie kann sich der Hahn das Leben leichter machen, wenn er nicht immer allen das Maximum abverlangt. Perfektionismus ist kein Maßstab für ein glückliches Familienleben.

Berühmte Hahn-Persönlichkeiten:

Franz Beckenbauer, Fußballfunktionär
Hans Zimmer, Komponist
Sahra Wagenknecht, Politikerin
Markus Lanz, TV-Moderator

SHIH, der HUND geht auf Erfolgskurs

Grund-Element
Erde Yang

Wenn Sie ein Hund sind, sind Sie in einem der folgenden Jahre geboren:

犬

1934	Holz-Hund	(14.02.1934-03.02.1935)
1946	Feuer-Hund	(02.02.1946-21.01.1947)
1958	Erd-Hund	(18.02.1958-07.02.1959)
1970	Metall-Hund	(06.02.1970-26.01.1971)
1982	Wasser-Hund	(25.01.1982-12.02.1983)
1994	Holz-Hund	(10.02.1994-30.01.1995)
2006	Feuer-Hund	(29.01.2006-17.02.2007)
2018	Erd-Hund	(16.02.2018-04.02.2019)

Vielleicht hat sich der Hund in den vergangenen Monaten öfter geärgert, als es ihm gutgetan hat. Auch wenn der Büffel seine eher konservativen Werte geteilt hat, war man sich über den einzuschlagenden Weg sicher nicht immer einig.

Mit dem Tiger an seiner Seite sieht die Sache für den Hund 2022 da ganz anders aus. Man teilt die gleichen Vorlieben und unterstützt sich gegenseitig auch dann, wenn man einmal nicht ganz einer Meinung ist. Das sind gute Voraussetzungen für den Hund, der in den kommenden Monaten seinen Zielen ein schönes Stück näher kommen kann. Mit Unterstützung des mutigen Jahresherrschers lassen sich neue Wege beschreiten oder auch einfach die gewohnten Pfade mit frischem Elan bewältigen und so zu persönlichem Wohlbefinden gelangen.

Wer bislang gezaudert hat, längst fällige Entscheidungen zu treffen, der kann sich nun auf die Unterstützung des Tigers verlassen und entschlossen handeln. So können nötige berufliche Veränderungen stattfinden, ohne dass sich der Hund um das Ergebnis sorgen muss. Aber auch wer mit seiner Position zufrieden ist, wird von der natürlichen Autorität des neuen Herrschers profitieren und seinen Platz festigen. Wichtig dabei: Wer sich auf das Wesentliche konzentriert, ist anderen einen Schritt voraus.

Verständnis und Loyalität werden auf der privaten Ebene besonders hoch geschätzt. Wer wünscht sich nicht einen verlässlichen Menschen an seiner Seite? Im Gegensatz zum letzten Jahr stehen nun aber auch wieder mehr Abwechslungen auf dem Plan. Der Wunsch, gemeinsam den Horizont in der Beziehung zu erweitern, kann neue Harmonie in der Partnerschaft bringen.

Für neue Beziehungen stehen die Zeichen im Jahr des Wasser-Tigers für den Hund ebenfalls günstig. Selbstbewusst kann er sich auf die Suche machen und muss sich dabei überhaupt nicht verstellen.

Ihr Powertipp für 2022

Nutzen Sie die Unterstützung, die man Ihnen nun anbietet. Niemand verlangt, das Sie alles im Alleingang bewältigen.

Was braucht der Hund für sein Lebensglück?

Vielen Hunden fällt es gar nicht so leicht, das persönliche Glück für sich selbst zu erfassen. Das ist sicher einer der Gründe, warum der Hund sein eigenes Wohlergehen oft über das von Partner, Familie oder Freunden definiert. Sind diese glücklich, ist es der Hund auch.

In der frühen Phase seines Lebens braucht der Hund ein stabiles Umfeld und geregelte Familienverhältnisse, um sich sicher und zufrieden zu fühlen. Er verlangt in diesem Bereich in der Regel nicht viel Abwechslung und genießt es, wenn alles einfach nur seinen gewohnten Gang geht.

Auch als Erwachsener braucht der Hund keine Aufregung oder unerwartete Wendungen, damit ihm das Leben angenehm erscheint.

Beruflich findet er sein Glück vor allem bei Tätigkeiten, die einen stabilen und zuweilen auch etwas konservativen Rahmen vorgeben. Dabei fühlt er sich besonders gut, wenn er seine Zuverlässigkeit und Loyalität unter Beweis stellen kann. Es macht ihm wenig aus, wenn seine Arbeit vor allem aus Routinetätigkeiten besteht oder sich über die Jahre kaum verändert. Je länger er dabei ist, desto souveräner fühlt er sich.

Das macht sich auch am Ende seines Lebens bemerkbar, denn jetzt braucht der Hund niemandem mehr etwas zu beweisen. Er hat im Laufe der Jahre an Selbstbewusstsein gewonnen und gezeigt, dass er Herr der Lage ist. Jetzt kann er die Früchte seines Tuns in Ruhe genießen. Besonders glücklich macht es ihn im Kreise seiner Familie den Lebensabend verbringen zu können.

Braucht ein sicheres Umfeld - der Hund

Das Glücksrezept für den Hund

Eine positive Grundeinstellung und ein gesundes Selbstbewusstsein hilft dem Hund, sein Lebensglück zu finden und es dann auch dauerhaft festzuhalten. Von unerwarteten Ereignissen und kleineren Rückschlägen sollte er sich nicht entmutigen lassen, sondern fest daran glauben, dass er es verdient hat, anerkannt zu werden.

Enttäuschungen kann der Hund vermeiden, wenn es ihm gelingt, sein persönliches Glück nicht zu sehr von anderen Menschen abhängig zu machen. Schenkt er seinen eigenen Bedürfnissen mehr Aufmerksamkeit, kann ihm das Glücksmomente besonders in der Partnerschaft bescheren. In diesem Bereich braucht er darüber hinaus Beständigkeit, um sich erfüllt fühlen zu können. Das sind auch die Eigenschaften, die seine langjährigen Freundschaften prägen.

Berufliches Glück hängt für die meisten Hunde weniger von der eigentlichen Beschäftigung als von den damit verbundenen Umständen ab. Deshalb sollte man dafür sorgen, dass die Bedingungen am Arbeitsplatz den eigenen Bedürfnissen entgegenkommen. Erfüllung findet der Hund hier immer dann, wenn er etwas tun darf, was ihm liegt. Besonders wichtig ist in diesem Zusammenhang sicher auch ein gutes Verhältnis zu Kollegen und Vorgesetzten.

Sollte es in seinem Leben einmal nicht ganz so gut laufen, kann er sicher von angenehmen Erinnerungen zehren. Denn sein Gedächtnis ist ganz ausgezeichnet.

Berühmte Hunde-Persönlichkeiten:

Matt Damon, Schauspieler
Madonna, Musikerin
Ursula von der Leyen, Politikerin
Prinz William von England

HAN, das SCHWEIN kann neue Kräfte sammeln

Wenn Sie ein Schwein sind, sind Sie in einem der folgenden Jahre geboren:

豬

1935	Holz-Schwein	(04.02.1935-23.01.1936)
1947	Feuer-Schwein	(22.01.1947-09.02.1948)
1959	Erd-Schwein	(08.02.1959-27.01.1960)
1971	Metall-Schwein	(27.01.1971-14.02.1972)
1983	Wasser-Schwein	(13.02.1983-01.02.1984)
1995	Holz-Schwein	(31.01.1995-18.02.1996)
2007	Feuer-Schwein	(18.02.2007-06.02.2008)
2019	Erd-Schwein	(05.02.2019-24.02.2020)

In den vergangenen zwölf Monaten war es für das Schwein vielleicht nicht immer ganz einfach, den Augenblick zu genießen. Unter der Herrschaft des pragmatischen Büffels konzentrierte sich das Leben mehr auf die praktischen Dinge und viele schöne Nebensächlichkeiten sind dabei zu kurz gekommen. Die meisten Schweine werden aber wohl genug Zeit in den eigenen vier Wänden verbracht haben, um sich dort einen behaglichen Rückzug zu schaffen.

Mit dem Wasser-Tiger dürfte das Stubenhocken der Vergangenheit angehören. Schließlich gehört der neue Regent zu den aktiven Yang-Zeichen, die sich nur ungern anbinden lassen. Für das Schwein kann das bedeuten, dass das Glück in den kommenden Monaten nicht ausschließlich in der bekannten Umgebung zu finden ist. Trotzdem wird es wahrscheinlich nicht der optimale Zeitpunkt für Veränderungen sein. Vielmehr geht es nun darum, erst einmal überhaupt über den Tellerrand zu schauen, um sich mit den Möglichkeiten vertraut zu machen.

Berufliche Angelegenheiten mögen sich in den ersten Monaten des Jahres etwas zäh gestalten. Das liegt sicher auch daran, dass es viel Kraft und eventuell auch finanzielles Engagement braucht, um voran zu kommen. Da kann es durchaus Sinn machen, die eigenen Kräfte zu schonen und sich erst einmal abwartend zu verhalten. Ab 2023 läuft es dann um so besser für das fleißige Schwein.

Auf der privaten Ebene sollte das Thema nicht sein, noch mehr Verantwortung zu übernehmen. Vielmehr wird es darum gehen, die eigenen Grenzen auszuloten und sich sich darüber klar zu werden, wie mehr innere Freiheit erreicht werden kann. Das gilt ganz besonders auch für die Partnerschaft, wo das Schwein die eigenen Bedürfnisse 2022 besser erspüren und kommunizieren kann. Im Jahr des Tigers sollte man sein Licht nicht unter den Scheffel stellen, wenn man nicht den Kürzeren ziehen will.

Ihr Powertipp für 2022

Loten Sie Ihre Möglichkeiten sorgfältig aus und suchen Sie sich starke Verbündete für die Umsetzung Ihrer Vorhaben.

Was braucht das Schwein für sein Lebensglück?

Den meisten Schwein-Geborenen fällt es überhaupt nicht schwer, das Glück auch dann noch zu finden, wenn so manches andere Tierzeichen schon graue Wolken aufziehen sieht. Nicht nur bei den alten Chinesen gilt das Schwein schließlich als Glückssymbol!
Wie auch der Hund freut sich das Schwein in der ersten Phase seines Lebens über ein sicheres familiäres Umfeld. Dazu braucht es wenig mehr, um sich geborgen zu fühlen und sein Glück auch in den kleinen Dingen des Lebens zu genießen.
Im Erwachsenenalter ist das letzte Tierzeichen aus dem chinesischen Horoskop durchaus bereit, auch aktiv für das eigene Glück zu kämpfen. Oft gelingt es ihm, auch schwierige Lebenssituationen mit einem Lächeln auf den Lippen zu meistern. Nur ungern behelligt es andere mit seinen Problemen.
Vor allem für den beruflichen Erfolg braucht das Schwein eine Tätigkeit, die seinen Sinn für das Schöne mit einbezieht und wo es seine Umgebung nach seinen Vorstellungen mit gestalten kann. Dann ist es zufrieden – unabhängig davon, in welcher Position es eingesetzt wird.
Das Schwein weiß genau, dass Glück das Einzige ist, das sich verdoppelt, wenn man es teilt. Deshalb lässt es vor allem in der letzten Phase seines Lebens andere an seiner Freude teilhaben und zeigt sich oft auch in finanzieller Hinsicht recht großzügig. Vielleicht bekommt es von seiner Großzügigkeit nicht immer viel zurück. Seine Zuversicht lässt es sich dennoch nicht nehmen und nicht daran hindern, weiterhin sein Herz zu öffnen.

Das Glücksrezept für das Schwein

Anderen Freude zu schenken macht das Schwein besonders froh. Deshalb ist es für dieses Tierzeichen ideal, wenn es eine Beschäftigung findet, bei der es in einem größeren Rahmen wirken kann. Dabei geht es ihm nicht darum, sich in den Vordergrund zu drängen. Vielmehr will es mit seiner Energie seine Umgebung anstecken.
Darüber hinaus ist es für die berufliche Zufriedenheit wichtig für das Schwein, dass es sich nicht zu sehr verbiegen muss. Sicher kann es sich bis zu einem gewissen Grad flexibel und

Will Anderen Freude schenken - das Schwein

kompromissbereit zeigen. Seine persönlichen Grenzen sollte es aber besser nicht überschreiten und seinen Prinzipien treu bleiben.
Auf privater Ebene sind es eher die kleinen Glücksmomente, die für das Schwein wichtig sind und aus denen es am meisten Kraft schöpfen kann. In seinem persönlichen Umfeld ist ihm großes Tamtam eher unangenehm. Es freut sich deutlich mehr über liebevolle Gesten und kleinere Aufmerksamkeiten von seinen Lieben. Unter Umständen gibt es die aber nicht immer automatisch – dann tut das Schwein gut daran, seine Bedürfnisse auch mal zu äußern.
In der Partnerschaft kann man sich generell glücklich schätzen, wenn man ein Schwein an seiner Seite hat. Es braucht allerdings regelmäßige Liebesbekundungen und Zärtlichkeiten, damit es sich sicher, geborgen und glücklich fühlen kann.

Berühmte Schwein-Persönlichkeiten:

Maria Callas, Sängerin
Arnold Schwarzenegger, Schauspieler & Politiker
Elon Musk, amerikanischer Unternehmer
Emma Thompson, Schauspielerin

Die wertvollen Entscheidungshilfen für jeden Tag

Egal, ob Sie einen wichtigen Termin wie eine Geschäftseröffnung oder eine Hochzeit planen oder einfach nur wissen wollen, unter welchen Vorzeichen ein bestimmter Tag in der Woche für Ihr Tierzeichen steht – schlagen Sie das entsprechende Datum einfach in unseren praktischen Tabellen nach, die Sie immer im Anschluss des jeweiligen Monats finden können. Ab Seite 42.

Wie schon in den letzten Jahren finden Sie auch im aktuellen Kalender wieder nach jedem Monat eine zusätzliche Doppelseite, auf der wir übersichtlich in Tabellenform wichtige Informationen zu jedem einzelnen Tag des Jahres des **Wasser-Tigers** zusammengefasst haben.

Sie können so nicht nur sofort erkennen, welche Tage für Sie persönlich besonders günstig sind, sondern auch, welches Tierzeichen den jeweiligen Tag eines Monats regiert. Darüber hinaus finden Sie oberhalb der Tabelle noch Angaben zum Tierzeichen des Jahres und des jeweiligen Monats.

Komprimiert auf zwei Zeilen für jeden Tag haben wir in der Tabelle farblich die günstigen und ungünstigen Aktivitäten gekennzeichnet. Außerdem können Sie in einer weiteren Zeile farblich ablesen, wie sich der jeweilige Tag für Ihr Tierzeichen im Allgemeinen gestaltet.

So kann Ihnen dieses Horoskop-Jahrbuch noch mehr zum unentbehrlichen Begleiter durch das Jahr des **Wasser-Tigers** werden.

Die große Monatsvorschau für jedes der zwölf chinesischen Tierzeichen im Jahr 2022

TZE
Ratte

Grundtendenz des Monats: Auch wenn Ihnen in den vergangenen Monaten nicht der ganz große Wurf gelungen ist, haben Sie mit Geduld und Ausdauer sicher einige Veränderungen in Ihrem Leben erreichen können. Wenn ab dem nächsten Monat der Wasser-Tiger das Zepter vom Büffel übernimmt, geht es sicher wieder deutlich aktiver zur Sache. Dann können Sie sicher wieder besser die eigene Entwicklung vorantreiben und müssen weniger Rücksicht auf Ihr Umfeld nehmen.
Bis dahin heißt es aber noch einmal tief durchatmen für die Ratte. Konzentrieren Sie sich auf die Aktionen, die jetzt noch recht einfach zum Abschluss gebracht werden können.
Liebe, Familie, Freundschaft: Nun ist ein guter Zeitpunkt, sich niederzulassen. Mit gleich zwei Büffeln an Ihrer Seite dürfte es nicht allzu schwer sein, sich endgültig für einen Platz zu entscheiden, der nicht nur Ihnen selbst, sondern auch Ihren Lieben auf Dauer gut tun wird.
Es war für einsame Ratten 2021 sicher nicht ganz so einfach, jemand Neues kennen zu lernen. Vor allem, wenn Sie erst einmal keine Verpflichtungen eingehen wollten, war der Büffel sicher nicht der richtige Ratgeber. Wer sich allerdings die Mühe gemacht hat, etwas mehr in die Tiefe zu gehen, hat vielleicht doch dauerhaft sein Herz verschenken dürfen.
Beruf, Finanzen: Blickt die Ratte nun auf ihre Erfolgsbilanz zurück, wird sie feststellen, dass das Ergebnis gar nicht mal so schlecht ist. Schließlich ist der Metall-Büffel dafür bekannt, dass er sich nur schwer von seinem Ziel abbringen lässt, wenn er einmal losgelaufen ist. Da konnte die Ratte auch die Projekte zum Abschluss bringen, die sie unter anderen Umständen schon lange hingeschmissen hätte.
Wer sich auch bei seinen Finanzen eher konservativ verhalten hat, dürfte nun ebenfalls mit seinem Kontostand zufrieden sein.
Tipp des Monats: Stabilität und Beständigkeit sind die Werte, die Sie aus 2021 mitnehmen sollten. Damit kommen Sie mit deutlich weniger Stress auch durch rasantere Zeiten.

KIU
Büffel

Grundtendenz des Monats: Im Januar kommt ein zweiter Metall-Büffel zum Jahresregenten dazu. Gemeinsam mit Ihrem eigenen Exemplar sorgt das für ordentlich Power, die Sie nun noch einmal wirklich gut nutzen sollten. An Standfestigkeit und Kompromisslosigkeit sollten es Ihnen im Januar auf keinen Fall mangeln.
Damit man sich Ihren Ansinnen aber auch mit Freude anschließen mag, wäre es wichtig, ein gewisses Taktgefühl an den Tag zu legen. Wer mit seiner Stärke von vorne herein jede Opposition wegdrückt, darf sich nicht wundern, wenn die Unterstützung eher mau ausfällt.
Liebe, Familie, Freundschaft: Wer in den vergangenen Monaten zu sehr Karriere und Beruf im Kopf hatte, bekommt spätestens jetzt in den eigenen vier Wänden die Quittung dafür. Besserung zu geloben ist eine Sache - viel wichtiger ist es, nichts zu versprechen, was Sie nicht auch wirklich halten können.
Familie und Freunde können sich wirklich glücklich schätzen, in Ihnen eine so verlässliche Schulter zum Anlehnen gefunden zu haben. Damit das auf Dauer nicht ausgenutzt wird, sollten Sie klar sagen, dass Sie nicht ständig für alle die heißen Kartoffeln aus dem Feuer holen können.
Beruf, Finanzen: Machen Sie es sich und Ihrer Umgebung jetzt nicht zu schwer. Ihre Grundsätze und hohen Ansprüche ehren Sie, helfen aber wenig, wenn Sie dafür weder Mitstreiter finden noch wirkliche Fortschritte machen. Jetzt wäre ein guter Zeitpunkt, ein wenig von Ihrer noblen Einstellung abzurücken, damit alle Beteiligten zufrieden sind und die Sache noch zu Ende geführt wird.
Finanziell sollte die Situation des Büffels zum Ende seines Jahres recht stabil sein. Der scheidende Herrscher wird Sie wohl kaum zu unnötigen Ausgaben oder Verschwendung verführt haben.
Tipp des Monats: Mit dem Beginn des neuen Jahres im Februar wird ein frischer Wind wehen, mit dem Sie Ihre Fähigkeiten in allen Richtungen ausweiten können.

YING Tiger

Grundtendenz des Monats: Zum Jahresherrscher gesellt sich im Januar ein weiterer Metall-Büffel. Das macht es für den Tiger nicht gerade einfach, die Geduld zu bewahren. Vor allem, wenn es darum geht, die eigene Meinung durchzusetzen, dürften Sie es in diesen Wochen schwer haben. Die Krallen auszufahren bringt nun allerdings reichlich wenig - dafür beharren die beiden Büffel einfach zu sehr auf ihren Weg. Trösten Sie sich damit, dass schon ab nächsten Monat ein vollkommen anderer Wind weht.

Anstatt sich aufzuregen könnten Sie Ihre Zeit sinnvoller für Aus- und Weiterbildung einsetzen.

Liebe, Familie, Freundschaft: Mehr Konstanz hat sich der Büffel von seinen Untertanen auch im Privatleben gewünscht. Ob der Tiger diesem Wunsch nachkommen konnte, hing sicher zum großen Teil vom Grad seiner inneren Zufriedenheit ab und wie viel Partner und Familie dazu beigetragen haben.

So mancher Tiger mag nun vielleicht mehr zu schätzen wissen, was er an seinem Partner hat, auch wenn man gemeinsam 2021 nicht unbedingt die tollsten Abenteuer erleben durfte. Dafür konnten sich unter Umständen Gefühle vertiefen, Vertrauen aufbauen und eine gemeinsame Stärke entwickeln, die Ihnen so schnell niemand nehmen kann.

Beruf, Finanzen: Immer nur seinen Pflichten nachzukommen, ist für den Tiger wirklich keine Lösung. Auf der anderen Seite haben Sie aber dadurch auch eine Reihe lästiger Dinge erledigen können und müssen sich nun nicht länger damit befassen. Im neuen Jahr wird es sicher vor allem darum gehen, eine gesunde Balance zwischen Abenteuer und Routine zu finden. Das kommt dann nicht nur Ihrem Seelenheil, sondern auch der Geldbörse zugute.

Wer am Ende des Büffel-Jahres einige Reserven bilden konnte, sollte nun ruhig darüber nachdenken, einen Teil davon langfristig anzulegen.

Tipp des Monats: Behalten Sie Ihr Ziel im Auge und bereiten Sie sich in Ruhe auf den Start ins eigene Jahr vor.

MAO Hase

Grundtendenz des Monats: Vielleicht ist es Ihnen trotz aller Bemühungen nicht gelungen, all das zu schaffen, was Sie sich im Jahr des Büffels vorgenommen haben. Das sollte Sie aber nicht lange grämen, lieber Hase. Schließlich kommt mit dem Tiger ab nächsten Monat der König des Dschungels ans Ruder. Mit diesem teilen Sie den Wunsch nach Ausbreitung und kommen sicher auf vielen Ebenen besser voran.

Bis dahin dürfen Sie gerne noch einmal auf Nummer sicher gehen. Mit einem zweiten Büffel im Monat stehen die Zeichen nun wirklich nicht auf Abenteuer. Die erhaltende Energie des Monats verführt eher dazu, sich abwartend zu verhalten.

Liebe, Familie, Freundschaft: Stabilität und Sicherheit hat der Büffel gerade im privaten Bereich vermitteln wollen. Warum etwas ändern, das funktioniert? Vielleicht wird so mancher Hase in den kommenden Monaten trotzdem noch einmal darüber nachdenken, ob ihm das wirklich reicht. Wer sich mehr Aufregung wünscht, darf 2022 gerne den Sprung ins kalte Wasser wagen. Für die aktive Partnersuche waren die vergangenen 12 Monate vielleicht nicht so gut geeignet. So manches Mal mag es einfach am nötigen Funken gemangelt haben, so dass sich spontan nur wenig entwickeln konnte. Das wird sich aber schon ab dem nächsten Monat sicher ändern.

Beruf, Finanzen: Ist es Ihnen gelungen, eine gute Balance zwischen privaten Verpflichtungen und beruflichem Fortkommen zu finden? Dann hat der Büffel Ihnen sicher einen guten Dienst erwiesen.

Aber auch wer sich immer noch nicht darüber im Klaren ist, wo seine Prioritäten liegen, sollten nicht allzu traurig sein. In den nächsten beiden Jahren kann es sicher so manchen Impuls geben, der den Hasen auf den richtigen Weg bringt. Stillstand ist mit dem Tiger ab Februar sicher gerade auf der beruflichen Ebene kaum zu erwarten.

Tipp des Monats: Schwenken Sie nun bitte nicht noch auf der Zielgerade um. Wenn Sie angekommen sind, können Sie sich ja gerne gleich wieder auf einen neuen Weg aufmachen.auf mehr Stabilität und in allen Bereichen.

> Kleine Kälte / Große Kälte < Januar

SHENG
Drache

Grundtendenz des Monats: Im Januar verabschiedet sich der Büffel so langsam und der Drache kann schon einmal ein bisschen erahnen, was ihn mit dem Wasser-Tiger erwartet, der im nächsten Monat die Herrschaft übernimmt. Bis es soweit ist, ist noch ein letztes Mal Geduld angesagt.

Ein starkes Yin-Metall begleitet den Januar. Das eignet sich ganz prima dazu, jetzt noch einmal mit Disziplin die Baustellen anzugehen, bei denen nur noch wenig zum Abschluss fehlt. Damit das Ganze wirklich fertig wird, darf der Büffel ruhig noch einmal helfen und den Drachen wenn nötig auch ein wenig anschubsen. Das Ziel vor Augen lassen Sie sich doch sicher noch mal motivieren, oder?

Liebe, Familie, Freundschaft: Sind Sie zufrieden, mit dem was Sie zu Hause haben? Dann dürfen Sie sich nun noch einmal so richtig dankbar den Menschen gegenüber zeigen, die Ihnen das ermöglichen. Partner, Nachwuchs, Familie und Freunde freuen sich jetzt ganz besonders über ein Zeichen der Anerkennung.

Wer dagegen auf der privaten Ebene noch nicht ganz so zufrieden ist, kann sich damit trösten, dass es ab dem nächsten Jahr sicher wieder schneller möglich ist, eine Beziehung aufzubauen. Ob diese dann aber auch von Dauer sein kann, steht auf einem anderen Blatt.

Beruf, Finanzen: Langsam aber stetig dürften die meisten Drachen im Jahr des Metall-Büffels vorangekommen sein. Auch wenn es Ihnen in den letzten Monaten vielleicht nicht immer schnell genug ging, müssen Sie sich nun doch wahrscheinlich eingestehen, dass es trotzdem ein gutes Ergebnis gegeben hat. Wenn es Ihnen gelingt, auf der beruflichen Ebene weiterhin so zielgerichtet zu handeln, kann das neue Jahr erfolgreich starten.

Es mag auf der finanziellen Seite 2021 vielleicht nicht der ganz große Wurf gelungen sein. Dafür mussten Sie sich aber auch nicht ganz so sehr verausgaben.

Tipp des Monats: Es stehen aufregende Zeiten bevor, auf die Sie sich ruhig schon ein wenig vorbereiten können.

SZE
Schlange

Grundtendenz des Monats: Der Metall-Büffel hat Sie in den letzten zwölf Monaten gelehrt, Ihr Ziel fest im Auge zu behalten. Dadurch ist Ihnen vielleicht nicht der ganz große Wurf gelungen, aber Sie sind beständig vorangekommen und dem gewünschten Ergebnis sicher ein gutes Stück näher gekommen. Damit Sie auch 2022 bei der Sache bleiben, braucht es vor allem ein gesundes Selbstbewusstsein.

Ab Februar gibt der Büffel sein Zepter an den Tiger weiter. Damit lassen sich wieder leichter Grenzen überschreiten und neue Dinge ausprobieren. Wer lieber will, dass alles beim Alten bleibt, darf sich jetzt schon zurückziehen und das Erreichte ohne Stress genießen.

Liebe, Familie, Freundschaft: In der Liebe gab es unter Umständen recht wenig Aufregung, dafür aber um so mehr Konstanz im vergangenen Jahr. Gerade in Zeiten, in denen es etwas stürmischer zugeht, ist es sicher gut zu wissen, dass man einen sicheren Hafen hat, in den man jederzeit einlaufen kann.

Ist es Ihnen gelungen, das in Sie gesetzte Vertrauen nicht zu enttäuschen, so haben Sie nun vielleicht einige Freunde fürs Leben gefunden. Ist es nicht schön zu wissen, dass es da draußen Menschen gibt, die sich bedingungslos für Sie einsetzen? In den letzten Wochen des Büffel-Jahres sollten Sie noch einmal alles daran setzen, dankbar zurückzugeben.

Beruf, Finanzen: Mit dem Büffel an Ihrer Seite ist es der Schlange in der Regel nicht schwer gefallen, sich durchzusetzen. Vor allem, wenn es um für Sie wichtige Belange ging, konnten Sie so einigen Projekten Ihren ganz persönlichen Stempel aufdrücken. Das hat Ihnen 2021 gezeigt, dass Ihre Meinung zählt! Lassen Sie auch im nächsten Jahr nicht nach und machen Sie den Mund auf, wenn Sie zur Optimierung beitragen können.

Wenn Sie wissen, was Sie brauchen, um einen guten Job zu machen, sollten Sie das nun auch einfordern.

Tipp des Monats: Lassen Sie sich jetzt nur nicht von Ihrer Meinung abbringen! Sie wissen genau, was gut für Sie ist!

WU Pferd

Grundtendenz des Monats: Ab dem kommenden Monat ist Schluß mit der Langweile. Wenn im Februar der Wasser-Tiger die Regentschaft übernimmt, darf das Pferd so richtig durchstarten.
Bis dahin heisst es allerdings noch einmal Geduld aufzubringen, denn jetzt im Januar wird der scheidende Jahresregent von einem Artgenossen begleitet. Da kann bei so manchem Pferd noch einmal ordentlich Geduld erforderlich sein - vor allem, wenn es mit den aktuellen Umständen überhaupt nicht zufrieden ist.
Effizienz wurde im Jahr des Büffels groß geschrieben. Das hat sicher auch dem Pferd nicht geschadet und dafür gesorgt, dass auch der Kleinkram endlich mal erledigt wurde.

Liebe, Familie, Freundschaft: Für Sie mögen es Trivialitäten sein, mit denen Sie sich am liebsten überhaupt nicht auseinandersetzen möchten. Wenn es für Partner und Familie jedoch so wichtig erscheint, sollten Sie wirklich versuchen, die angemeldeten Wünsche zu erfüllen.
Wer 2021 die traditionelleren Werte des Büffels ein stückweit in seine Partnerschaft integrieren konnte, der braucht auch in den kommenden Monaten keine Stürme zu fürchten. Desto besser das Fundament, desto dauerhafter die Beziehung.

Beruf, Finanzen: Halten Sie sich nun bitte noch einmal an die Vorgaben, liebes Pferd. Der Büffel hat mit seinen Regeln nur das Beste für seine Untertanen im Sinn, auch wenn sich das nicht immer auf den ersten Blick erschließen mag. Anstatt nun auf der Ziellinie noch einen Streit vom Zaun zu brechen, halten Sie einfach noch einmal ein paar Wochen still und erledigen Ihre Aufgaben so, wie man sich das von Ihnen wünscht.
Vielleicht kommen Ihnen jetzt nicht gerade die besten Ideen. Aber das macht im Grunde nichts, wenn es nun doch ohnehin erst einmal darum geht, mit laufenden Aktionen abzuschließen.

Tipp des Monats: Mit der entsprechenden Präzision können Sie wirklich eine punktgenaue Landung hinlegen. Lassen Sie sich nicht ablenken!

WEI Ziege

Grundtendenz des Monats: Zum Ende der Regentschaft darf die Ziege ihr ganz persönliches Resümee ziehen. Sicher haben es vor allem ambitionierte Ziegen in den vergangenen Monaten nicht immer ganz leicht gehabt mit dem Büffel. Sollten Sie 2021 nicht so voran gekommen sein wie Sie es sich gewünscht hätten, können Sie sich vielleicht damit trösten, dass es allen Anderen ähnlich ergangen sein dürfte.
Der Büffel hat seine Untertanen gelehrt, dass man sein Ziel niemals aus den Augen verlieren darf. Sollte das der Ziege im letzten Jahr vielleicht nicht immer gelungen sein, ist nun ein guter Zeitpunkt, wieder mehr darauf zu fokussieren.

Liebe, Familie, Freundschaft: Wie haben sich Ihre persönlichen Beziehungen 2021 entwickelt? Ist das gegenseitige Vertrauen gewachsen? Haben gemeinsame Aktionen Sie stärker gemacht? Der Büffel hatte vor allem im Bereich der Partnerschaft Stabilität im Sinn. Wenn Sie sich nun sicher und geborgen fühlen, hat er sein Ziel erreicht.
Sie können Ihre Augen nicht immer überall haben und Sie sind auch wirklich nicht allein zuständig für das Glück der gesamten Familie. Erst wenn Sie sich diesen Schuh selbst anziehen, wird man Sie ständig in die Verantwortung nehmen. Es sollte Ihnen also keine allzu großen Magenschmerzen bereiten, wenn einmal nicht alles perfekt läuft.

Beruf, Finanzen: Ein letztes Mal kann die Ziege spüren, wie ihr der Wind kräftig ins Gesicht bläst. Wenn Sie eines gelernt haben, dann ist es, diesen Druck nicht nur auszuhalten, sondern in eigene Stärke umzuwandeln. Zeigen Sie selbstbewusst diese neue Kraft, so dass alle erkennen können, dass man mit Ihnen rechnen muss.
Mit klaren Ansagen lässt sich im Januar am meisten erreichen. Machen Sie deutlich, dass Sie kein reiner Befehlsempfänger sein wollen, sondern durchaus auch selber denken können. Schließlich haben alle Seiten etwas davon, wenn Sie Ihre Ideen einbringen und umsetzen können.

Tipp des Monats: Lassen Sie sich auch 2022 nicht von Ihrem Weg abbringen!

SUNG
Affe

Grundtendenz des Monats: Sicher gab es 2021 einige Einschränkungen für den Affen und viele Dinge konnten sich nicht ganz so entwickeln, wie er es sich vorgestellt hat. Dafür hat der Büffel in den vergangenen Monaten sicher dafür sorgen können, dass Sie sich mehr Zeit genommen haben und damit oft auch eine punktgenaue Landung hinlegen konnten.

Wenn sich der Jahresregent nun von Ihnen verabschiedet, wird er wahrscheinlich noch ein letztes Mal versuchen, Sie mit seinen Regeln auf die richtige Spur zu bringen. Das kann ein bisschen nerven - ist aber am Ende sicher zu Ihrem Besten.

Liebe, Familie, Freundschaft: Bestehende Beziehungen konnten in den vergangenen Monaten sicher immer dann gefestigt werden, wenn der Affe bereit war, seine Ansprüche zum Wohle des Partners zurückzunehmen. Dabei konnten Sie lernen, Ihre täglichen Bedürfnisse neu zu bewerten und das zu schätzen, was Sie dauerhaft haben.

Für spontane Aktionen mag unter dem Zepter des Büffels nicht ganz viel Raum gewesen sein und es war vielleicht nicht immer ganz einfach für den Affen, sich im familiären Umfeld selbst zu verwirklichen. Wenn ab nächsten Monat der Tiger die Herrschaft übernimmt, sollte das deutlich einfacher werden.

Beruf, Finanzen: Mit einem weiteren Metall-Büffel im Monat stehen nun wirklich alle Zeichen auf Erhalt. Der Affe sollte sich deshalb im Januar keine großen Illusionen darüber machen, was er alles auf den Weg bringen könnte. Den einen Monat werden Sie sicher noch warten können, denn mit dem Tiger wird es leichter, spannende Projekte zu initiieren.

Wenn Ihre Ideen nun nicht gefragt sind, sollten Sie sie auch nicht an das uninteressierte Publikum verschwenden. Ziehen Sie sich lieber zurück und arbeiten Sie das Ganze so aus, dass Sie damit zur Not auch alleine starten können.

Tipp des Monats: Lassen Sie sich nun nicht provozieren. Wenn Sie eines vom Büffel gelernt haben, dann das man sich am Ende immer durchsetzen kann, wenn man geduldig ist.

YU
Hahn

Grundtendenz des Monats: Dem Büffel ist es in den vergangenen Monaten vor allem darum gegangen, Bestehendes zu erhalten und auszubauen. Das wird jetzt im Januar noch einmal ganz deutlich, wenn ein zweiter Büffel den Monat begleitet. Für den Hahn haben sich dadurch vielleicht keine großartigen Neuheiten ergeben. Dafür konnte er jedoch sicher so manchen großen Schritt in ihm bekannte Richtungen machen.

Auf den letzten Metern geht es nun noch einmal darum, das Ziel auch dann nicht aus den Augen zu verlieren, wenn es ab dem nächsten Monat wieder deutlich mehr Ablenkung gibt. Bleiben Sie auf jeden Fall auf Kurs!

Liebe, Familie, Freundschaft: Ein solides Fundament dürfte der Hahn in seinen persönlichen Beziehungen im letzten Jahr sicher ohne große Schwierigkeiten gelegt haben. Das gibt ihm die Sicherheit, dass man ihn auch 2022 immer dann unterstützt, wenn er es braucht und das auch laut und deutlich zu verstehen gibt.

In der Liebe hat es in den vergangenen zwölf Monaten vielleicht keine großen Feuerwerke der Leidenschaft gegeben. Dafür haben sich aber gegenseitiges Vertrauen und ein tiefes Verständnis füreinander entwickeln können. Das ist am Ende für eine harmonische Beziehung deutlich wichtiger als alles andere.

Beruf, Finanzen: Mit Hilfe des langen Atems des Metall-Büffels hat sich der Hahn sicher den einen oder anderen Vorteil verschafft. So ließen sich nun auch ambitionierte Projekte angehen und erfolgreich auf den Weg bringen. Auch wenn Sie noch nicht in allen Bereichen ein Ergebnis sehen können, so ist doch schon erkennbar, dass Sie ein gutes Ende erwarten können. Es ist ohnehin sinnvoller, wenn Sie Ihr berufliches Tun langfristig planen und anlegen.

Wer im Bereich seiner Finanzen ebenfalls auf Sicherheit gebaut hat, dürfte gut aufgestellt in das neue Jahr des Wasser-Tigers starten.

Tipp des Monats: Auch wenn sich mit dem Tiger ab Februar neue Möglichkeiten bieten, sollten Sie auf dem eingeschlagenen Weg bleiben!

SHIH
Hund

Grundtendenz des Monats: Wer zum Ende des Büffel-Jahres immer noch kein lohnenswertes Ziel vor Augen hat, darf auch im neuen Jahr nicht erwarten, dass ihm das Glück einfach so vor die Füsse fällt. Schließlich übernimmt mit dem Tiger im Februar ein Tierzeichen die Regentschaft, das in der Regel ganz klar vor Augen hat, was es erreichen will. Damit der Hund an der Stärke und Durchsetzungskraft des Tigers teilhaben kann, braucht er auf jeden Fall etwas, auf das er hinarbeiten kann.

Zum Abschluss seiner Regentschaft lässt der Büffel Sie im Januar noch mal spüren, dass ohne seine Zustimmung gar nichts geht. Damit Sie nicht unnötig auf Granit beißen, stellen Sie Ihre Pläne am besten einfach noch einen Monat zurück.

Liebe, Familie, Freundschaft: Eine gewisse Sturheit ist nun vielleicht auch in den eigenen vier Wänden zu spüren, wo sich der Hund jetzt nur schwer durchsetzen kann. Gerade wenn es um den eigenen Nachwuchs geht, nützen manchmal auch die besten Argumente nichts. Da hilft jetzt nur, klare Anweisungen zu geben, die keinen Widerspruch dulden - auch wenn das einige Beschwerden auslösen dürfte.

Wer in einer langfristigen Beziehung lebt, hat sicher gemerkt, dass sich das Verhältnis im vergangenen Jahr noch mehr hat festigen können. Vielleicht ist dabei die Leidenschaft ein wenig auf der Strecke geblieben, aber das kann der Hund sicher im nächsten Jahr nachholen.

Beruf, Finanzen: Mittlerweile sollte der Hund gemerkt haben, dass sich im Jahr des Büffel festgefahrene Meinung kaum ändern lassen. Wenn nun alles argumentieren nichts nützt, müssen Sie leider nachgeben und auf die vorgegebene Linie einschwenken. Vielleicht können Sie aber Ihre Position einfach noch einen Monat länger für sich behalten und im nächsten Monaten einen weiteren Versuch starten? Der Tiger dürfte dem Hund deutlich mehr zugewandt sein.

Tipp des Monats: Ab dem nächsten Monat gibt es deutlich mehr Unterstützung für Sie. Haben Sie noch ein letztes Mal Geduld.

HAN
Schwein

Grundtendenz des Monats: Zum Ende des Büffel-Jahres dürfte die eine oder andere Entscheidung anstehen. In welche Richtung es weiter geht, kommt sicher darauf an, wie Sie sich generell nach den Einschnitten in 2020 in diesem Jahr geschlagen haben. Mit dem scheidenden Jahresregenten können Sie nun noch einmal überprüfen, ob Sie auf dem richtigen Weg sind und im Zweifelsfall auch noch kleinere Korrekturen vornehmen. Kommt ab Februar der Tiger ans Ruder, bleibt wahrscheinlich nicht mehr ganz so viel Zeit für exakte Kurskorrekturen.

Mit dem zweiten Büffel und einem starken Metall-Anteil sollte es auch dem gutmütigen Schwein gelingen, die Spreu vom Weizen zu trennen.

Liebe, Familie, Freundschaft: Wer in den letzten Monaten dafür gesorgt hat, dass das eigene Heim noch mehr ein Ort der Freude und Sicherheit wird, hat sicher alles richtig gemacht. Das Erfolgsgeheimnis des Schweins ist letztendlich immer in seinem Privatleben und stabilen Familienverhältnissen zu finden.

Natürlich hat der beständige Büffel vor allem die persönlichen Beziehungen begünstigt, die langfristig angelegt sind. Dadurch gab es vielleicht nicht so viel zu erleben wie in anderen Jahren. Dafür konnte sich aber sicher noch mehr Vertrautheit entwickeln.

Beruf, Finanzen: Sie mögen vielleicht nicht so schnell vorangekommen sein, wie Sie es sich gewünscht hätten, aber die Hauptsache ist doch, dass Sie sich auf dem richtigen Weg befinden, oder? Da spielt die Geschwindigkeit nur eine untergeordnete Rolle.

Behalten Sie sich ein wenig von der Willensstärke des Büffels auch im nächsten Jahr. Dann sollte es gelingen, sich nicht ablenken zu lassen und das Ziel fest im Auge zu behalten. Und wer weiß - unter Umständen kann Ihnen der Tiger ab nächsten Monat helfen, Ihre Ideale weiter in die Welt zu tragen.

Tipp des Monats: Bewahren Sie sich Ihren Optimismus! Wer 2021 für stabile Verhältnisse gesorgt hat, startet ohne Sorgen ins neue Jahr.

Januar 2022	Jahreskonstellation – Metall Büffel Monatskonstellation – Metall Büffel

1. Holz Tiger	Ratte Büffel **Tiger Hase** Drache Schlange **Pferd** Ziege Affe Hahn **Hund** Schwein **Günstig:** Umziehen, Reisen, Hochzeiten, Empfänge, wichtige Konferenzen. **Ungünstig:** geistige Arbeiten, Gartenarbeit, häusliche Tätigkeiten.
2. Holz Hase	Ratte Büffel **Tiger Hase** Drache Schlange Pferd **Ziege** Affe Hahn Hund **Schwein** **Günstig:** Versammlungen, gerechte Verteilungen, Hochzeit, Konferenzen, Umzug. **Ungünstig:** Gartenarbeit, Dinge zum Abschluss bringen.
3. Feuer Drache	**Ratte** Büffel Tiger Hase **Drache Schlange** Pferd Ziege **Affe** Hahn Hund Schwein **Günstig:** Gartenarbeit, Feiern, Hochzeit, Dinge zum Abschluss bringen. **Ungünstig:** keine Anschuldigungen gegen Dritte erheben.
4. Feuer Schlange	Ratte **Büffel** Tiger Hase **Drache Schlange** Pferd Ziege Affe **Hahn** Hund Schwein **Günstig:** Gartenarbeit, Hochzeit, Dinge zum Abschluss bringen. **Ungünstig:** Umzug, Reisen, Geschäftseröffnung.
5. Erd Pferd	Ratte Büffel **Tiger** Hase Drache Schlange **Pferd Ziege** Affe Hahn **Hund** Schwein **Günstig:** Gartenarbeit, Hochzeit, Dinge zum Abschluss bringen. **Ungünstig:** Umzug, Reisen, Geschäftseröffnung.
6. Erd Ziege	Ratte Büffel Tiger **Hase** Drache Schlange **Pferd Ziege** Affe Hahn Hund **Schwein** **Günstig:** Ausruhen, Meditation, seinen Hobbys nachgehen. **Ungünstig:** wichtige Unternehmungen.
7. Metall Affe	**Ratte** Büffel Tiger Hase **Drache** Schlange Pferd Ziege **Affe Hahn** Hund Schwein **Günstig:** Amüsieren, mit Freunden ausgehen, Freizeitaktivitäten. **Ungünstig:** geschäftliche Aktivitäten, neue Dinge anfangen.
8. Metall Hahn	Ratte **Büffel** Tiger Hase Drache **Schlange** Pferd Ziege **Affe Hahn** Hund Schwein **Günstig:** für die meisten Aktivitäten, Geschäftsabschlüsse, Partnerschaft. **Ungünstig:** negative Bemerkungen über andere Menschen.
9. Wasser Hund	Ratte Büffel **Tiger** Hase Drache Schlange **Pferd** Ziege Affe Hahn **Hund Schwein** **Günstig:** Handel, Geschäftseröffnungen, Hochzeiten und andere Feste planen. **Ungünstig:** Beerdigungen, Reisen, Arztbesuche.
10. Wasser Schwein	Ratte Büffel Tiger **Hase** Drache Schlange Pferd **Ziege** Affe Hahn **Hund Schwein** **Günstig:** Handwerkliche Aktivitäten, Handel, Hochzeiten, Reisen. **Ungünstig:** Trauerfeiern und Beerdigungen, schwere körperliche Arbeit.
11. Holz Ratte	**Ratte Büffel** Tiger Hase **Drache** Schlange Pferd Ziege **Affe** Hahn Hund Schwein **Günstig:** Ankündigungen machen, Beerdigungen, Trauerfeiern. **Ungünstig:** Handel, Vergnügungen, Freizeitaktivitäten.
12. Holz Büffel	**Ratte Büffel** Tiger Hase Drache **Schlange** Pferd Ziege Affe **Hahn** Hund Schwein **Günstig:** Kleidung schneidern, Handel, Buchhaltung, Ausflüge, neue Dinge beginnen. **Ungünstig:** Geschäfte eröffnen, Kraftanstrengungen, Reisen, Ersparnisse ausgeben.
13. Feuer Tiger	Ratte Büffel **Tiger Hase** Drache Schlange **Pferd** Ziege Affe Hahn **Hund** Schwein **Günstig:** Putzen, waschen, fasten, seelische und körperliche Pflege, Arztbesuche. **Ungünstig:** Ausdauersport, Reisen, Hochzeit.
14. Feuer Hase	Ratte Büffel **Tiger Hase** Drache Schlange Pferd **Ziege** Affe Hahn Hund **Schwein** **Günstig:** Umziehen, Reisen, Hochzeiten, Empfänge, wichtige Konferenzen. **Ungünstig:** geistige Arbeiten, Gartenarbeit, häusliche Tätigkeiten.
15. Erd Drache	**Ratte** Büffel Tiger Hase **Drache Schlange** Pferd Ziege **Affe** Hahn Hund Schwein **Günstig:** Versammlungen, gerechte Verteilungen, Hochzeit, Konferenzen, Umzug. **Ungünstig:** Gartenarbeit, Dinge zum Abschluss bringen.

Ob ein Tag besonders günstig für Ihr Tierzeichen ist, sehen Sie an folgenden Farben:
Rot = sehr günstig, Grau = günstig, Schwarz = nicht günstig

Jahreskonstellation – Metall Büffel Monatskonstellation – Metall Büffel	Januar 2022

16. Erd Schlange	Ratte **Büffel** Tiger Hase **Drache Schlange** Pferd Ziege Affe **Hahn** Hund Schwein **Günstig:** Gartenarbeit, Feiern, Hochzeit, Dinge zum Abschluss bringen. **Ungünstig:** keine Anschuldigungen gegen Dritte erheben.
17. Metall Pferd	Ratte Büffel **Tiger** Hase Drache Schlange **Pferd Ziege** Affe Hahn **Hund** Schwein **Günstig:** Gartenarbeit, Hochzeit, Dinge zum Abschluss bringen. **Ungünstig:** Umzug, Reisen, Geschäftseröffnung.
18. Metall Ziege	Ratte Büffel Tiger **Hase** Drache Schlange **Pferd Ziege** Affe Hahn Hund **Schwein** **Günstig:** Ausruhen, Meditation, seinen Hobbys nachgehen. **Ungünstig:** wichtige Unternehmungen.
19. Wasser Affe	**Ratte** Büffel Tiger Hase **Drache** Schlange Pferd Ziege **Affe Hahn** Hund Schwein **Günstig:** Amüsieren, mit Freunden ausgehen, Freizeitaktivitäten. **Ungünstig:** geschäftliche Aktivitäten, neue Dinge anfangen.
20. Wasser Hahn	Ratte **Büffel** Tiger Hase Drache **Schlange** Pferd Ziege **Affe Hahn** Hund Schwein **Günstig:** für die meisten Aktivitäten, Geschäftsabschlüsse, Partnerschaft. **Ungünstig:** negative Bemerkungen über andere Menschen.
21. Holz Hund	Ratte Büffel **Tiger** Hase Drache Schlange **Pferd** Ziege Affe Hahn **Hund Schwein** **Günstig:** Handel, Geschäftseröffnungen, Hochzeiten und andere Feste planen. **Ungünstig:** Beerdigungen, Reisen, Arztbesuche.
22. Holz Schwein	Ratte Büffel Tiger **Hase** Drache Schlange Pferd **Ziege** Affe Hahn **Hund Schwein** **Günstig:** Handwerkliche Aktivitäten, Handel, Hochzeiten, Reisen. **Ungünstig:** Trauerfeiern und Beerdigungen, schwere körperliche Arbeit.
23. Feuer Ratte	**Ratte Büffel** Tiger Hase **Drache** Schlange Pferd Ziege **Affe** Hahn Hund Schwein **Günstig:** Ankündigungen machen, Beerdigungen, Trauerfeiern. **Ungünstig:** Handel, Vergnügungen, Freizeitaktivitäten.
24. Feuer Büffel	**Ratte Büffel** Tiger Hase Drache **Schlange** Pferd Ziege Affe **Hahn** Hund Schwein **Günstig:** Kleidung schneidern, Handel, Buchhaltung, Ausflüge, neue Dinge beginnen. **Ungünstig:** Geschäfte eröffnen, Kraftanstrengungen, Reisen, Ersparnisse ausgeben.
25. Erd Tiger	Ratte Büffel **Tiger Hase** Drache Schlange **Pferd** Ziege Affe Hahn **Hund** Schwein **Günstig:** Putzen, waschen, fasten, seelische und körperliche Pflege, Arztbesuche. **Ungünstig:** Ausdauersport, Reisen, Hochzeit.
26. Erd Hase	Ratte Büffel **Tiger Hase** Drache Schlange Pferd **Ziege** Affe Hahn Hund **Schwein** **Günstig:** Umziehen, Reisen, Hochzeiten, Empfänge, wichtige Konferenzen. **Ungünstig:** geistige Arbeiten, Gartenarbeit, häusliche Tätigkeiten.
27. Metall Drache	**Ratte** Büffel Tiger Hase **Drache Schlange** Pferd Ziege **Affe** Hahn Hund Schwein **Günstig:** Versammlungen, gerechte Verteilungen, Hochzeit, Konferenzen, Umzug. **Ungünstig:** Gartenarbeit, Dinge zum Abschluss bringen.
28. Metall Schlange	Ratte **Büffel** Tiger Hase **Drache Schlange** Pferd Ziege Affe **Hahn** Hund Schwein **Günstig:** Gartenarbeit, Feiern, Hochzeit, Dinge zum Abschluss bringen. **Ungünstig:** keine Anschuldigungen gegen Dritte erheben.
29. Wasser Pferd	Ratte Büffel **Tiger** Hase Drache Schlange **Pferd Ziege** Affe Hahn **Hund** Schwein **Günstig:** Gartenarbeit, Hochzeit, Dinge zum Abschluss bringen. **Ungünstig:** Umzug, Reisen, Geschäftseröffnung.
30. Wasser Ziege	Ratte Büffel Tiger **Hase** Drache Schlange **Pferd Ziege** Affe Hahn Hund **Schwein** **Günstig:** Ausruhen, Meditation, seinen Hobbys nachgehen. **Ungünstig:** wichtige Unternehmungen.
31. Holz Affe	**Ratte** Büffel Tiger Hase **Drache** Schlange Pferd Ziege **Affe Hahn** Hund Schwein **Günstig:** Amüsieren, mit Freunden ausgehen, Freizeitaktivitäten. **Ungünstig:** geschäftliche Aktivitäten, neue Dinge anfangen.

> Frühlingsbeginn / Regenwasser < Februar

TZE Ratte

Grundtendenz des Monats: Gleich zwei Wasser-Tiger unterstützen die Ratte im Februar und sorgen dafür, dass sie sich in allen Bereichen zu behaupten weiß. Das gibt Ihnen nun sicher das nötige Selbstbewusstsein Ihren eigenen Weg zu gehen und sich dabei nicht zu sehr von der Meinung Außenstehender beeinflussen zu lassen.

Der neue Regent ist dafür bekannt, seine Autorität immer dann zu nutzen, wenn es darum geht Ungerechtigkeiten auszugleichen. Dabei nutzt er oft seinen guten Draht nach oben, um die richtige Entscheidung zu treffen. Haben Sie das Gefühl, dass man Sie nicht fair behandelt? Dann sollten Sie das möglichst gleich zur Sprache bringen.

Liebe, Familie, Freundschaft: Mit dem magnetischen Tiger an ihrer Seite traut sich so manche Ratte sicher auch in der Liebe mehr zu. Sie brauchen sich wirklich nicht verstecken, liebe Ratte! Gehen Sie vor die Tür und lassen Sie Ihren Charme sprühen! Dann stehen die Chancen für eine neue Liebe gar nicht schlecht.

Auch bestehende Partnerschaften erfordern Einsatz. Wer die Zuneigung der anderen Seite nun für zu selbstverständlich nimmt, darf sich nicht wundern, wenn es 2022 zu Spannungen kommt. Der neue Regent erwartet, dass sich seine Untertanen für die Dinge einsetzen, die ihnen wichtig sind.

Beruf, Finanzen: Wer sich in diesen Wochen in die vorderen Reihen traut, darf sich über reichlich Unterstützung freuen. Melden Sie sich aber bitte nur dann für die entsprechenden Aufgaben an, wenn Sie wirklich das Gefühl haben, das Ganze auch bis zum Ende durchziehen zu können. Wer sich da nicht ganz sicher ist, sollte sich lieber erst einmal ein wenig zurückhalten.

Möglichen Konflikten zu Beginn der neuen Regentschaft sollten Sie auf keinen Fall ausweichen. Suchen Sie im Team gleich nach einer Lösung. Bis die gefunden wird, kann es im Februar durchaus schon einmal etwas lauter zugehen.

Tipp des Monats: Gehen Sie mutig und entschlossen Ihren Weg und sorgen Sie dafür, dass Sie in allen Bereichen wahrgenommen werden.

KIU Büffel

Grundtendenz des Monats: Gleich zu Beginn des neuen Jahres bekommt der Büffel einen guten Vorgeschmack auf das, was ihn in den nächsten zwölf Monaten erwartet. Im Februar gesellt sich nämlich ein zweiter Wasser-Tiger zum Jahresregenten und gibt mit klarer Intention die Richtung an.

Da Tiger und Büffel traditionell ganz unterschiedlich an alle Dinge des Lebens herangehen, kann es jetzt durchaus erst einmal zu Reibungen kommen. Ist die Richtung jedoch erst einmal festgelegt, darf der Büffel loslaufen.

Tigerjahre leiten oft Veränderungen ein. Deshalb tut der Büffel 2022 gut daran, sich gleich von Anfang an mehr darauf einzulassen.

Liebe, Familie, Freundschaft: Bei Auseinandersetzungen im Kreise Ihrer Lieben halten Sie sich nun besser aus der Schusslinie heraus. Vor allem, wenn Sie im Grunde nichts mit der Sache zu tun haben, ist es besser, wenn die Anderen das unter sich ausmachen.

In der Liebe darf der Büffel nun sicher ein bisschen mutiger sein. Sie möchten gerne Ihr Herz erneut verschenken? Dann wählen Sie doch einfach einmal einen neuen Weg, um jemanden kennen zu lernen! Das mag sich zunächst etwas ungewohnt anfühlen. Aber mit Hilfe des Tigers können Sie sich auch in neuen Situationen sicher und selbstbewusst zurecht finden.

Beruf, Finanzen: Durchsetzungskraft und sicheres Auftreten sind gerade zu Beginn des Jahres auf der berufliche Ebene gefragt. Das ist sicher auch nötig, wenn Sie sich nun aus Deckung begeben und sich mehr ins Zentrum der Aufmerksamkeit rücken. Gerade der Februar ist wunderbar dazu geeignet, die eigenen Ideen weiter nach vorne zu bringen.

Da man ein solches Verhalten von Ihnen so vielleicht nicht gewöhnt ist, sind die Reaktionen zunächst einmal vielleicht etwas verhalten. Hüten Sie sich dann davor, Ihre Idee der anderen Seite aufzuzwingen.

Tipp des Monats: Seien Sie offen für Veränderungen! Es muss nicht immer alles so bleiben, wie es ist.

YING
Tiger

Grundtendenz des Monats: Wenn der Tiger das will, darf er gleich einen fulminanten Start in sein eigenes Jahr hinlegen. Der Februar wird nämlich von einem weiteren Artgenossen begleitet. Das sorgt für geballte Power vor allem dann, wenn es darum geht, sich durchzusetzen. Wer genau weiß, was er will, sollte jetzt wirklich keine Schwierigkeiten haben, seine Wünsche nicht nur zu kommunizieren, sondern gleich auch in die Tat umzusetzen.
2022 geht es für die meisten Tiger vor allem darum, für die eigenen Überzeugungen einzustehen. Dafür muss sich so mancher vielleicht mehr aus seiner schützenden Deckung herauswagen und auf allen Ebenen etwas mehr riskieren.

Liebe, Familie, Freundschaft: Auch wenn Sie es im Grunde ja nur gut meinen, tun Sie Ihren Lieben nun keinen Gefallen damit, Ihnen wichtige Entscheidungen abzunehmen. Vor allem der eigene Nachwuchs muss lernen, auch alleine klar zu kommen. Sie werden ja nicht immer und überall verfügbar sein können. Mal ganz abgesehen davon, dass zu viel Verantwortung auch recht anstrengend sein kann.
In der Liebe stehen die Chancen für einsame Tiger ganz besonders gut. An Selbstbewusstsein sollte es Ihnen in diesem und im nächsten Monat sicher nicht mangeln. Machen Sie sich also sichtbar und stellen Sie sich der neuen Herausforderung.

Beruf, Finanzen: Altes loslassen und Neues versuchen könnte das Motto der kommenden Monate für den Tiger sein. Gerade auf der beruflichen Ebene stehen die Zeichen nun gut für einen mutigen Neustart. Ob Sie sich dafür komplett neu erfinden oder sich lieber etwas vorsichtiger neuen Gefilden nähern, bleibt Ihnen überlassen. Auf jeden Fall sollten Sie genug Unterstützung bekommen, um nun Ihren Horizont zu erweitern.
Wer in einer Führungsposition tätig ist, sollte im ersten Monat des neuen Jahres seine Mitarbeiter nicht überfordern. Nicht jeder tut sich mit Veränderungen so leicht wie Sie.

Tipp des Monats: Wenn Sie nicht von einer Sache überzeugt sind, sollten Sie wirklich die Finger davon lassen.

MAO
Hase

Grundtendenz des Monats: Mit dem Start ins neue Jahr bietet sich für den Hasen die Gelegenheit, seinen Horizont zu erweitern. Mit dem Wasser-Tiger an Ihrer Seite können Sie sich dafür nicht nur besser durchsetzen, sondern auch Visionen entwickeln, wie Ihr zukünftiges Leben aussehen soll.
Damit Sie gleich am Anfang des Jahres voll einsteigen können, müssen Sie sich allerdings darüber im Klaren sein, wohin die Reise gehen soll. Wer nicht genau weiß, was er eigentlich will, kann in den kommenden Monaten kaum von der Stärke des neuen Regenten profitieren. Es bringt allerdings nichts, sich innerlich Druck aufzubauen, damit sie zu einer Antwort kommen.

Liebe, Familie, Freundschaft: Man mag es in Ihrem privaten Umfeld vielleicht nicht gewohnt sein, dass Sie klare Positionen einnehmen. Schließlich birgt das immer auch die Gefahr der Konfrontation, und dieser geht der Hase in der Regel am liebsten aus dem Weg... Im Jahr des Tigers werden Sie aber wohl nicht um die eine oder andere Auseinandersetzung drum herum kommen, wenn Sie Ihre persönliche Entwicklung voranbringen wollen. Am besten machen Sie das Ihren Lieben gleich zu Beginn des Jahres klar.
Gleich zwei Tiger begleiten den Hasen im Februar. Gerade für die Partnersuche kann sich das als vorteilhaft erweisen.

Beruf, Finanzen: Mit den zwei Tigern an Ihrer Seite werden Sie jetzt im Februar dazu angehalten, für Ihre Überzeugungen einzustehen. Zeigen Sie sich ruhig ein bisschen mutiger und machen Sie vor allem in Ihrem beruflichen Umfeld den Mund auf. Ihre Meinung ist wichtig und wird nun sicher geschätzt - vor allem, wenn Sie sie in Ihrer gewohnt diplomatischen Art zum Besten geben. Ihrer freundlichen Art kann man kaum einen Wunsch ausschlagen.
Viele Projekte sind jetzt noch in der Entstehungsphase. Sorgen Sie frühzeitig dafür, dass man sich an einen Tisch setzt und darüber redet.

Tipp des Monats: Sie können wachsen, wie Sie es sich vorstellen. Allerdings ist es dafür nötig, dass Sie sich selbst an erste Stelle stellen.

SHENG
Drache

Grundtendenz des Monats: Willkommen im Jahr des Wasser-Tigers, lieber Drache. Das dürfte für Sie gleich prima starten, wenn Sie sich sofort ins Geschehen stürzen. Dass jetzt im Februar noch ein zweiter Tiger in die Konstellation kommt, sollte dafür sorgen, dass es Ihnen nicht an Willenskraft und Durchsetzungsvermögen mangelt.

In den kommenden zwölf Monaten ist es für den Drachen wichtig, klare Positionen zu beziehen und für diese auch einzustehen. Wankelmut wird vom neuen Jahresregenten nämlich überhaupt nicht geschätzt. Wer weiß, was er will, wird Unterstützung von oberster Stelle bekommen.

Liebe, Familie, Freundschaft: Auch in der Liebe ist das Abwarten nun vorbei. Wo der Büffel sich im letzten Jahr nur vorsichtig voran getraut hat, zeigt sich der Tiger nun deutlich mutiger. Das kann einsamen Drachen einen enormen Motivationsschub geben und erhöht die Chancen, sein Herz zu verschenken.

Diskutieren Sie nun nicht unnötig mit Ihren Lieben! In diesem Monat will wahrscheinlich jeder mal Recht haben. Gönnen Sie Partner und Nachwuchs ruhig den einen oder anderen Triumph und zeigen Sie sich als guter Verlierer, wenn Sie daneben liegen. Das ist weniger anstrengend für alle Beteiligten.

Beruf, Finanzen: Ist die Idee erst mal auf dem Tisch, dann gehört sie auch umgesetzt. Überlegen Sie jetzt also gut, was Sie präsentieren wollen. Haben Sie Kollegen und Vorgesetzte erst einmal von der Sache überzeugt, gibt es kaum ein Zurück mehr. Wenn Sie sich nicht sicher sind, ob Sie bis zum Ende die nötige Motivation aufbringen können, sehen Sie besser von dem Projekt ab oder übergeben es in andere Hände.

Finanzielle Entscheidungen sollten Sie vielleicht besser noch ein paar Monate aufschieben. Wenn das nicht möglich sein sollte, suchen Sie sich am besten jemanden, der die Lage von außen einschätzen kann.

Tipp des Monats: Stehen Sie für Ihre Überzeugungen ein, auch wenn das nicht immer der einfachste Weg ist.

SZE
Schlange

Grundtendenz des Monats: Der Wasser-Tiger übernimmt jetzt im Februar das Zepter vom Büffel und zeigt sich direkt in seiner ganzen Stärke. Schließlich wird er von einem weiteren Wasser-Tiger im Monat begleitet! Für die Schlange kann das gleich bedeuten, dass sie ihre Karten auf den Tisch legen sollte. Klare Verhältnisse gleich zu Beginn der neuen Regentschaft geben Ihnen die besten Voraussetzungen für das kommende Jahr.

Der neue Herrscher hat eine spirituelle Persönlichkeit, auch wenn das auf den ersten Blick vielleicht nicht so scheinen mag. Das hat er mit der Schlange gemeinsam, denn auch diese geht mit Ihrem guten Draht nach oben nicht hausieren.

Liebe, Familie, Freundschaft: Wer das Gefühl hat, dass seine Beziehung auf der Kippe steht, sollte nun wirklich noch einmal alles geben. Der Tiger ist ein Kämpfer und erwartet auch von seinen Untertanen, dass sie sich für die Menschen einsetzen, die ihnen wichtig sind. Sich zurückziehen und abwarten ist jetzt nicht die richtige Strategie. Wenn Sie 2022 ein Herz gewinnen wollen, müssen Sie schon aus der Deckung kommen, liebe Schlange. Zeigen Sie selbstbewusst, was Sie haben und scheuen Sie sich auch nicht, Ihre Zuneigung offen zu zeigen. Bedenken Sie immer, dass Ihr Gegenüber wahrscheinlich nicht Ihre Gedanken lesen kann.

Beruf, Finanzen: Im vergangenen Jahr dürfte es für die meisten Schlangen recht einfach gewesen sein, sich in bestehende Prozesse einzuarbeiten. Mit dem Tiger geht es nun aber deutlich mehr darum, alte Wege zu verlassen und etwas Neues zu probieren. Das mag der Schlange auf den ersten Blick nicht ganz geheuer sein. Wenn Sie sich jedoch ein bisschen Zeit gönnen, kommen Sie mit den neuen Gegebenheiten sicher prima klar.

Natürlich birgt es immer ein gewisses Risiko, wenn Sie Zeit und Geld in ein neues Projekt investieren. Mit Ihrem analytischen Verstand sollten Sie dieses aber realistisch abschätzen können.

Tipp des Monats: Auf zu neuen Ufern! Zeigen Sie sich bereit für nötige Veränderungen!

WU
Pferd

Grundtendenz des Monats: Haben Sie sich schon überlegt, wo es in den kommenden zwölf Monaten lang gehen soll, liebes Pferd? Dann können Sie nun gleich selbstbewusst losmarschieren. Im Februar haben Sie gleich zwei Tiger an Ihrer Seite, die mit Ihnen gemeinsam das Ziel anpeilen. Da sollte es in den nächsten Monaten recht gut gelingen, dieses auch zu erreichen.

Wer sich bislang noch nicht allzu viele Gedanken gemacht hat, tut gut daran, in diesem Monat einen Plan zu machen. Es wäre doch wirklich schade, wenn Sie die positive Energie 2022 nicht für sich nutzen würden. Der Tiger sollte für genug Motivation sorgen, so dass Sie auch Dinge angehen und erfolgreich abschließen können, die im letzten Jahr noch in weiter Ferne schienen.

Liebe, Familie, Freundschaft: Tiger und Pferd sind in allen Bereichen des Lebens eine gute Kombination. Auch wenn es um die Familie geht, können Sie vom neuen Regenten nur profitieren. So fällt es nun deutlich leichter, die Dinge durchzusetzen, die Ihnen wichtig sind und Sie können sich leichter Respekt verschaffen.

Der neue Herrscher hat zusätzlich Wasser im Gepäck. Das steht unter anderem für die Kommunikation, auf die Sie nun nicht nur in der Partnerschaft mehr achten sollten. Vor allem, wenn Sie etwas Neues starten wollen, sollen Sie erst einmal das Gespräch suchen, schließlich wollen Sie Ihre bessere Hälfte doch nicht im Dunklen lassen, oder?

Beruf, Finanzen: Mit dem Tiger an der Seite dürfte es für so manches Pferd im Beruf einen Motivationsschub geben. Die Arbeit sollte Ihnen wirklich Spaß machen, wenn Sie längerfristig Erfolg haben wollen. Ist das im Augenblick nicht der Fall, dürfen Sie sich ruhig nach Alternativen umschauen. In diesem Jahr bieten sich wahrscheinlich einige gute Gelegenheiten.

Tipp des Monats: Es ist wichtig, für seine Überzeugungen einzustehen. Lassen Sie sich nicht in ein Korsett zwängen, dass Sie nicht tragen wollen und machen Sie sofort den Mund auf.

WEI
Ziege

Grundtendenz des Monats: Im Februar wird der Tiger durch einen weiteren Artgenossen verstärkt, so dass sich die Energie des neuen Herrschers ganz besonders bemerkbar macht. Wer gleich jetzt sein Augenmerk mehr auf die eigenen Entwicklung legt, kann wichtige Schritte in die richtige Richtung tun. Dafür ist es allerdings nötig, dass die Ziege klar sagt, was sie will. Wenn Sie nun mutig zu Ihren Forderungen stehen wird man Ihnen kaum Hindernisse in den Weg stellen.

Die Willenskraft wird in diesen Wochen durch ein recht starkes Yang Wasser gut unterstützt. Lassen Sie sich jetzt bitte nicht von Zweiflern und Kritikern verunsichern, sondern stehen Sie zu Ihren Entscheidungen.

Liebe, Familie, Freundschaft: Es ist wichtig, dass in der Partnerschaft jeder seine eigenen Kompetenzen hat. Gerade im Februar sollte sich die Ziege davor hüten, der anderen Seite zu viele Vorschriften zu machen - vor allem, wenn es sich auf einen Bereich bezieht, für den sie eigentlich gar nicht zuständig ist. Auch wenn Sie glauben, dass es zum Besten ist, lassen Sie bitte Ihren Partner seine eigenen Erfahrungen machen.

Wer auf der Suche nach einer neuen Liebe ist, muss sich im Jahr des Tigers aus der Masse hervorheben. Verstecken Sie sich also nicht länger, sondern stehen Sie selbstbewusst zu Ihren Stärken und Schwächen.

Beruf, Finanzen: Vielleicht erwartet man von Ihnen am Arbeitsplatz, dass Sie einfach nur Ihren Job machen. Für ambitioniertere Ziegen dürfte das in den nächsten zwölf Monaten aber auf keinen Fall ausreichen. Damit sich an der Situation etwas ändern kann, müssen Sie auch in diesem Bereich einfach deutlicher und direkter zeigen, was Sie können.

Im Jahr des Tigers kann die Ziege wunderbar ihr Wissen erweitern. Am Besten organisieren Sie sich gleich zu Beginn der Regentschaft Kurse, Fortbildungen oder suchen sich einen Mentor, der Ihnen den Weg zum Erfolg weist.

Tipp des Monats: Warten Sie nicht darauf, entdeckt zu werden, sondern werden Sie selbst aktiv.

SUNG
Affe

Grundtendenz des Monats: Mit zwei Tigern startet der Affe in die neue Regentschaft, denn neben dem neuen Herrscher wird der Februar von einem weiteren Wasser-Tiger begleitet. Auf den ersten Blick mag das etwas schwierig erscheinen. Bei genauerer Betrachtung wird aber schnell klar, dass der Affe viel besser motiviert wird, wenn er eine gute Opposition bekommt, gegen die er sich beweisen muss.

Überlegen Sie sich gleich zu Beginn des Jahres ganz genau, wo Ihre Energie hinfließen soll. Schließlich können Sie nicht überall gleichzeitig sein. Je schneller Sie sich jetzt für eine Richtung entscheiden, desto zügiger können Sie sich in diesem Bereich ausbreiten.

Liebe, Familie, Freundschaft: Die meisten Affen haben kein Problem damit, zu Hause die Zügel recht locker zu lassen. Im Jahr des Tigers ist das aber gerade im Hinblick auf den eigenen Nachwuchs nicht unbedingt die richtige Strategie. Legen Sie am besten gleich zu Beginn des Jahres gewisse Regeln und Kontrollmechanismen fest. Dann merken Sie schneller, wenn die Dinge aus dem Ruder laufen und können entsprechend reagieren.

In der Liebe geht es jetzt sicher auch darum, sich mehr Mühe zu geben. Ein neues Herz will erobert werden und auch in bestehenden Beziehungen wünscht man sich ein bisschen mehr Abenteuer.

Beruf, Finanzen: Wer offen für seine Überzeugungen einsteht, macht sich damit natürlich auch angreifbarer. Kalkulieren Sie jetzt also lieber einen gewissen Gegenwind ein, wenn Sie eine eher unpopuläre Meinung äußern.

Dem Affen fällt es in der Regel nicht leicht, Autoritäten zu akzeptieren. Er möchte lieber sein eigenes Süppchen kochen. Der Tiger duldet allerdings in der Regel nur wenig Widerspruch und schätzt es nicht, wenn man seine Entscheidungen anzweifelt. Halten Sie sich mit Kritik jetzt zurück, wenn Sie sich nicht allzu unbeliebt machen wollen.

Tipp des Monats: Zu viel Spontanität kommt im Februar nicht gut an. Es ist besser, wenn Sie sich erst einmal an die Spielregeln halten.

YU
Hahn

Grundtendenz des Monats: Zum Start ins neue Jahr mag man vom Hahn erwarten, dass er sich die innovative Kraft des Tigers zu eigen macht und sein Leben in einigen Bereichen umkrempelt. Das dürfte aber gar nicht nötig sein, wenn der Hahn 2021 dafür genutzt hat, mit Hilfe des Büffels seinen Weg nicht nur zu finden, sondern auch zu beschreiten. Hat es die allgemeine Situation in den vergangenen zwölf Monaten nicht zugelassen, dass Sie die eigenen Entwicklung vorantreiben konnten, dann nutzen Sie jetzt eben das Jahr des Wasser-Tigers dafür.

An Willenskraft sollte es dem Hahn zu Beginn der Regentschaft wirklich nicht mangeln und er kann sich nun gut durchsetzen.

Liebe, Familie, Freundschaft: Wer sich für die Liebe aus der Deckung wagt, tut gut daran, sich jetzt so zu zeigen, wie er wirklich ist. Mit dem Tiger als Herrscher ist es ohnehin schwierig, sich auf Dauer zu verstellen. Da können Sie auch gleich mit offenen Karten spielen.

Treffen Sie keine Entscheidungen über die Köpfe Ihrer Lieben hinweg. Sie glauben vielleicht, es am besten zu wissen, aber das heißt ja nicht automatisch, dass Partner und Familie das auch so sehen. Ein gewisses Mitspracherecht müssen Sie da schon einräumen, wenn Sie nicht auf dem falschen Fuß in das neue Jahr starten wollen.

Beruf, Finanzen: Gleich zu Beginn des neuen Jahres kann der Hahn beweisen, was er kann. Da es ihm in der Regel keine Schwierigkeiten macht, seine Pläne zu präsentieren, dürfte er sich auf der entsprechenden Bühne nun wirklich wohl fühlen.

Tiger und Hahn behalten gerne die Kontrolle. Das kann aber nun dazu führen, dass sich Kollegen oder Mitarbeiter schnell etwas gegängelt fühlen und das Gefühl bekommen, dass sie nur unter Beobachtung arbeiten sollen. Gewisse Freiräume sollten Sie hier auf jeden Fall lassen.

Tipp des Monats: Wer weiß, was er will kann sicher einen fulminanten Start ins neue Jahr hinlegen.

SHIH
Hund

Grundtendenz des Monats: Atmen Sie tief durch, lieber Hund, denn die Durststrecke des letzten Jahres dürfte nun endgültig vorbei sein. Mit dem Tiger übernimmt im Februar genau das Tierzeichen das Zepter, das Ihnen wirklich zum persönlichen und beruflichen Glück verhelfen kann. Vor allem, wenn Sie aktiv etwas an Ihrer aktuellen Situation verändern wollen, sind Sie beim Tiger ganz hervorragend aufgehoben.
Gleich zu Beginn des neuen Jahres wird der frische Wind für den Hund besonders spürbar, denn jetzt kümmern sich gleich zwei Tiger darum, dass er durchstarten kann. Das bedeutet übrigens nicht, dass Sie nun um jeden Preis Veränderungen herbei führen müssen. Wer zufrieden ist, kann auch einfach alles so lassen, wie es ist.
Liebe, Familie, Freundschaft: Mit frischen Selbstvertrauen ausgestattet, dürfen Sie sich nun aus dem Schatten heraus ins Licht wagen. Gerade für einsame Hunde ist das eine wunderbare Gelegenheit, die Fühler nach einem neuen Partner auszustrecken. Verlassen Sie sich voll und ganz auf Ihr Gespür, dann werden Sie bestimmt den richtigen Kontakt machen.
Ging es 2021 mehr darum, zu Hause für Stabilität und Beständigkeit zu sorgen, darf das gemeinsame Leben nun wieder etwas bunter und abwechslungsreicher für alle Beteiligten werden.
Beruf, Finanzen: Längst fällige Entscheidungen wollen endlich getroffen werden. Wo der Hund der Vergangenheit vielleicht noch gezögert hat, wird er nun von den beiden Tigern unterstützt und kann selbstbewusst das tun, was für sein berufliches Fortkommen am besten ist. Denken Sie jetzt in erster Linie ruhig an sich, denn schließlich wollen Sie ja mit dem glücklich sein, was Sie tun und nicht einfach nur Geld verdienen oder es anderen recht machen.
Der Tiger nimmt sich in der Regel das, was ihm zusteht. Vielleicht wäre das nun auch eine gute Strategie für Sie bei der nächsten Gehaltsverhandlung?
Tipp des Monats: Die Zeit des Wartens ist definitiv vorbei - jetzt geht es ans umsetzen!

HAN
Schwein

Grundtendenz des Monats: Im letzten Jahr dürfte es für das Schwein wahrscheinlich nicht besonders viel Bewegung gegeben haben. Zum Start in die neue Regentschaft kann sich nun zeigen, ob Sie es sich vielleicht zu bequem und gemütlich in den eigenen vier Wänden gemacht haben. Mit gleich zwei Tigern geht es nämlich im Februar darum, ob und wie weit Sie sich aus dem gewohnten Terrain herauswagen mögen. Vielleicht brauchen Sie noch ein wenig mehr Zeit, um sich wirklich aus der Deckung zu trauen. Genug Gelegenheiten dazu bekommen Sie jetzt allerdings sicher schon geboten.
Wenn der Wasser-Tiger etwas will, dann setzt er das auch durch… Daran darf sich das Schwein in den nächsten Monaten ruhig orientieren und selbstbewusster einfordern, was ihm wichtig ist.
Liebe, Familie, Freundschaft: Was Ihnen wichtig ist in einer Beziehung konnten Sie vielleicht im letzten Jahr klarer erkennen. 2022 dürfte es mehr darum gehen, wie sich das Gewünschte erreichen lässt. Verlassen Sie sich jetzt aber bitte nicht darauf, dass die andere Seite schon automatisch auf Ihre Bedürfnisse eingeht. Es wird von Ihnen erwartet, dass Sie den Mund aufmachen. Das Wasserelement und damit die Kommunikation spielen jetzt eine wichtige Rolle, die sich sicher in den kommenden Monaten noch weiter verstärken wird.
Beruf, Finanzen: Wenn Sie nicht wissen, was Sie wollen, können Sie jetzt auch nicht erwarten, dass man Sie unterstützt. Der Tiger wünscht sich eine klare Willensäußerung von Ihnen, dann wird er gerne den Weg für Sie ebnen.
Sobald es absehbar ist, dass Sie alleine nicht weit kommen, sollten Sie sich nach Mitstreitern umschauen. Die erscheinen vielleicht erst ab dem nächsten Monat, aber das bedeutet ja nicht, dass Sie sich jetzt nicht schon Gedanken machen können, wen genau Sie brauchen.
Tipp des Monats: Wenn Sie bekannte Gefilde verlassen, kann sich einiges entwickeln. Das Risiko, das sich daraus ergibt ist durchaus kalkulierbar.

Februar 2022	Jahreskonstellation – Wasser Tiger Monatskonstellation – Wasser Tiger

1. Holz Hahn	Ratte **Büffel** Tiger Hase Drache **Schlange** Pferd Ziege **Affe Hahn** Hund Schwein **Günstig:** für die meisten Aktivitäten, Geschäftsabschlüsse, Partnerschaft. **Ungünstig:** negative Bemerkungen über andere Menschen.
2. Feuer Hund	Ratte Büffel **Tiger** Hase Drache Schlange **Pferd** Ziege Affe Hahn **Hund Schwein** **Günstig:** Handel, Geschäftseröffnungen, Hochzeiten und andere Feste planen. **Ungünstig:** Beerdigungen, Reisen, Arztbesuche.
3. Feuer Schwein	Ratte Büffel Tiger **Hase** Drache Schlange Pferd **Ziege** Affe Hahn **Hund Schwein** **Günstig:** Handwerkliche Aktivitäten, Handel, Hochzeiten, Reisen. **Ungünstig:** Trauerfeiern und Beerdigungen, schwere körperliche Arbeit.
4. Erd Ratte	**Ratte** Büffel Tiger Hase **Drache Schlange** Pferd Ziege **Affe** Hahn Hund Schwein **Günstig:** Handwerkliche Aktivitäten, Handel, Hochzeiten, Reisen. **Ungünstig:** Trauerfeiern und Beerdigungen, schwere körperliche Arbeit.
5. Erd Büffel	**Ratte Büffel** Tiger Hase Drache **Schlange** Pferd Ziege Affe **Hahn** Hund Schwein **Günstig:** Ankündigungen machen, Beerdigungen, Trauerfeiern. **Ungünstig:** Handel, Vergnügungen, Freizeitaktivitäten.
6. Metall Tiger	Ratte Büffel **Tiger Hase** Drache Schlange **Pferd** Ziege Affe Hahn **Hund** Schwein **Günstig:** Kleidung schneidern, Handel, Buchhaltung, Ausflüge, neue Dinge beginnen. **Ungünstig:** Geschäfte eröffnen, Kraftanstrengungen, Reisen, Ersparnisse ausgeben.
7. Metall Hase	Ratte Büffel **Tiger Hase** Drache Schlange Pferd **Ziege** Affe Hahn Hund **Schwein** **Günstig:** Putzen, waschen, fasten, seelische und körperliche Pflege, Arztbesuche. **Ungünstig:** Ausdauersport, Reisen, Hochzeit.
8. Wasser Drache	**Ratte** Büffel Tiger Hase **Drache Schlange** Pferd Ziege **Affe** Hahn Hund Schwein **Günstig:** Umziehen, Reisen, Hochzeiten, Empfänge, wichtige Konferenzen. **Ungünstig:** geistige Arbeiten, Gartenarbeit, häusliche Tätigkeiten.
9. Wasser Schlange	Ratte **Büffel** Tiger Hase **Drache Schlange** Pferd Ziege Affe **Hahn** Hund Schwein **Günstig:** Versammlungen, gerechte Verteilungen, Hochzeit, Konferenzen, Umzug. **Ungünstig:** Gartenarbeit, Dinge zum Abschluss bringen.
10. Holz Pferd	Ratte Büffel **Tiger** Hase Drache Schlange **Pferd Ziege** Affe Hahn **Hund** Schwein **Günstig:** Gartenarbeit, Feiern, Hochzeit, Dinge zum Abschluss bringen. **Ungünstig:** keine Anschuldigungen gegen Dritte erheben.
11. Holz Ziege	Ratte Büffel Tiger **Hase** Drache Schlange **Pferd Ziege** Affe Hahn Hund **Schwein** **Günstig:** Gartenarbeit, Hochzeit, Dinge zum Abschluss bringen. **Ungünstig:** Umzug, Reisen, Geschäftseröffnung.
12. Feuer Affe	**Ratte** Büffel Tiger Hase **Drache** Schlange Pferd Ziege **Affe Hahn** Hund Schwein **Günstig:** Ausruhen, Meditation, seinen Hobbys nachgehen. **Ungünstig:** wichtige Unternehmungen.
13. Feuer Hahn	Ratte **Büffel** Tiger Hase Drache **Schlange** Pferd Ziege **Affe Hahn** Hund Schwein **Günstig:** Amüsieren, mit Freunden ausgehen, Freizeitaktivitäten. **Ungünstig:** geschäftliche Aktivitäten, neue Dinge anfangen.
14. Erd Hund	Ratte Büffel **Tiger** Hase Drache Schlange **Pferd** Ziege Affe Hahn **Hund Schwein** **Günstig:** für die meisten Aktivitäten, Geschäftsabschlüsse, Partnerschaft. **Ungünstig:** negative Bemerkungen über andere Menschen.
15. Erd Schwein	Ratte Büffel Tiger **Hase** Drache Schlange Pferd **Ziege** Affe Hahn **Hund Schwein** **Günstig:** Handel, Geschäftseröffnungen, Hochzeiten und andere Feste planen. **Ungünstig:** Beerdigungen, Reisen, Arztbesuche.

Ob ein Tag besonders günstig für Ihr Tierzeichen ist, sehen Sie an folgenden Farben:
Rot = sehr günstig, Grau = günstig, Schwarz = nicht günstig

16. Metall Ratte	**Ratte Büffel** Tiger Hase **Drache** Schlange Pferd Ziege **Affe** Hahn Hund Schwein **Günstig:** Handwerkliche Aktivitäten, Handel, Hochzeiten, Reisen. **Ungünstig:** Trauerfeiern und Beerdigungen, schwere körperliche Arbeit.
17. Metall Büffel	**Ratte Büffel** Tiger Hase Drache **Schlange** Pferd Ziege Affe **Hahn** Hund Schwein **Günstig:** Ankündigungen machen, Beerdigungen, Trauerfeiern. **Ungünstig:** Handel, Vergnügungen, Freizeitaktivitäten.
18. Wasser Tiger	Ratte Büffel **Tiger Hase** Drache Schlange **Pferd** Ziege Affe Hahn **Hund** Schwein **Günstig:** Kleidung schneidern, Handel, Buchhaltung, Ausflüge, neue Dinge beginnen. **Ungünstig:** Geschäfte eröffnen, Kraftanstrengungen, Reisen, Ersparnisse ausgeben.
19. Wasser Hase	Ratte Büffel **Tiger Hase** Drache Schlange Pferd **Ziege** Affe Hahn Hund **Schwein** **Günstig:** Putzen, waschen, fasten, seelische und körperliche Pflege, Arztbesuche. **Ungünstig:** Ausdauersport, Reisen, Hochzeit.
20. Holz Drache	**Ratte** Büffel Tiger Hase **Drache Schlange** Pferd Ziege **Affe** Hahn Hund Schwein **Günstig:** Umziehen, Reisen, Hochzeiten, Empfänge, wichtige Konferenzen. **Ungünstig:** geistige Arbeiten, Gartenarbeit, häusliche Tätigkeiten.
21. Holz Schlange	Ratte **Büffel** Tiger Hase **Drache Schlange** Pferd Ziege Affe **Hahn** Hund Schwein **Günstig:** Versammlungen, gerechte Verteilungen, Hochzeit, Konferenzen, Umzug. **Ungünstig:** Gartenarbeit, Dinge zum Abschluss bringen.
22. Feuer Pferd	Ratte Büffel **Tiger** Hase Drache Schlange **Pferd Ziege** Affe Hahn **Hund** Schwein **Günstig:** Gartenarbeit, Feiern, Hochzeit, Dinge zum Abschluss bringen. **Ungünstig:** keine Anschuldigungen gegen Dritte erheben.
23. Feuer Ziege	Ratte Büffel Tiger **Hase** Drache Schlange **Pferd Ziege** Affe Hahn Hund **Schwein** **Günstig:** Gartenarbeit, Feiern, Hochzeit, Dinge zum Abschluss bringen. **Ungünstig:** keine Anschuldigungen gegen Dritte erheben.
24. Erd Affe	**Ratte** Büffel Tiger Hase **Drache** Schlange Pferd Ziege **Affe Hahn** Hund Schwein **Günstig:** Ausruhen, Meditation, seinen Hobbys nachgehen. **Ungünstig:** wichtige Unternehmungen.
25. Erd Hahn	Ratte **Büffel** Tiger Hase Drache **Schlange** Pferd Ziege **Affe Hahn** Hund Schwein **Günstig:** Amüsieren, mit Freunden ausgehen, Freizeitaktivitäten. **Ungünstig:** geschäftliche Aktivitäten, neue Dinge anfangen.
26. Metall Hund	Ratte Büffel **Tiger** Hase Drache Schlange **Pferd** Ziege Affe Hahn **Hund Schwein** **Günstig:** für die meisten Aktivitäten, Geschäftsabschlüsse, Partnerschaft. **Ungünstig:** negative Bemerkungen über andere Menschen.
27. Metall Schwein	Ratte Büffel Tiger **Hase** Drache Schlange Pferd **Ziege** Affe Hahn **Hund Schwein** **Günstig:** Handel, Geschäftseröffnungen, Hochzeiten und andere Feste planen. **Ungünstig:** Beerdigungen, Reisen, Arztbesuche.
28. Wasser Ratte	**Ratte Büffel** Tiger Hase **Drache** Schlange Pferd Ziege **Affe** Hahn Hund Schwein **Günstig:** Handwerkliche Aktivitäten, Handel, Hochzeiten, Reisen. **Ungünstig:** Trauerfeiern und Beerdigungen, schwere körperliche Arbeit.

TZE
Ratte

Grundtendenz des Monats: Will die Ratte sich ausbreiten und ihren Horizont erweitern, bekommt sie im März viele Möglichkeiten, ihre Ideen umzusetzen. Wenn es ihr dabei gelingt, sich nicht nur aufs Pläne schmieden zu konzentrieren, sondern sich auch gleich an die Durchführung zu begeben, sind die Ziele schnell erreichbar.

Hase und Tiger verbinden sich im März zum Haus der Expansion und können die Ambitionen der Ratte aufs Beste unterstützen. Da ist es fast schon sträflich, wenn Sie nun nicht gleich loslegen!

Ein starkes Wasserelement lässt die Gedanken in diesen Wochen nur so sprudeln. Damit Sie das Kopfkino nicht von wichtigen Dingen abhält, sollten Sie beizeiten daran denken, sich jemandem anzuvertrauen.

Liebe, Familie, Freundschaft: Harmonie im familiären Alltag ist im März nicht nur für Partner und Nachwuchs wichtig, sondern auch für das Wohl der Ratte ganz entscheidend. Bemühen Sie sich deshalb nun ganz besonders darum, aufkommenden Streit zu schlichten.

In der Liebe darf sich die Ratte jetzt ruhig ein bisschen mehr auf ihr Bauchgefühl verlassen. Schließlich ist der Hase bekannt für seine gute Intuition! Folgen Sie also ruhig Ihrem inneren Kompass und genießen Sie die Schmetterlinge in Ihrem Bauch. Das gilt für frische Beziehungen genauso wie für solche, die schon länger Bestand haben.

Beruf, Finanzen: Wer nun das richtige Gespür beweist, kann die Weichen für den Rest des Jahres stellen. Dabei ist es für die Ratte zwar wichtig, Pro und Contra abzuwägen - letztendlich will die Entscheidung aber aus dem Gefühl heraus getroffen werden.

Vom Zuschauen wird die Arbeit nicht weniger, liebe Ratte! Krempeln Sie lieber gleich zu Beginn des Tigerjahres die Ärmel hoch und zeigen Sie den Einsatz, den man in Ihrer Position erwarten kann. So sammeln Sie wichtige Pluspunkte für die kommenden Monate.

Tipp des Monats: Das Gras am anderen Ufer sieht nicht nur aus der Ferne verlockend aus. Machen Sie sich auf den Weg!

KIU
Büffel

Grundtendenz des Monats: Die Expansionsenergie bleibt im März spürbar. Nun wird sie allerdings von einem sanftmütigen Hasen transportiert. Das bedeutet für den Büffel auf der einen Seite, dass er seine Pläne weiter verfolgen kann. Auf der anderen Seite wird es noch wichtiger, alle Beteiligten auf diplomatischem Wege ins Boot zu holen.

Die Zwischentöne werden nun also deutlich wichtiger als noch im Monat zuvor. Da ist es sicher hilfreich, dass der Hase in diesem Monat die Intuition des Büffels unterstützt. Wenn Sie auf Ihr Bauchgefühl hören, können Sie so manches Fettnäpfchen vermeiden und treten auch niemandem ungewollt auf die Füße. Außerdem können Sie so wirklich viel lernen.

Liebe, Familie, Freundschaft: Wer in einer festen Beziehung lebt, tut gut daran, hier jetzt mehr Zeit zu investieren. Das kann bedeuten, dass Sie Ihre Wünsche im März zugunsten ihrer besseren Hälfte ein wenig zurückstellen müssen. Lassen Sie sich darauf ein, werden Sie sicher mit harmonischen Stunden belohnt.

Auch der Rest der Familie und Ihre Freunde freuen sich jetzt über mehr Aufmerksamkeit. Gleichzeitig ist es aber auch wichtig, für sich selbst genug Zeit einzuplanen. Das mag in diesen Wochen manchmal ein Drahtseilakt sein, ist aber schon mal eine gute Übung für die kommenden Monate.

Beruf, Finanzen: Sie haben vielleicht schon im letzten Monat gemerkt, dass der neue Herrscher einem gewissen Risiko nicht abgeneigt ist. Sie müssen diesen Weg nicht mitgehen, lieber Büffel! Wenn Sie sich in Ihren bekannten Gefilden wohler fühlen, bleiben Sie nun einfach, wo Sie sind.

Auf der anderen Seite haben sich in den letzten beiden Jahren viele Dinge kaum bewegt. Da wäre es nun doch vielleicht mal ganz schön, wenn Sie Projekte anstoßen, die Sie ein wenig mehr aus der Komfortzone heraus führen…

Tipp des Monats: Es gibt immer mehr als eine Lösung. Sie müssen also nicht auf den Zug aufspringen, wenn Sie nicht wirklich wollen.

> Insekten erwachen/Frühlings-Tagnachtgleiche < März

YING
Tiger

Grundtendenz des Monats: Die yangige Kraft des letzten Monats sollte sich nun ein wenig abschwächen, denn mit dem Hasen bekommt der Tiger im März einen deutlich sanfteren Partner an seine Seite. Man teilt den Wunsch nach Ausbreitung, geht das Ganze aber eben etwas diplomatischer an. Für Ihr soziales Umfeld dürfte es dadurch etwas leichter werden, Ihnen zu folgen. Vielleicht wäre es aber trotzdem keine schlechte Idee, wenn Sie die Motive Ihres Handelns nicht für sich behalten und Ihre Umgebung mehr mit ein beziehen.

Man kann die eigenen Interessen auch mit leiseren Tönen gut vertreten. Wenn Sie in Ihrer Mitte bleiben, haben Sie die besten Karten.

Liebe, Familie, Freundschaft: Im März braucht es deutlich mehr Fingerspitzengefühl, wenn es um partnerschaftliche Belange geht. Jetzt ist es wahrscheinlich noch wichtiger, einfach nur zuzuhören, anstatt direkt konkrete Lösungsvorschläge zu machen. Das mag sich für Sie ungewöhnlich anfühlen, ist aber das, was die andere Seite nun mehr braucht.

Kleine Kinder, kleine Probleme - große Kinder, große Probleme… damit eine Situation nicht eskalieren kann, wäre es gut, sich einfach regelmäßig mit dem eigenen Nachwuchs zusammen zu setzen und sich gegenseitig auszutauschen

Beruf, Finanzen: Nach wie vor ist das Wasserelement im März recht stark ausgeprägt. Achten Sie deshalb jetzt darauf, dass Sie nicht zu verkopft an Ihre Projekte herangehen. Überdenken bringt Sie nicht weiter und hält Sie unter Umständen von Dingen ab, die nun weitaus wichtiger sind. Vielleicht sollten Sie einfach aufschreiben, was Ihnen im Kopf herumschwirrt und sich dann erst einmal auf die konkreten Aufgaben konzentrieren. Wenn dann wieder mehr Luft ist, können Sie sich Ihrer Liste widmen.

Sie haben Probleme sich zu konzentrieren? Dann fordern Sie ein ruhiges Plätzchen für sich ein, so dass Sie Ihre Aufgaben besser erledigen können.

Tipp des Monats: Aus dem Inneren erwächst Ihre Kraft. Nehmen Sie sich jetzt genug Zeit für sich selbst!

MAO
Hase

Grundtendenz des Monats: Der etwas rauere Ton der ersten Wochen unter der neuen Regentschaft dürfte sich im März deutlich abschwächen. Das liegt vor allem daran, dass nun mit dem Wasser-Hasen die sanfteren Aspekte des Umgangs miteinander in den Vordergrund treten. Sicher ist es für Sie nun leichter, auf freundlichem Wege Ihre Wünsche durchzusetzen. Damit das gelingen kann, müssen Sie aber nach wie vor den Mund aufmachen, lieber Hase. Wie soll Ihr Gegenüber sonst wissen, was Ihnen wichtig ist?

Das Wasserelement ist in diesen Wochen recht stark ausgeprägt. Das kann sich je nach persönlicher Konstellation mehr oder weniger auf Ihre Kommunikation auswirken.

Liebe, Familie, Freundschaft: In der Liebe darf sich der Hase jetzt ruhig mehr auf seine Gefühle verlassen. Im Grunde spüren Sie ganz genau, was in Ihrem Gegenüber vorgeht. Sie können sich also das vorsichtige Abwägen sparen und einfach Ihrem Bauch vertrauen.

In diesem Jahr sind eindeutig einmal Sie selbst dran! Das sollten Sie jetzt gleich zum Anfang des Jahres Ihren Lieben deutlich zu verstehen geben. Wer im Jahr des Tigers nicht seine Rechte einfordert, darf sich nicht wundern, wenn dann eben einfach jemand anderes zum Zuge kommt.

Beruf, Finanzen: Es mag Ihnen in diesen Wochen vielleicht nicht gerade angenehm sein, mit Ihrer Meinung in den Fokus der Aufmerksamkeit zu geraten. Wenn Sie jedoch jetzt nicht sichtbar werden, sammelt am Ende noch jemand anders den Lohn Ihrer Arbeit ein. Das kann doch wirklich nicht in Ihrem Sinne sein, oder?

Generell dürfte es im März häufig darum gehen, Interessen selbstbewusst und klar zu vertreten. Dabei muss es nicht immer zwangsläufig um Ihre eigenen Projekte gehen. Jetzt ist auch ein guter Zeitpunkt, sich für andere einzusetzen. Vielleicht ergeben sich darauf in den kommenden Monaten einige interessante Schnittmengen.

Tipp des Monats: Hören Sie auf Ihre innere Stimme! Sie ist jetzt Ihr bester Ratgeber. Lassen Sie sich also nicht beirren!

> Insekten erwachen/Frühlings-Tagnachtgleiche < März

SHENG Drache

Grundtendenz des Monats: Mit dem Tiger stehen die Zeichen deutlich mehr auf Ausbreitung als noch im Jahr zuvor. Das macht sich im März besonders bemerkbar, denn nun kommt zum Herrscher des Dschungels noch ein Wasser-Hase dazu. Tiger und Hase bilden in der Chinesischen Astrologie zusammen das „Haus der Expansion". Da ist es kein Wunder, dass Ihre Weiterentwicklung in diesen Wochen Thema ist. Sind Sie sich schon darüber im Klaren, in welche Richtung Sie sich bewegen wollen? Falls nicht, wäre jetzt höchste Zeit, darüber nachzudenken.

Es sind eher die leisen Töne, mit denen Sie gesteckte Ziele erreichen können. Hüten Sie sich davor, zu bestimmend zu sein und anderen auf die Füße zu treten!

Liebe, Familie, Freundschaft: Der Hase ist ein Familientier und stellt seine Ansprüche gerne zum Wohle seiner Lieben zurück. Das dürfte nicht besonders zu den Ansprüchen von Drache und Tiger passen, weswegen es jetzt im März durchaus zu Reibereien kommen kann. Mit ein bisschen diplomatischem Geschick lässt sich bestimmt ein Kompromiss finden, der für alle in Ordnung ist.

Es mag sich im Augenblick so anfühlen, als wenn es in der Partnerschaft etwas mehr knirscht als sonst. Vertrauen Sie auf Ihr Bauchgefühl und sprechen Sie Ihre Gefühle offen aus.

Beruf, Finanzen: Mit ruhiger Entschlossenheit lassen sich die eigenen Interessen nun am besten vertreten. Verzichten Sie also jetzt lieber auf große Gesten oder übermäßiges Drängeln. Das kommt auf der beruflichen Ebene überhaupt nicht gut an.

Man mag es vom extrovertierten Drachen vielleicht nicht unbedingt erwarten, aber Sie müssen wirklich nicht immer im Rampenlicht stehen. Ziehen Sie sich ruhig unauffällig in die zweite Reihe zurück und gönnen Sie sich jetzt wenn nötig eine Verschnaufpause.

Tipp des Monats: Sie dürfen sich im März ruhig mehr auf Ihren guten Draht nach oben verlassen.

SZE Schlange

Grundtendenz des Monats: Hat sich die Schlange nun schon ein wenig an den Stil des neuen Regenten gewöhnt, kann Sie im März deutlich entspannter profitieren. Schließlich steht Ihnen nun mit dem Wasser-Hasen ein Tierzeichen bei, dass Ihre besten Seiten zum Vorschein bringen kann.

Vertrauen Sie nun mehr auf Ihr Gefühl und geben Sie Ihrer Intuition bei Entscheidungen mehr Gewicht. Die Fakten zu prüfen ist eine Sache, aber mit dem Tiger sind immer auch Überraschungen möglich. Vor allem in diesem Monat kann es unerwartete Gelegenheiten zur Ausbreitung geben, die man kaum voraussehen konnte. Wenn Sie sich jetzt zu zögerlich verhalten, zieht die Chance ungenutzt vorbei.

Liebe, Familie, Freundschaft: Hase und Schlange sind immer eine gute Kombination, wenn es um die Liebe geht. Die Chancen für Ihr Liebesglück stehen also jetzt wirklich gut. Dabei werden vor allem die Schlangen begünstigt, die noch auf der Suche sind. Trauen Sie sich ruhig, den ersten Schritt zu wagen.

Sind auf der familiären Ebene Entscheidungen zu treffen, sollten Sie wirklich auf alle Beteiligten Rücksicht nehmen. Der Tiger hat zwar gerne das Ruder in die Hand, dem Hasen ist es aber ungemein wichtig, das alle mit dem gewählten Weg klarkommen. Sie werden deshalb nun wohl kaum um einen Kompromiss herum kommen.

Beruf, Finanzen: Sicher ist es gut, sich im Jahr des Tigers ein wenig mehr in den Vordergrund zu schieben. Schließlich soll man wahrnehmen, was Sie alles leisten! In diesem Monat können Sie aber auch gerne erst einmal in der zweiten Reihe bleiben. Das starke Yin-Wasser unterstützt nun ohnehin mehr die innere als die äußere Entwicklung.

Für Ihre eigenen Interessen müssen Sie sich im Jahr des Tigers allerdings sicher mehr einsetzen als noch im Jahr zuvor.

Tipp des Monats: Wer seinen Mund nicht aufmacht, kann jetzt nicht erwarten, dass trotzdem alles nach den eigenen Vorstellungen läuft.

WU Pferd

Grundtendenz des Monats: Mit dem frischen Schwung aus dem Jahresstart sollte es nun wirklich kein Problem für das Pferd sein, seine eigenen Interessen zu vertreten. Jetzt im März schaut der Wasser-Hase darauf, dass dabei nicht andere benachteiligt werden. Sollte das der Fall sein, wäre es wichtig, die eigenen Pläne entsprechend zu korrigieren. Schließlich können Sie Ihr Glück ja nicht auf Kosten anderer erreichen. Das hinterlässt einen bitteren Nachgeschmack.

Einmal mehr ist das Wasser-Element recht gut ausgeprägt in der Konstellation. Der Yin-Anteil des Hasen sorgt dafür, dass Sie sich beizeiten zurückziehen können, wenn der Trubel zu groß wird.

Liebe, Familie, Freundschaft: Wer eigenen Nachwuchs hat, wird in diesem Monat vielleicht ein bisschen mehr gefordert als sonst. Dabei geht es nun vor allem darum, auf die Zwischentöne zu achten, was dem Pferd mit seiner direkten Art vielleicht nicht immer ganz leicht fällt.

Auch in der Liebe wünscht man sich nun vielleicht mehr Sensibilität von Ihnen, liebes Pferd. Allerdings kann man kaum von Ihnen verlangen, dass Sie immer erspüren können, was die andere Seite gerade braucht. Im Zweifelsfall dürfen Sie einfach nachfragen, dann kommen auch keine Unsicherheiten auf.

Beruf, Finanzen: Tiger und Hase bilden im März das Haus der Expansion. Das können sich ambitionierte Pferdepersönlichkeiten nun zunutze machen und neue Projekte auf den Weg bringen. Aber auch innerhalb bestehender Projekte können sich nun neue, interessante Aufgaben ergeben. Am besten hält das Pferd die Augen auf und ergreift sich bietende Gelegenheiten gleich beim Schopfe.

Finanzielle Entscheidungen sollten nun aber lieber ohne Hast getroffen werden. Schauen Sie sich dabei nicht nur die Fakten an, sondern hören Sie auch auf Ihren Bauch. Sind Sie unsicher, verschieben Sie das Ganze noch für einige Zeit.

Tipp des Monats: Vertrauen Sie auf Ihre eigenen Fähigkeiten! Sie allein wissen, was gut für Sie ist.

WEI Ziege

Grundtendenz des Monats: Das Wasserelement bleibt auch im März recht präsent, wird nun allerdings auch in seiner Yin-Ausprägung unterstützt. Für die Ziege bedeutet das, dass es ihr nun vielleicht etwas schwerer fällt, mit Fähigkeiten nach außen zu gehen. Es spricht nichts dagegen, sich nun noch einmal mehr auf die innere Welt zu konzentrieren, zumal in diesem Monat der Draht nach oben und zur eigenen Intuition sehr präsent sein dürfte.

Mit dem Hasen steht Ihnen nun ein Tierzeichen zur Seite, welches Sie vor allem auf der zwischenmenschlichen Ebene in Ihrem Tun unterstützt. Das kann allerdings nun durchaus dazu führen, dass Sie die eigenen Pläne ein wenig aus den Augen verlieren.

Liebe, Familie, Freundschaft: Es liegt wirklich nicht in Ihrer alleinige Verantwortung, den Alltag Ihrer Lieben zu organisieren. Natürlich ist es Ihnen wichtig, dass sich alle wohlfühlen, aber deshalb müssen Sie noch lange nicht alle lästigen Aufgaben für den Partner oder den Rest der Familie übernehmen. Gerade wenn es um den eigenen Nachwuchs geht, wäre die Anleitung zu mehr Selbständigkeit sicher sinnvoll. Schließlich müssen auch Ihre Kinder am Ende des Tages irgendwann alleine klar kommen.

Gemeinsame spirituelle Erfahrungen können jetzt Ihre Partnerschaft vertiefen und auf eine ganz neue Ebene bringen.

Beruf, Finanzen: Tiger und Hase stehen gemeinsam für Expansion. Wer möchte, kann nun also voller Optimismus zu neuen Ufern aufbrechen. Auf der beruflichen Ebene bieten sich der Ziege wahrscheinlich einige Gelegenheiten, die aktuelle Situation zu verändern. Schauen Sie sich die Angebote genau an und schließen Sie keine Option sofort aus! Für eine endgültige Entscheidung können Sie sich alle Zeit nehmen, die Sie brauchen.

Für Ziegen, die in einem Heilberuf tätig sind, eröffnen sich nun besonders gute Perspektiven.

Tipp des Monats: Sich kümmern ist gut, liebe Ziege. Vergessen Sie darüber aber bitte nicht die eigenen Projekte.

SUNG
Affe

Grundtendenz des Monats: War der Gegenwind im letzten Monat vielleicht noch ein bisschen zu stark für den Affen, sollte er jetzt im März deutlich befreiter auftreten können. Mit seiner guten Anpassungsfähigkeit hat er sich bestimmt schon an die etwas strengere Gangart des Tigers gewöhnt und Methoden gefunden, die neuen Regeln nach seinen eigenen Ideen auszulegen.

Mit dem Wasser-Hasen wird im März der Aspekt der Ausbreitung noch stärker betont. Wo der Tiger erobert, geht der Hase deutlich subtiler vor… beste Voraussetzungen für den Affen, sich in eine gewünschte neue Richtung zu bewegen.

Liebe, Familie, Freundschaft: Gefühle werden im März auch beim Affen ganz groß geschrieben. Jetzt geht es mehr darum, die eigenen Emotionen zuzulassen und das Ganze zu genießen. Gerade in frischen Beziehungen dürfen Sie sich nun auf Ihre Intuition verlassen und sich unvoreingenommen auf den Anderen einlassen. Ob daraus am Ende etwas Ernstes werden kann, brauchen Sie nicht sofort zu entscheiden.

Auch langjährige Partner wollen jetzt neu erobert werden. Da darf der Affe nun durchaus kreativ werden - aber das sollte Ihnen ja wirklich keine Mühe machen, oder?

Beruf, Finanzen: Aus Reibung entsteht Energie und genau diese kann der Affe nun brauchen, um auch eine schwierige Ausgangslage zu seinen Gunsten zu beeinflussen. Nehmen Sie also konstruktive Kritik ruhig an und freuen Sie sich, wenn man sich mit Ihrer Arbeit auseinandersetzt. Je verbindlicher und freundlicher Sie darauf reagieren, desto mehr können Sie aus der Situation mitnehmen.

Sie können durchaus für sich selbst einstehen, das ist allgemein bekannt. Trotzdem dürfen Sie es nun ruhig annehmen, wenn man Ihnen unter die Arme greifen will. Das ist kein Zeichen von Schwäche, sondern verteilt einfach nur die Aufgaben auf mehrere Schultern.

Tipp des Monats: Wählen Sie gezielt aus, welche der vielen Optionen Sie wählen wollen und konzentrieren Sie sich dann auf dieses Projekt.

YU
Hahn

Grundtendenz des Monats: Mit dem Hasen stehen die Zeichen auch im März auf Expansion. Dabei geht dieses Tierzeichen aber deutlich diplomatischer vor als der Tiger oder auch der Hahn. Es kann sicher nichts schaden, wenn Sie sich jetzt ein bisschen Verhandlungsgeschick vom Hasen abschauen und nicht gleich mit der Tür ins Haus fallen. Es kommt viel besser an, wenn Sie freundlich um etwas bitten, anstatt es einfach einzufordern.

Wer gesundheitliche Probleme hat, sollte sich dieser am besten jetzt annehmen. Der innere Heiler lässt sich in diesem Monat besonders gut aktivieren, so dass es leichter fallen dürfte, mehr für das persönliche Wohl zu tun.

Liebe, Familie, Freundschaft: Hahn und Hase stehen sich im Chinesischen Tierkreis genau gegenüber. Das zeigt sich vor allem im Bereich der persönlichen Beziehungen, wo diese beiden ganz unterschiedliche Ansätze haben. Das sanfte Mitgefühl des Hasen steht dem Hahn im März wirklich gut zu Gesicht - vor allem, wenn es darum geht, im engen Familien- oder Freundeskreis Trost zu spenden.

Suchen Sie erst einmal das Gespräch, bevor Sie sich eine Meinung bilden. Viele Dinge stellen sich ganz anders dar, wenn man auch die Gegenseite anhört. Häufig gibt es für das schlechte Gefühl überhaupt keinen Grund.

Beruf, Finanzen: In diesen Wochen geht es weniger darum, sich lautstark zu positionieren. Dabei entgehen Ihnen nämlich unter Umständen wichtige Nuancen, die sich nur in ruhigen Augenblicken wahrnehmen lassen. Vertrauen Sie hier ruhig mehr auf Ihr Bauchgefühl und lassen Sie sich vor allem dann davon leiten, wenn es um personelle Entscheidungen geht.

Sind Sie mit Ihrem Fortschritt zufrieden oder wünschen Sie sich, dass da jetzt noch mehr geht? Ist Letzteres der Fall kann es nicht schaden, jetzt einfacher noch genauer die aktuelle Situation zu beobachten.

Tipp des Monats: Konzentrieren Sie sich nun mehr auf die inneren Werte. Äußerlichkeiten sind in diesem Monat nicht gefragt.

SHIH
Hund

Grundtendenz des Monats: Die meisten Hunde haben wirklich einen guten Bezug zur Realität. Der kann allerdings in diesem Monat ein wenig ins Wanken geraten, wenn mit dem Wasser-Hasen ein Tierzeichen dem Hund zur Seite tritt, dass seinen guten Draht nach oben deutlich zu zeigen weiß. Da auch der Wasser-Tiger eine spirituelle Ader hat, darf sich der Hund im März ruhig ein wenig mehr auf sein Bauchgefühl verlassen. Sie müssen nicht immer alles erklären können, lieber Hund. Was Ihnen gut tut, sollten Sie jetzt nicht hinterfragen, sondern einfach dankend annehmen.

Liebe, Familie, Freundschaft: Mit dem Hasen rückt der eigene Nachwuchs mehr in den Mittelpunkt. Sorgen Sie dafür, dass Ihre eigene Sicherheit auch auf Ihre Kinder abfärben kann und stärken Sie Ihnen jetzt den Rücken, wann immer Sie können. Im Jahr des Tigers geht es vor allem darum, dass sie selbständiger werden und lernen, eigenverantwortlich zu handeln. Wenn Sie wissen, dass Sie im Hintergrund aufpassen, trauen Sie sich bestimmt deutlich mehr zu.

Romantische Gesten mögen nicht unbedingt zu den Stärken des Hundes gehören. Sie kommen aber jetzt besonders gut an und festigen die gefühlsmäßige Bindung mehr als wenn Sie sich pragmatisch verhalten und sich vor allem um die praktischen Dinge kümmern.

Beruf, Finanzen: Es ist jetzt wichtig, dass Sie Ihre eigenen Interessen vertreten können. Der Tiger gibt Ihnen den nötigen Mut, auch dann einen starken Auftritt hinzulegen, wenn man erst einmal nicht unbedingt Ihrer Meinung ist. Versuchen Sie dabei auf jeden Fall, möglichst sachlich zu bleiben. Mit Argumenten und Diplomatie erreicht man jetzt im März deutlich mehr.

Alle Zeichen stehen auf Expansion im März. Ob das am Ende Ihren Chefs nützt oder Sie selbst davon profitieren, können Sie durchaus beeinflussen. Es wird wirklich Zeit, dass Sie ein gutes Stück vom Kuchen für sich beanspruchen.

Tipp des Monats: Hören Sie mehr auf Ihr Gefühl! Darauf können Sie sich manchmal mehr verlassen als auf den Verstand.

HAN
Schwein

Grundtendenz des Monats: Mit dem Hasen ergänzt nun ein Tierzeichen den Tiger, das zwar durchaus ein ähnliches Ziel anpeilt, aber vollkommen anders vorgeht, um dieses zu erreichen. Im März sind deshalb mehr die leisen Töne gefragt, was dem Schwein ohnehin besser liegen dürfte als die direkte Art des aktuellen Jahresregenten.

Es ist durchaus lobenswert, wenn Sie sich jetzt besonders hilfsbereit zeigen. Im Jahr des Tigers ist es aber legitim, auch ein wenig an sich selbst zu denken. Lassen Sie sich jetzt bitte nicht vor jeden beliebigen Karren spannen, sondern überlegen Sie sich gut, wohin Sie Ihre Energien lenken und wem Sie wirklich helfen wollen.

Liebe, Familie, Freundschaft: Hase und Schwein gehören zum Haus der Familie und so dürfte der Schwerpunkt in diesem Monat klar in diesem Bereich liegen. Gerade wer eigenen Nachwuchs hat, muss sich jetzt wahrscheinlich mehr kümmern. Machen Sie vor allem dann klare Ansagen, wenn es mit der Disziplin gerade nicht weit her ist. Wenn Sie das gleich zu Anfang des Jahres in den Griff bekommen, müssen Sie später keine Zeit mehr auf das Thema verwenden.

Wer auf der Suche nach einem neuen Partner ist, sollte jetzt weniger auf Äußerlichkeiten achten, sondern lieber auf seine innere Stimme vertrauen.

Beruf, Finanzen: Wer freundlich um etwas bittet, wird sicher angehört. Ob der Wunsch dann allerdings erfüllt wird, liegt wirklich daran, wie geschickt Sie argumentieren, liebes Schwein. Aus reiner Nettigkeit wird man Ihrer Bitte sicher nicht nachkommen. Da müssen Sie sich schon zusätzlich ein paar gute Argumente zurecht legen.

Tiger und Hase stehen zusammen für das Haus der Expansion und freuen sich jetzt ganz besonders, wenn das Schwein bereit ist, seinen Horizont zu erweitern. Vielleicht können Sie nun ein neues Projekt annehmen oder sich in einem unbekannten Wissensgebiet weiterbilden. Wichtig ist, dass Sie sich flexibel zeigen.

Tipp des Monats: Sprechen Sie es sofort an, wenn sich etwas nicht gut anfühlt.

März 2022	Jahreskonstellation – Wasser Tiger Monatskonstellation – Wasser Hase

1. Wasser Büffel	**Ratte Büffel** Tiger Hase Drache **Schlange** Pferd Ziege Affe **Hahn** Hund Schwein **Günstig:** Ankündigungen machen, Beerdigungen, Trauerfeiern. **Ungünstig:** Handel, Vergnügungen, Freizeitaktivitäten.
2. Holz Tiger	Ratte Büffel **Tiger Hase** Drache Schlange **Pferd** Ziege Affe Hahn **Hund** Schwein **Günstig:** Kleidung schneidern, Handel, Buchhaltung, Ausflüge, neue Dinge beginnen. **Ungünstig:** Geschäfte eröffnen, Kraftanstrengungen, Reisen, Ersparnisse ausgeben.
3. Holz Hase	Ratte Büffel **Tiger Hase** Drache Schlange Pferd **Ziege** Affe Hahn Hund **Schwein** **Günstig:** Putzen, waschen, fasten, seelische und körperliche Pflege, Arztbesuche. **Ungünstig:** Ausdauersport, Reisen, Hochzeit.
4. Feuer Drache	**Ratte** Büffel Tiger Hase **Drache Schlange** Pferd Ziege **Affe** Hahn Hund Schwein **Günstig:** Umziehen, Reisen, Hochzeiten, Empfänge, wichtige Konferenzen. **Ungünstig:** geistige Arbeiten, Gartenarbeit, häusliche Tätigkeiten.
5. Feuer Schlange	Ratte **Büffel** Tiger Hase **Drache Schlange** Pferd Ziege Affe **Hahn** Hund Schwein **Günstig:** Umziehen, Reisen, Hochzeiten, Empfänge, wichtige Konferenzen. **Ungünstig:** geistige Arbeiten, Gartenarbeit, häusliche Tätigkeiten.
6. Erd Pferd	Ratte Büffel **Tiger** Hase Drache Schlange **Pferd Ziege** Affe Hahn **Hund** Schwein **Günstig:** Versammlungen, gerechte Verteilungen, Hochzeit, Konferenzen, Umzug. **Ungünstig:** Gartenarbeit, Dinge zum Abschluss bringen.
7. Erd Ziege	Ratte Büffel Tiger **Hase** Drache Schlange **Pferd Ziege** Affe Hahn Hund **Schwein** **Günstig:** Gartenarbeit, Feiern, Hochzeit, Dinge zum Abschluss bringen. **Ungünstig:** keine Anschuldigungen gegen Dritte erheben.
8. Metall Affe	**Ratte** Büffel Tiger Hase **Drache** Schlange Pferd Ziege **Affe Hahn** Hund Schwein **Günstig:** Gartenarbeit, Hochzeit, Dinge zum Abschluss bringen. **Ungünstig:** Umzug, Reisen, Geschäftseröffnung.
9. Metall Hahn	Ratte **Büffel** Tiger Hase Drache **Schlange** Pferd Ziege **Affe Hahn** Hund Schwein **Günstig:** Ausruhen, Meditation, seinen Hobbys nachgehen. **Ungünstig:** wichtige Unternehmungen.
10. Wasser Hund	Ratte Büffel **Tiger** Hase Drache Schlange **Pferd** Ziege Affe Hahn **Hund Schwein** **Günstig:** Amüsieren, mit Freunden ausgehen, Freizeitaktivitäten. **Ungünstig:** geschäftliche Aktivitäten, neue Dinge anfangen.
11. Wasser Schwein	Ratte Büffel Tiger **Hase** Drache Schlange Pferd **Ziege** Affe Hahn **Hund Schwein** **Günstig:** für die meisten Aktivitäten, Geschäftsabschlüsse, Partnerschaft. **Ungünstig:** negative Bemerkungen über andere Menschen.
12. Holz Ratte	**Ratte Büffel** Tiger Hase **Drache** Schlange Pferd Ziege **Affe** Hahn Hund Schwein **Günstig:** Handel, Geschäftseröffnungen, Hochzeiten und andere Feste planen. **Ungünstig:** Beerdigungen, Reisen, Arztbesuche.
13. Holz Büffel	**Ratte Büffel** Tiger Hase Drache **Schlange** Pferd Ziege Affe **Hahn** Hund Schwein **Günstig:** Handwerkliche Aktivitäten, Handel, Hochzeiten, Reisen. **Ungünstig:** Trauerfeiern und Beerdigungen, schwere körperliche Arbeit
14. Feuer Tiger	Ratte Büffel **Tiger Hase** Drache Schlange **Pferd** Ziege Affe Hahn **Hund** Schwein **Günstig:** Ankündigungen machen, Beerdigungen, Trauerfeiern. **Ungünstig:** Handel, Vergnügungen, Freizeitaktivitäten.
15. Feuer Hase	Ratte Büffel **Tiger Hase** Drache Schlange Pferd **Ziege** Affe Hahn Hund **Schwein** **Günstig:** Kleidung schneidern, Handel, Buchhaltung, Ausflüge, neue Dinge beginnen. **Ungünstig:** Geschäfte eröffnen, Kraftanstrengungen, Reisen, Ersparnisse ausgeben.

Ob ein Tag besonders günstig für Ihr Tierzeichen ist, sehen Sie an folgenden Farben:
Rot = sehr günstig, Grau = günstig, Schwarz = nicht günstig

Jahreskonstellation – Wasser Tiger Monatskonstellation – Wasser Hase	März 2022

16. Erd Drache	Ratte Büffel Tiger Hase Drache Schlange Pferd Ziege Affe Hahn Hund Schwein Günstig: Putzen, waschen, fasten, seelische und körperliche Pflege, Arztbesuche **Ungünstig:** Ausdauersport, Reisen, Hochzeit.
17. Erd Schlange	Ratte Büffel Tiger Hase Drache Schlange Pferd Ziege Affe Hahn Hund Schwein Günstig: Umziehen, Reisen, Hochzeiten, Empfänge, wichtige Konferenzen. **Ungünstig:** geistige Arbeiten, Gartenarbeit, häusliche Tätigkeiten.
18. Metall Pferd	Ratte Büffel Tiger Hase Drache Schlange Pferd Ziege Affe Hahn Hund Schwein Günstig: Versammlungen, gerechte Verteilungen, Hochzeit, Konferenzen, Umzug. **Ungünstig:** Gartenarbeit, Dinge zum Abschluss bringen.
19. Metall Ziege	Ratte Büffel Tiger Hase Drache Schlange Pferd Ziege Affe Hahn Hund Schwein Günstig: Gartenarbeit, Feiern, Hochzeit, Dinge zum Abschluss bringen. **Ungünstig:** keine Anschuldigungen gegen Dritte erheben.
20. Wasser Affe	Ratte Büffel Tiger Hase Drache Schlange Pferd Ziege Affe Hahn Hund Schwein Günstig: Gartenarbeit, Feiern, Hochzeit, Dinge zum Abschluss bringen. **Ungünstig:** keine Anschuldigungen gegen Dritte erheben.
21. Wasser Hahn	Ratte Büffel Tiger Hase Drache Schlange Pferd Ziege Affe Hahn Hund Schwein Günstig: Ausruhen, Meditation, seinen Hobbys nachgehen. **Ungünstig:** wichtige Unternehmungen.
22. Holz Hund	Ratte Büffel Tiger Hase Drache Schlange Pferd Ziege Affe Hahn Hund Schwein Günstig: Amüsieren, mit Freunden ausgehen, Freizeitaktivitäten. **Ungünstig:** geschäftliche Aktivitäten, neue Dinge anfangen.
23. Holz Schwein	Ratte Büffel Tiger Hase Drache Schlange Pferd Ziege Affe Hahn Hund Schwein Günstig: für die meisten Aktivitäten, Geschäftsabschlüsse, Partnerschaft. **Ungünstig:** negative Bemerkungen über andere Menschen.
24. Feuer Ratte	Ratte Büffel Tiger Hase Drache Schlange Pferd Ziege Affe Hahn Hund Schwein Günstig: Handel, Geschäftseröffnungen, Hochzeiten und andere Feste planen. **Ungünstig:** Beerdigungen, Reisen, Arztbesuche.
25. Feuer Büffel	Ratte Büffel Tiger Hase Drache Schlange Pferd Ziege Affe Hahn Hund Schwein Günstig: Handwerkliche Aktivitäten, Handel, Hochzeiten, Reisen. **Ungünstig:** Trauerfeiern und Beerdigungen, schwere körperliche Arbeit.
26. Erd Tiger	Ratte Büffel Tiger Hase Drache Schlange Pferd Ziege Affe Hahn Hund Schwein Günstig: Ankündigungen machen, Beerdigungen, Trauerfeiern. **Ungünstig:** Handel, Vergnügungen, Freizeitaktivitäten.
27. Erd Hase	Ratte Büffel Tiger Hase Drache Schlange Pferd Ziege Affe Hahn Hund Schwein Günstig: Kleidung schneiden, Handel, Buchhaltung, Ausflüge, neue Dinge beginnen. **Ungünstig:** Geschäfte eröffnen, Kraftanstrengungen, Reisen, Ersparnisse ausgeben.
28. Metall Drache	Ratte Büffel Tiger Hase Drache Schlange Pferd Ziege Affe Hahn Hund Schwein Günstig: Putzen, waschen, fasten, seelische und körperliche Pflege, Arztbesuche. **Ungünstig:** Ausdauersport, Reisen, Hochzeit.
29. Metall Schlange	Ratte Büffel Tiger Hase Drache Schlange Pferd Ziege Affe Hahn Hund Schwein Günstig: Umziehen, Reisen, Hochzeiten, Empfänge, wichtige Konferenzen. **Ungünstig:** geistige Arbeiten, Gartenarbeit, häusliche Tätigkeiten.
30. Wasser Pferd	Ratte Büffel Tiger Hase Drache Schlange Pferd Ziege Affe Hahn Hund Schwein Günstig: Versammlungen, gerechte Verteilungen, Hochzeit, Konferenzen, Umzug. **Ungünstig:** Gartenarbeit, Dinge zum Abschluss bringen.
31. Wasser Ziege	Ratte Büffel Tiger Hase Drache Schlange Pferd Ziege Affe Hahn Hund Schwein Günstig: Gartenarbeit, Feiern, Hochzeit, Dinge zum Abschluss bringen. **Ungünstig:** keine Anschuldigungen gegen Dritte erheben.

> Klar und hell / Getreideregen < April

TZE
Ratte

Grundtendenz des Monats: Die Kombination mit dem Drachen im April sollte sich für die meisten Ratten ausgesprochen positiv auswirken. Schließlich passen diese beiden Tierzeichen in allen Bereichen des Lebens gut zueinander. Der Drache erlaubt es der Ratte, sich im Licht der Öffentlichkeit zu sonnen. Das ist eine wunderbare Gelegenheit für Sie, die eigenen Fähigkeiten und Talente ins rechte Licht zu rücken.
Besonders kreative Belange stehen unter einem guten Stern. Lassen Sie also Ihrer Fantasie freien Lauf! Auch die ungewöhnlichsten Ideen haben es verdient, ans Licht gebracht zu werden. Das bedeutet allerdings nicht, dass sie sich alle erfolgreich umsetzen lassen.

Liebe, Familie, Freundschaft: Warten Sie nun nicht darauf, dass man auf Sie zukommt, sondern wagen Sie selbst den ersten Schritt. Wer den nötigen Mut aufbringt, kann nun wunderbare Menschen kennenlernen, die das Leben langfristig bereichern können. Ob neue Beziehungen sich als alltagstauglich erweisen, wird sich allerdings erst zu einem späteren Zeitpunkt zeigen.
In bestehenden Partnerschaften ist es sicher nicht nötig, sich ständig neu zu erfinden. Allerdings kann es nicht schaden, in diesen Wochen mehr Einsatz zu zeigen, um das Zusammenleben spannend zu erhalten.

Beruf, Finanzen: Auch wenn auf der beruflichen Ebene alles glatt läuft, sollten Sie bitte nicht leichtsinnig werden, liebe Ratte! Gerade bei den Finanzen ist im Monat des Dachen immer etwas Vorsicht geboten. Sichern Sie sich also lieber doppelt ab, bevor Sie nun in Vorleistung gehen!
Sie brauchen Unterstützung? Dann sollten Sie jetzt die Augen aufhalten! Der Holz-Drache kann der Ratte so manchen Helfer an die Seite stellen. Sie sollten sich allerdings darauf vorbereiten, zunächst einmal ehrlich Rede und Antwort zu stehen. Davon hängt wahrscheinlich die Bereitschaft auf der anderen Seite ab.

Tipp des Monats: Erst beobachten, dann handeln! Wer den richtigen Augenblick wählt, kann nun seine Talente voll entfalten.

KIU
Büffel

Grundtendenz des Monats: Auch im April herrscht noch einmal eine starke erneuernde Energie. In der Chinesischen Astrologie ist das der letzte Monat des Frühlings, wo das Holzelement betont wird. Jetzt bringt nicht nur der Jahresregent dieses kreative Holz ins Spiel, sondern auch der Holz-Drache, der den Monat begleitet.
Auch wenn der Büffel eher als Macher gilt, der den ersten Impuls für ein Projekt gerne von jemand Anderem übernimmt, heißt das nicht, dass Sie nun nicht auch Ihre eigenen Ideen entwickeln und nach außen tragen dürfen. Schließlich wissen Sie am Ende am Besten, wie das Ganze optimal umzusetzen ist.

Liebe, Familie, Freundschaft: Im Gegensatz zu seinen Artgenossen ist der Holz-Drache durchaus in der Lage, abzuwarten. Das gilt in diesem Monat vor allem, wenn es um die Liebe geht. Ist die gute Gelegenheit ganz offensichtlich in Reichweite, müssen Sie nichts überstürzen. Sie bestimmen das Tempo und die Vorgehensweise und sollten sich von niemandem reinreden lassen.
Drache und Tiger gehören nicht unbedingt zu den Tierzeichen, die sich mit alltäglichen Kleinigkeiten beschäftigen möchten. Da kann es jetzt nötig sein, dass der Büffel seine Lieben ein bisschen mehr motivieren muss. Es ist keine Lösung, dass Sie den Anderen die Arbeit abnehmen!

Beruf, Finanzen: Wer mehr erreichen will in diesem Jahr, muss sich dafür aus dem Schatten heraus trauen. Das dürfte in diesem Monat deutlich leichter fallen, denn der Drache liebt es, im Rampenlicht zu stehen. Bereiten Sie sich gut vor und sichern Sie sich gegen mögliche Einwände ab, dann dürften sich Kritik oder Widerstand in Grenzen halten.
Die Kombination aus Tiger und Drache kann die allgemeine Risikobereitschaft noch einmal erhöhen. Halten Sie die Augen auf, wenn es um den eigenen Geldbeutel geht.

Tipp des Monats: Sie dürfen nun Ihre verborgenen Talente zum Vorschein bringen! Wenn Sie sich das alleine nicht zutrauen, suchen Sie sich tatkräftige Unterstützung.

YING
Tiger

Grundtendenz des Monats: Wenn der Tiger etwas will, dann setzt er in der Regel alles daran, seinen Wunsch so schnell wie möglich umzusetzen. Vielleicht wird er im April feststellen müssen, dass es manchmal einfach besser ist, erst einmal abzuwarten und die Lage zu sondieren. Treffen Sie jetzt lieber keine vorschnellen Entscheidungen, sondern bereiten Sie sich noch ein bisschen besser vor.

Der Holz-Drache, der den Monat begleitet, kann dem Tiger helfen, eine gute Gelegenheit nicht nur zu erkennen, sondern sie auch im richtigen Moment zu ergreifen. Lassen Sie sich also ruhig ein bisschen mehr Zeit und vertrauen Sie Ihrem Gefühl.

Liebe, Familie, Freundschaft: Dem Drachen gefällt es in der Regel, sich im Licht der Öffentlichkeit zu sonnen. Viele Tiger sind da eher anders gestrickt und geben sich nicht so viel Mühe, wenn es darum geht, sich zu zeigen. Gerade für einsame Tigerherzen ist es aber unabdinglich, sich nicht nur auf das soziale Parkett zu wagen, sondern dort auch eine gute Figur zu machen.

An Ideen mangelt es dem Tiger in der Regel nicht, wenn es darum geht, den eigenen Partner zu erfreuen. Die Frage ist nur, ob er seine Pläne auch wirklich umsetzt… Ihre bessere Hälfte würde es sicher freuen, wenn Sie sich jetzt im April mehr Zeit nehmen.

Beruf, Finanzen: Auf der beruflichen und finanziellen Ebene stehen weiter alle Zeichen auf Ausbreitung. Auch der April wird von einem starken Holzelement begleitet, das den Innovationsgeist des Tigers ordentlich anregen kann. Suchen Sie sich beizeiten Mitstreiter für Ihre Pläne und delegieren Sie die Dinge, die Sie nicht selbst erledigen können oder wollen. Dann haben Sie den Kopf frei für das große Ganze.

Mut zum Risiko dürfte den meisten Tigern wirklich nicht fehlen. In Kombination mit dem Drachen können Sie zuweilen aber vielleicht ein bisschen zu wagemutig sein.

Tipp des Monats: Erkennen Sie den entscheidenden Moment und zögern Sie dann nicht mit Ihrem Handeln.

MAO
Hase

Grundtendenz des Monats: Einmal mehr wird im April das Holzelement und mit einem fantasievollen Drachen um so mehr die Kreativität unterstützt. Was dabei herauskommt, mag sich nicht immer kontrollieren lassen, was dem Jahresregenten vielleicht nicht ganz so gut gefällt. Dem Hasen sollte es aber auf diese Weise möglich sein, viele neue Impulse zu bekommen und seine verborgenen Talente ohne Druck ans Licht zu bringen.

Fehlt allerdings wie in diesen Wochen das Feuer-Element, ist es vielleicht nicht immer einfach, die zahlreichen Gedanken und Ideen auch wirklich in die Tat umzusetzen. Damit kann der Hase aber auch noch bis in den nächsten Monat warten.

Liebe, Familie, Freundschaft: Familienangelegenheiten mögen Ihnen jetzt vielleicht etwas lästig erscheinen, vor allem, wenn es in anderen Bereichen so viel Spannendes zu erleben gibt. Trotzdem sollten Sie die Sache selbst in die Hand nehmen und nicht delegieren.

Gelegenheiten, einen lieben Menschen kennen zu lernen gibt es mit dem extrovertierten Drachen im April sicher genug. Die Frage ist nur, was der Hase daraus macht. Gerade für introvertiertere Persönlichkeiten ist es nun vielleicht nicht so einfach, den ersten Schritt zu tun. Mit der Unterstützung des Tigers dürfen Sie sich aber getrost trauen und aktiv werden.

Beruf, Finanzen: Es ist nun wirklich wichtig, dass Sie gut vorbereitet in Ihre Meetings gehen. Der Tiger mag es nämlich gar nicht, wenn man ihn mit Projekten konfrontiert, die weder gut recherchiert noch gut kalkuliert wurden. Wenn Sie in den nächsten Monaten wirklich selbständiger unterwegs sein wollen, muss es gelingen, Vertrauen in Ihre Fähigkeiten aufzubauen.

Große finanzielle Sprünge sind jetzt nicht nötig, auch wenn man Ihnen das von außen weismachen möchte. Bleiben Sie vorsichtig und überprüfen Ihre Möglichkeiten, bevor Sie aktiv werden. Das kann Ihnen bares Geld sparen.

Tipp des Monats: Warten Sie den richtigen Augenblick ab und rücken Sie dann Ihre Talente ins rechte Licht.

> Klar und hell / Getreideregen < April

SHENG Drache

Grundtendenz des Monats: Mit einem Holz-Drachen an der Seite bringt der April sicher eine Reihe von guten Möglichkeiten für Sie - vorausgesetzt, Sie nehmen sich die Zeit, genau hinzuschauen. Wer jetzt zu schnell unterwegs ist, wird die Geschenke am Wegesrand sicher nicht wahrnehmen können.
Stellen Sie sich darauf ein, dass Ihre Aktionen hinterfragt werden. Für Ihre Umgebung ist Ihr Handeln nicht immer so logisch wie für Sie selbst. Da lohnt es sich, Antworten vorzubereiten, die sich im Bedarfsfall aus dem Hut ziehen lassen. Je besser Sie sich vorbereiten, desto schneller können Zweifel beseitigt werden.

Liebe, Familie, Freundschaft: Mit einem weiteren Drachen an der Seite lässt sich vortrefflich glänzen. Das ist auf den ersten Blick besonders hilfreich, wenn Sie auf der Suche nach einem neuen Partner sind. Wer sich da etwas Längerfristiges wünscht, sollte aber bedenken, dass der Lack im Alltag schnell ab ist, wenn Sie mit der Selbstdarstellung zu sehr übertreiben.
So manchem Drachen mag der Alltag nun etwas lästig werden. Es ist aber sicher keine Lösung, einfach die Verantwortung an den Rest der Familie abzugeben. Zeigen Sie sich also bitte als guter Teamplayer. Gemeinsam lässt sich das Ganze ohnehin besser bewältigen.

Beruf, Finanzen: Langes Überlegen ist nicht unbedingt Sache des Drachen - er entscheidet sich lieber spontan für eine Sache. Gerade in diesen Wochen wäre es aber sicher gut, wenn Sie noch einmal etwas genauer hinschauen, bevor Sie ein Projekt annehmen. Überprüfen Sie vor allem, ob das damit verbundene Arbeitspensum für Sie auch wirklich machbar ist.
Ein bisschen mehr Vorsicht ist auch bei finanziellen Angelegenheiten geboten. Vor allem bevor Sie größere Ausgaben tätigen, ist es besser, noch einmal innezuhalten und die Eckpunkte sorgfältig zu überprüfen. Sie haben sicher kein Geld zu verschenken, oder?

Tipp des Monats: Nehmen Sie Unterstützung an, wenn man Sie Ihnen nun anbietet. Sie müssen nicht alles alleine machen.

SZE Schlange

Grundtendenz des Monats: Einmal mehr werden im April die spirituellen Aspekte im Leben der Schlange ins Zentrum ihrer Aufmerksamkeit gerückt. Mit dem Drachen bekommen Sie jetzt das Tierzeichen zur Seite gestellt, dass nicht nur den guten Draht nach oben mit Ihnen teilt, sondern das auch gerne und oft die Öffentlichkeit wissen lässt. Sollte Ihnen das eher unangenehm sein, ziehen Sie sich nun besser ein wenig zurück.
Der Holz-Drache gehört zu den geduldigeren Vertretern seiner Art. Das dürfte der Schlange entgegen kommen, die sich ohnehin nur ungern hetzen lässt.

Liebe, Familie, Freundschaft: In der Partnerschaft ist nun ein bisschen mehr Fantasie gefragt. Auch in längeren Beziehungen darf man seine bessere Hälfte durchaus überraschen! Überlegen Sie sich, was dem Anderen so richtig Freude machen würde und setzen Sie das Ganze in die Tat um. Das Glück, das Sie teilen, kommt ohne Umwege zu Ihnen zurück.
Sicher bedarf es einer gewissen Vorbereitung, wenn Sie sich auf die Suche nach einer neuen Liebe machen. Man kann es damit aber durchaus auch übertreiben! Folgen Sie jetzt lieber dem Rat des Drachens und zeigen Sie mehr Spontanität.

Beruf, Finanzen: Sicher können Sie auf die nach Ihrer Meinung optimale Gelegenheit warten. Die Wahrscheinlichkeit, dass andere im Jahr des Wasser-Tigers nicht so geduldig sind, ist allerdings relativ groß. Das kann dazu führen, dass man am Ende nicht Ihnen sondern einem Konkurrenten den Vorzug gibt - einfach, weil Sie zu lange gezögert und sich nicht rechtzeitig gemeldet haben.
Sie fühlen sich in einigen Bereichen unsicher? Dann bitten Sie jetzt einen Außenstehenden um Rat. Scheuen Sie sich bitte nicht, genau die Person anzusprechen, die Ihrer Meinung nach am besten helfen kann - auch wenn diese deutlich weiter oben in der Hierarchie steht.

Tipp des Monats: Vorbereitung ist wichtig, aber eben auch nicht alles. Trauen Sie sich ruhig, auch manchmal spontan zu agieren.

> Klar und hell / Getreideregen < April

WU
Pferd

Grundtendenz des Monats: Mit dem Holz-Drachen kommt nun ein Tierzeichen ins Spiel, dass dem Pferd dazu verhelfen kann, sich sichtbarer zu machen. Wenn Sie sich dabei nicht so recht wohl fühlen, ist es aber kein Problem, wenn Sie dankend ablehnen, sollten sich solche Gelegenheiten nun bieten. Der Tiger unterstützt Ihre Ambitionen, aber er zwingt Sie nicht, diese auch unmittelbar umzusetzen.

Geduld zählt vielleicht nicht unbedingt zu Ihren Stärken, aber sie ist in diesem und im nächsten Monat wahrscheinlich nötig. Damit verborgene Talente zum Vorschein kommen können, braucht es jetzt ein wenig Zeit. Die kann das Pferd am besten nutzen, indem es sich gut auf die kommenden Dinge vorbereitet.

Liebe, Familie, Freundschaft: Sie wünschen sich einen neuen Partner? Dann dürfen Sie nun die Suche intensivieren. Mit dem Drachen an der Seite dürfte es im April deutlich leichter fallen, sich im rechten Licht zu präsentieren. Dadurch lassen sich Ihre Chancen sicher erhöhen.

Wenn Sie nun mehr Unterstützung von Freunden oder Familie brauchen, sollten Sie das ruhig zur Sprache bringen. Es gibt eine ganze Reihe von Menschen, die Ihnen gerne unter die Arme greifen. Wenn Sie allerdings immer äußerlich stark genug erscheinen, wird man Ihnen das kaum anbieten.

Beruf, Finanzen: Auch auf der beruflichen Ebene kann nun Unterstützung von unerwarteter Seite kommen, die Sie dankend annehmen dürfen. Selbst wenn Sie es im Grunde gut im Griff haben, kann es nicht schaden, das Pensum ein bisschen besser aufzuteilen.

In Gelddingen ist im Monat des Drachen immer ein bisschen Vorsicht geboten, denn dieses Tierzeichen neigt zuweilen ein wenig zu Leichtsinn. Öffnen Sie Ihr Portemonnaie nun nicht zu schnell - vor allem nicht für Dinge, die nur kurzfristig einen Effekt haben.

Tipp des Monats: Wenn Sie etwas wollen, dürfen Sie sich das auch wirklich gönnen. Es bringt gar nichts, Ihre persönliche Belohnung immer wieder aufzuschieben.

WEI
Ziege

Grundtendenz des Monats: Wer sich in den letzten beiden Monaten schon ein bisschen sichtbarer gemacht hat, bekommt im April wahrscheinlich die Aufmerksamkeit, die er verdient. Mit dem Drachen begleitet Sie nun ein Tierzeichen, das Ihnen zeigen kann, wie man sich mit Selbstverständlichkeit auf dem öffentlichen Parkett bewegen kann. Dabei geht es jetzt weniger um Ergebnisse, sondern viel mehr darum, dass Sie sich da draußen wohl fühlen.

Die meisten Ziegen zeigen sich geduldig, wenn Sie wissen, auf was sie warten. Haben Sie sich für das Jahr des Tigers schon ihre Ziele gesetzt oder ist der Weg für 2022 noch nicht klar?

Liebe, Familie, Freundschaft: Wem es immer noch ein bisschen an Selbstbewusstsein fehlt, der darf sich jetzt Drachen und Tiger ruhig als Vorbild nehmen. Wie wollen Sie einen neuen Partner finden, wenn Sie selbst nicht von Ihren Vorzügen überzeugt sind?

Vielleicht fehlt in den eigenen vier Wänden gerade ein bisschen die Motivation, sich wirklich in eine neue Richtung zu bewegen. Das kann daran liegen, dass zu viel Zeit und Energie darauf aufgewendet wird, nach außen ein möglichst makelloses Bild abzugeben. Sie dürfen die Zügel ruhig ein bisschen lockerer lassen und den individuellen Bedürfnissen mehr Raum geben.

Beruf, Finanzen: In diesem Monat winkt der Erfolg vor allem dann, wenn man gut vorbereitet ist. Das sollte für die meisten Ziegen wirklich kein Problem sein - schließlich liegt es Ihnen, methodisch und organisiert an alle Aufgaben heranzugehen. Vielleicht können Ihre Mitstreiter jetzt ein bisschen mehr Struktur gebrauchen und Sie sollten ihnen Ihre Hilfe anbieten.

Der Monat des Drachens ist in der Regel kein guter Zeitpunkt für Investitionen, die nicht auf Herz und Nieren überprüft wurden, denn dieses Tierzeichen ist für seine recht hohe Risikobereitschaft bekannt.

Tipp des Monats: Was braucht es nun, damit Sie persönlich weiterkommen? Setzen Sie jetzt die entsprechenden Schwerpunkte.

> Klar und hell / Getreideregen < April

SUNG
Affe

Grundtendenz des Monats: Über das Erscheinen des Holz-Drachen dürfte sich der Affe in diesem Monat wirklich freuen. Schließlich kombinieren diese beiden ganz hervorragend, wenn es darum geht, kreative Ideen umzusetzen und nach außen zu präsentieren. Die Euphorie könnte in diesem Jahr allerdings ein wenig gedämpft werden, denn mit dem Tiger als Jahresherrscher gibt es nun wahrscheinlich einige neue Regeln zu beachten. Sie finden sicher trotzdem einen Weg, wie Sie Ihre Vorstellungen wie gewünscht umsetzen können.

Es spricht nun nichts dagegen, mit den eigenen Ideen an die Öffentlichkeit zu gehen, wenn Sie das Gefühl haben, dass Sie ausgegoren genug sind.

Liebe, Familie, Freundschaft: Die Kombination aus Affe und Drache verspricht spannende Zeiten in der Liebe. Wer mit einem Affen liiert ist, kann sich sicher auf einige Überraschungen gefasst machen. Stellen Sie sicher, dass Sie die andere Seite jetzt nicht überfordern.

Nun ist ein guter Zeitpunkt, auch die restlichen Familienmitglieder mehr glänzen zu lassen. In diesem und im nächsten Monat wollen verborgene Talente ans Licht gebracht werden. Da kann der Affe mit seiner selbstbewussten Art sicher so manche Überraschung heraus kitzeln.

Beruf, Finanzen: Dass der aktuelle Jahresregent kein Freund von Schnellschüssen ist, sollte der Affe mittlerweile gemerkt haben. Wer also gehofft hat, dass mit dem Tiger die Spontanität zurück kommt, wurde in den ersten beiden Monaten des Jahres sicher schon eines Besseren belehrt. Nur wer gut vorbereitet ist, kann seine Projekte 2022 im Griff behalten. Daran kann selbst der visionäre Drache jetzt im April nichts ändern.

Halten Sie nun die Augen offen, denn es können sich in diesem Monat wertvolle Helfer zeigen, die Ihren Weg sowohl moralisch auch finanziell unterstützen können. Es wäre doch schade, wenn Sie das nicht rechtzeitig erkennen würden.

Tipp des Monats: Wenn man Ihnen nun unerwartete Fragen stellt, zeigen Sie sich lieber gut vorbereitet.

YU
Hahn

Grundtendenz des Monats: Der Hahn ist für seine Fähigkeit bekannt, sich akribisch vorbereiten zu können. Jetzt im April kann eine minutiöse Planung ganz besonders belohnt werden. Mit dem Drachen an der Seite dürfen verborgene Talente immer dann ans Licht kommen, wenn mit der entsprechenden Geduld der Augenblick perfekt vorbereitet wurde.

Auch wenn Sie glauben, dass Sie das alles alleine schaffen, kann es nun nicht schaden, sich mittelfristig nach Unterstützung umzusehen. Am besten suchen Sie sich jemanden, der ähnlich an seine Aufgaben herangeht wie Sie selbst. Da gibt es dann auch keine Missverständnisse.

Liebe, Familie, Freundschaft: Wer jetzt die richtigen Fragen stellt, bekommt darauf auch eine ehrliche Antwort. Das ist vielleicht im ersten Augenblick nicht immer angenehm für den Hahn, der so mit Wahrheiten konfrontiert wird, die er bislang nicht wirklich wahrgenommen hat. Für die Partnerschaft kann das aber jetzt ein wahrer Glücksfall sein und die gemeinsame Bindung noch stärker machen.

Wer bislang noch darauf wartet, dass sich die Liebe in seinem Leben wieder zeigt, der darf sich nun noch ein kleines bisschen gedulden. Zuneigung lässt sich nicht erzwingen und eine harmonische Beziehung kann man nicht über das Knie brechen.

Beruf, Finanzen: Natürlich gefällt es dem Hahn, wenn er Chef sein kann. Im April gilt das umso mehr, denn auch Tiger und Drache sind geborene Führungspersönlichkeiten. An Autorität sollte es Ihnen also jetzt wirklich nicht mangeln. Die Frage ist allerdings, ob Sie sich beliebt machen, wenn Sie davon zu viel Gebrauch machen. Sie zeigen deutlich mehr Führungsstärke, wenn Sie Ihren Mitarbeitern mehr Freiräume geben und eher im Hintergrund die Fäden zusammenhalten.

Tipp des Monats: Wer den Trend erkannt hat, darf nun ruhig aktiv werden. Sie sollten aber nicht direkt alles auf eine Karte setzen, sondern für alle Fälle noch einen Plan B in der Tasche haben.

> Klar und hell / Getreideregen < April

SHIH
Hund

Grundtendenz des Monats: Mit dem Drachen kommt im April noch mehr Fantasie ins Spiel. Vielleicht fühlt sich so mancher Hund nun ein wenig hin und her gerissen. Auf der einen Seite werden Pläne gemacht und Luftschlösser gebaut; auf der anderen Seite glaubt man aber irgendwie nicht, dass man das Ganze auch wirklich umsetzen kann.

Dabei stehen die Voraussetzungen 2022 gar nicht schlecht für Sie, denn der Tiger denkt durchaus in größeren Zusammenhängen. Mit dem nötigen Selbstbewusstsein ist im Grunde nichts unmöglich für Sie in den nächsten Monaten. Sie müssen nur fest daran glauben und dann die Ärmel hochkrempeln.

Liebe, Familie, Freundschaft: Man muss wirklich nicht immer alles verstehen, was sich auf der Gefühlsebene abspielt. Wenn Ihre bessere Hälfte jetzt zuweilen vor ein Rätsel stellt, sollten Sie das nicht beunruhigen. Der Tiger kann bei allen Tierzeichen neue Seiten zum Vorschein bringen, weil er uns den Mut gibt, unser wahres Selbst zu zeigen. Freuen Sie sich darüber, dass Sie Ihren Partner noch besser kennenlernen dürfen.

Wenn Sie mehr Unterstützung brauchen, müssen Sie jetzt einfach nur darum bitten. Von alleine kommt man wahrscheinlich nicht darauf, dass Sie das Problem nicht lösen können oder wollen.

Beruf, Finanzen: Drache und Tiger haben beide überhaupt kein Problem damit, ihre Visionen mit der Außenwelt zu teilen. Was hält Sie also im April davon ab, eigene Vorschläge zu machen, wie gewisse Aufgaben zu lösen sind. Sicher ist nicht garantiert, dass es dann am Ende auch so gemacht wird. Aber zumindest wird man wahrnehmen, dass Sie konstruktiv zur Lösung beitragen wollen.

Wenn Sie sich als fachlich kompetent zeigen wollen, kann es jetzt nicht schaden, sich auf mögliche Fragen zum Thema gut vorzubereiten. So vermeiden Sie unliebsame Überraschungen.

Tipp des Monats: Ein bisschen mehr Fantasie kann dem Hund nicht schaden. Wenn Sie selbst keine gute Idee haben, dürfen Sie sich auch von anderen inspirieren lassen.

HAN
Schwein

Grundtendenz des Monats: Das Schwein gehört nicht unbedingt zu den Tierzeichen, die ganz vorne mitmischen müssen. Es fühlt sich in der Regel besser, wenn es aus den hinteren Reihen seinen Beitrag leisten kann. Unter der Herrschaft des Tigers wird es allerdings nicht so einfach sein, sich auf Dauer weg zu ducken. Und wenn dann auch noch wie jetzt im April ein extrovertierter Drache den Tiger ergänzt, wird vom Schwein wahrscheinlich verlangt, dass es sich mehr zeigt.

Sollte das für Sie nicht in Frage kommen, braucht es nun sicher einiges an Willenskraft, sich dem Druck zu widersetzen. Wenn es Ihnen jedoch gelingt, in diesem Punkt Stärke zu zeigen, können Sie an Respekt gewinnen.

Liebe, Familie, Freundschaft: Die Liebe zeigt sich auf den unterschiedlichsten Wegen. Manchmal blüht Sie eher im Verborgenen. Das ist in diesem Monat mit Tiger und Drache allerdings nicht sehr wahrscheinlich. Da tut das Schwein gut daran, aktiver zu werden, wenn es sein Herz verschenken möchte.

Wer sich mehr Unabhängigkeit wünscht, darf das dem Partner gegenüber ruhig offen aussprechen. Sicher lässt sich ein Weg finden, der beiden Seiten mehr Freiräume einräumt ohne das darunter die Liebe füreinander leidet. Wenn beide neue Erfahrungen mit in die Beziehung bringen, kann das für beide Seiten interessant sein.

Beruf, Finanzen: Eine gute Vorbereitung ist auch im Jahr des Tigers durch nichts zu ersetzen. Aber das wissen Sie im Grunde schon, liebes Schwein. Jetzt geht es wahrscheinlich mehr darum, auch Kollegen und Vorgesetzte davon zu überzeugen und so unbedachte Schnellschüsse zu vermeiden. Wenn das gelingt, sparen Sie allen Beteiligten Zeit und Geld.

Halten Sie jetzt die Augen offen. Vielleicht können Sie nun eine geschäftliche Bekanntschaft machen, die Sie im weiteren Verlauf des Jahres wunderbar unterstützen kann.

Tipp des Monats: Auch wenn der Tiger drängelt, sollten Sie nichts überstürzen. Der richtige Zeitpunkt kommt schneller als Sie glauben.

April 2022	**Jahreskonstellation – Wasser Tiger** **Monatskonstellation – Holz Drache**

1. Holz Affe	**Ratte** Büffel Tiger Hase **Drache** Schlange Pferd Ziege **Affe Hahn** Hund Schwein **Günstig:** Gartenarbeit, Hochzeit, Dinge zum Abschluss bringen. **Ungünstig:** Umzug, Reisen, Geschäftseröffnung.
2. Holz Hahn	Ratte **Büffel** Tiger Hase Drache **Schlange** Pferd Ziege **Affe Hahn** Hund Schwein **Günstig:** Ausruhen, Meditation, seinen Hobbys nachgehen. **Ungünstig:** wichtige Unternehmungen.
3. Feuer Hund	Ratte Büffel **Tiger** Hase Drache Schlange **Pferd** Ziege Affe Hahn **Hund Schwein** **Günstig:** Amüsieren, mit Freunden ausgehen, Freizeitaktivitäten. **Ungünstig:** geschäftliche Aktivitäten, neue Dinge anfangen.
4. Feuer Schwein	Ratte Büffel Tiger **Hase** Drache Schlange Pferd **Ziege** Affe Hahn **Hund Schwein** **Günstig:** für die meisten Aktivitäten, Geschäftsabschlüsse, Partnerschaft. **Ungünstig:** negative Bemerkungen über andere Menschen.
5. Erd Ratte	**Ratte Büffel** Tiger Hase **Drache** Schlange Pferd Ziege **Affe** Hahn Hund Schwein **Günstig:** für die meisten Aktivitäten, Geschäftsabschlüsse, Partnerschaft. **Ungünstig:** negative Bemerkungen über andere Menschen.
6. Erd Büffel	**Ratte Büffel** Tiger Hase Drache **Schlange** Pferd Ziege Affe **Hahn** Hund Schwein **Günstig:** Handel, Geschäftseröffnungen, Hochzeiten und andere Feste planen. **Ungünstig:** Beerdigungen, Reisen, Arztbesuche.
7. Metall Tiger	Ratte Büffel **Tiger Hase** Drache Schlange **Pferd** Ziege Affe Hahn **Hund** Schwein **Günstig:** Handwerkliche Aktivitäten, Handel, Hochzeiten, Reisen. **Ungünstig:** Trauerfeiern und Beerdigungen, schwere körperliche Arbeit.
8. Metall Hase	Ratte Büffel **Tiger Hase** Drache Schlange Pferd **Ziege** Affe Hahn Hund **Schwein** **Günstig:** Ankündigungen machen, Beerdigungen, Trauerfeiern. **Ungünstig:** Handel, Vergnügungen, Freizeitaktivitäten.
9. Wasser Drache	**Ratte** Büffel Tiger Hase **Drache Schlange** Pferd Ziege **Affe** Hahn Hund Schwein **Günstig:** Kleidung schneidern, Handel, Buchhaltung, Ausflüge, neue Dinge beginnen. **Ungünstig:** Geschäfte eröffnen, Kraftanstrengungen, Reisen, Ersparnisse ausgeben.
10. Wasser Schlange	Ratte **Büffel** Tiger Hase **Drache Schlange** Pferd Ziege Affe **Hahn** Hund Schwein **Günstig:** Putzen, waschen, fasten, seelische und körperliche Pflege, Arztbesuche. **Ungünstig:** Ausdauersport, Reisen, Hochzeit.
11. Holz Pferd	Ratte Büffel **Tiger** Hase Drache Schlange **Pferd Ziege** Affe Hahn **Hund** Schwein **Günstig:** Umziehen, Reisen, Hochzeiten, Empfänge, wichtige Konferenzen. **Ungünstig:** geistige Arbeiten, Gartenarbeit, häusliche Tätigkeiten.
12. Holz Ziege	Ratte Büffel Tiger **Hase** Drache Schlange **Pferd Ziege** Affe Hahn Hund **Schwein** **Günstig:** Versammlungen, gerechte Verteilungen, Hochzeit, Konferenzen, Umzug. **Ungünstig:** Gartenarbeit, Dinge zum Abschluss bringen.
13. Feuer Affe	**Ratte** Büffel Tiger Hase **Drache** Schlange Pferd Ziege **Affe Hahn** Hund Schwein **Günstig:** Gartenarbeit, Feiern, Hochzeit, Dinge zum Abschluss bringen. **Ungünstig:** keine Anschuldigungen gegen Dritte erheben.
14. Feuer Hahn	Ratte **Büffel** Tiger Hase Drache **Schlange** Pferd Ziege **Affe Hahn** Hund Schwein **Günstig:** Gartenarbeit, Hochzeit, Dinge zum Abschluss bringen. **Ungünstig:** Umzug, Reisen, Geschäftseröffnung.
15. Erd Hund	Ratte Büffel **Tiger** Hase Drache Schlange **Pferd** Ziege Affe Hahn **Hund Schwein** **Günstig:** Ausruhen, Meditation, seinen Hobbys nachgehen. **Ungünstig:** wichtige Unternehmungen.

Ob ein Tag besonders günstig für Ihr Tierzeichen ist, sehen Sie an folgenden Farben:
Rot = sehr günstig, Grau = günstig, Schwarz = nicht günstig

Jahreskonstellation – Wasser Tiger Monatskonstellation – Holz Drache	April 2022

16. Erd Schwein	Ratte Büffel Tiger **Hase** Drache Schlange Pferd **Ziege** Affe Hahn **Hund Schwein** **Günstig:** Amüsieren, mit Freunden ausgehen, Freizeitaktivitäten. **Ungünstig:** geschäftliche Aktivitäten, neue Dinge anfangen.
17. Metall Ratte	**Ratte Büffel** Tiger Hase **Drache** Schlange Pferd Ziege **Affe** Hahn Hund Schwein **Günstig:** für die meisten Aktivitäten, Geschäftsabschlüsse, Partnerschaft. **Ungünstig:** negative Bemerkungen über andere Menschen.
18. Metall Büffel	**Ratte Büffel** Tiger Hase Drache **Schlange** Pferd Ziege Affe **Hahn** Hund Schwein **Günstig:** Handel, Geschäftseröffnungen, Hochzeiten und andere Feste planen. **Ungünstig:** Beerdigungen, Reisen, Arztbesuche.
19. Wasser Tiger	Ratte Büffel **Tiger Hase** Drache Schlange **Pferd** Ziege Affe Hahn **Hund** Schwein **Günstig:** Handwerkliche Aktivitäten, Handel, Hochzeiten, Reisen. **Ungünstig:** Trauerfeiern und Beerdigungen, schwere körperliche Arbeit.
20. Wasser Hase	Ratte Büffel **Tiger Hase** Drache Schlange Pferd **Ziege** Affe Hahn Hund **Schwein** **Günstig:** Ankündigungen machen, Beerdigungen, Trauerfeiern. **Ungünstig:** Handel, Vergnügungen, Freizeitaktivitäten.
21. Holz Drache	**Ratte** Büffel Tiger Hase **Drache Schlange** Pferd Ziege **Affe** Hahn Hund Schwein **Günstig:** Kleidung schneidern, Handel, Buchhaltung, Ausflüge, neue Dinge beginnen. **Ungünstig:** Geschäfte eröffnen, Kraftanstrengungen, Reisen, Ersparnisse ausgeben.
22. Holz Schlange	Ratte **Büffel** Tiger Hase **Drache Schlange** Pferd Ziege Affe **Hahn** Hund Schwein **Günstig:** Putzen, waschen, fasten, seelische und körperliche Pflege, Arztbesuche. **Ungünstig:** Ausdauersport, Reisen, Hochzeit.
23. Feuer Pferd	Ratte Büffel **Tiger** Hase Drache Schlange **Pferd Ziege** Affe Hahn **Hund** Schwein **Günstig:** Umziehen, Reisen, Hochzeiten, Empfänge, wichtige Konferenzen. **Ungünstig:** geistige Arbeiten, Gartenarbeit, häusliche Tätigkeiten.
24. Feuer Ziege	Ratte Büffel Tiger **Hase** Drache Schlange **Pferd Ziege** Affe Hahn Hund **Schwein** **Günstig:** Versammlungen, gerechte Verteilungen, Hochzeit, Konferenzen, Umzug. **Ungünstig:** Gartenarbeit, Dinge zum Abschluss bringen.
25. Erd Affe	**Ratte** Büffel Tiger Hase **Drache** Schlange Pferd Ziege **Affe Hahn** Hund Schwein **Günstig:** Gartenarbeit, Feiern, Hochzeit, Dinge zum Abschluss bringen. **Ungünstig:** keine Anschuldigungen gegen Dritte erheben.
26. Erd Hahn	Ratte **Büffel** Tiger Hase Drache **Schlange** Pferd Ziege **Affe Hahn** Hund Schwein **Günstig:** Gartenarbeit, Hochzeit, Dinge zum Abschluss bringen. **Ungünstig:** Umzug, Reisen, Geschäftseröffnung.
27. Metall Hund	Ratte Büffel **Tiger** Hase Drache Schlange **Pferd** Ziege Affe Hahn **Hund Schwein** **Günstig:** Ausruhen, Meditation, seinen Hobbys nachgehen. **Ungünstig:** wichtige Unternehmungen.
28. Metall Schwein	Ratte Büffel Tiger **Hase** Drache Schlange Pferd **Ziege** Affe Hahn **Hund Schwein** **Günstig:** Amüsieren, mit Freunden ausgehen, Freizeitaktivitäten. **Ungünstig:** geschäftliche Aktivitäten, neue Dinge anfangen.
29. Wasser Ratte	**Ratte Büffel** Tiger Hase **Drache** Schlange Pferd Ziege **Affe** Hahn Hund Schwein **Günstig:** für die meisten Aktivitäten, Geschäftsabschlüsse, Partnerschaft. **Ungünstig:** negative Bemerkungen über andere Menschen.
30. Wasser Büffel	**Ratte Büffel** Tiger Hase Drache **Schlange** Pferd Ziege Affe **Hahn** Hund Schwein **Günstig:** Handel, Geschäftseröffnungen, Hochzeiten und andere Feste planen. **Ungünstig:** Beerdigungen, Reisen, Arztbesuche.

> Sommerbeginn / Kleines Getreide < Mai

TZE
Ratte

Grundtendenz des Monats: Abwarten und Tee trinken könnte im Mai das Motto für die Ratte sein. Ungeduldigeren Zeitgenossen wird das vielleicht nicht besonders gefallen. Manchmal ist es aber einfach besser, erst einmal zu beobachten, anstatt gleich loszulegen. So lassen sich Anfängerfehler vermeiden und weniger Energie kostet es auch. Manche Dinge regeln sich auch im Jahr des Tigers übrigens von ganz alleine, wenn man ihnen nur genug Zeit gibt.

Gemeinsam mit einer vorsichtigen Schlange kann die Ratte sich nun auf größere Projekte vorbereiten. Achten Sie darauf, sich dabei nicht zu sehr auf der gedanklichen Ebene zu verzetteln.

Liebe, Familie, Freundschaft: Wer macht eigentlich was in Ihrer Familie, verehrte Ratte? Wenn das im Augenblick nicht wirklich klar ist, ist es wirklich schwierig, Ordnung in den Alltag zu bekommen. Manchmal braucht es einfach nur klare Anweisungen, denen alle dann Folge leisten können.

Vielleicht ist es in diesen Wochen nicht ganz so selbstverständlich für Sie, sich in einem vorteilhaften Licht darzustellen. Gerade wenn Sie auf der Suche nach einem neuen Partner sind, ist es aber wichtig, Ihre verborgenen Talente nach außen zu tragen. Je mehr Sie sich nun trauen, in die Tiefe zu gehen, desto mehr Vertrauen lässt sich auf der anderen Seite aufbauen.

Beruf, Finanzen: Mit der Schlange steht der Ratte im Mai ein Tierzeichen zur Seite, das den Blick für Details schärft. Das macht es nun deutlich einfacher, sich bei laufenden Projekten zu profilieren. Legen Sie bitte Ihren Finger nicht nur auf die richtige Stelle, sondern arbeiten Sie auch aktiv mit daran, die gefundenen Probleme zu lösen! Den meisten Ratten mag das nicht besonders viel Freude machen, aber bei Kollegen und Vorgesetzten kommt ein solches Verhalten gut an.

Wer finanzielle Entscheidungen auf diesen Monat vertagt hat, wird es nun sicher leichter haben, die Weichen zum Erfolg zu stellen.

Tipp des Monats: Mit Geduld kommen Sie entspannter ans Ziel. Setzen Sie sich nicht unnötig unter Druck!

KIU
Büffel

Grundtendenz des Monats: Im Mai mögen alle Aktivitäten etwas gedämpft wirken. Das liegt daran, dass nun eine Schlange den Monat begleitet - und die hat es in der Regel überhaupt nicht eilig. Der Büffel kann die Zeit wunderbar nutzen, um sich noch besser vorzubereiten auf weitere wichtige Projekte. Je genauer Sie nun hinschauen, um so klarer werden die Dinge werden. So manches erschließt sich erst, wenn man sich Zeit nimmt und die richtigen Fragen stellt.

Eine gewisse Vorsicht schadet im Jahr des Wasser-Tigers sicher nicht. Dabei ist es aber wichtig, dass Sie sich nicht zu sehr in Ihrem Handeln hemmen, weil Sie sich zu wenig trauen.

Liebe, Familie, Freundschaft: Die meisten Büffel verhalten sich eher konservativ, wenn es darum geht, ihre Zuneigung auszudrücken. Im Jahr des charismatischen Tigers reicht das aber unter Umständen nicht aus, um ein Herz zu gewinnen. Da müssen Sie sich nun schon ein bisschen mehr auf Ihre verführerischen Qualitäten besinnen. Die Schlange kann Ihnen sicher gut helfen, subtil auf die eigenen Qualitäten hinzuweisen.

In bestehende Beziehungen sollte die Zweisamkeit nun besser nicht zu kurz kommen. Wer den Eindruck erweckt, dass er mit den Gedanken ganz woanders ist, darf sich über Eifersucht nicht wundern.

Beruf, Finanzen: Schlange und Büffel sind besonders auf der beruflichen Ebene ein gutes Team. Vor allem dort, wo es auf Gewissenhaftigkeit und Genauigkeit ankommt, können Sie im Mai punkten. Das gilt besonders für die Bereiche, in denen das Zahlenwerk stimmen muss.

Es ist ungleich schwerer, sich auf die wesentlichen Aufgaben zu konzentrieren, wenn um Sie herum Chaos herrscht. Auch wenn es im Grunde nicht Ihre Aufgabe ist, kann es nun Sinn machen, dass Sie selbst erst einmal für Ordnung sorgen. Je klarer die Struktur ist, desto besser können Sie Ihre Arbeit machen.

Tipp des Monats: Zu langes Abwägen kann Sie in diesen Wochen ausbremsen. Finden Sie eine gute Balance!

YING
Tiger

Grundtendenz des Monats: Wie schon der Drache im vergangenen Monat sorgt auch die Schlange im Mai für einen guten Draht nach oben. Es gibt also keinen Grund, dem eigenen Gefühl nicht zu vertrauen. Sie sollten sich da jetzt auf keinen Fall verunsichern lassen, lieber Tiger.

Mit Hilfe der Schlange kann man den Dingen noch besser auf den Grund gehen. Dafür braucht es allerdings Zeit, die Sie sich schon nehmen müssen, wenn Sie wirklich mehr Wissen ansammeln wollen. Überprüfen Sie also gründlich die Fakten. Mit einer guten Basis lassen sich zukünftige Entscheidungen auf jeden Fall besser treffen. Der Einsatz sollte sich über kurz oder lang auszahlen.

Liebe, Familie, Freundschaft: Wer unter Liebeskummer leidet, darf nun ein wenig aufatmen. Der Mai ist wirklich ein guter Monat, alte Gefühle hinter sich zu lassen und einen Neuanfang zu wagen… ob allein oder zu zweit wird sich dann schon zeigen.

Die verführerischen Qualitäten der Schlange dürfen sich nun durchaus auch auf den Tiger übertragen. Ob Sie diese in der bestehenden Partnerschaft einsetzen oder für eine neue Eroberung spielt keine große Rolle, solange Sie ehrlich und offen mit Ihren Gefühlen umgehen. Geheimniskrämerei liegt dem Tiger in der Regel ohnehin nicht. Lassen Sie sich also bitte nicht dazu hinreißen, mit Ihren Emotionen hinter dem Berg zu halten.

Beruf, Finanzen: Niemand verlangt von Ihnen, dass Sie alles wissen, verehrter Tiger. In der Regel reicht es, wenn Sie wissen, wo es steht oder wer es weiß und die Informationen rechtzeitig zusammentragen. Wenn es dann darum geht, aus diesem Wissen die richtige Schlussfolgerung zu ziehen, dürfen Sie sich auf Ihr Gespür verlassen.

Die Schlange ist bekannt für ihren geschickten Umgang mit Zahlenwerk. Darauf können Sie sich verlassen, wenn nun Entscheidungen getroffen werden müssen, die Ihren Geldbeutel betreffen.

Tipp des Monats: Eine gute Vorbereitung ist in diesen Tagen wirklich enorm wichtig.

MAO
Hase

Grundtendenz des Monats: Der Jahresregent wünscht sich, dass Sie Ihre Fühler ausstrecken und sich auch in unbekanntes Terrain vorwagen. Mit der Schlange, die den Mai begleitet, können Sie Ihre Ausflüge nun auf allen Ebenen so absichern, dass Sie sich deutlich weiter hinaus trauen können. Eine gewisse Vorsicht ist immer gut, solange Sie sich davon nicht komplett hemmen lassen , lieber Hase.

Wenn Ihnen nun ein wenig das Vertrauen in die eigenen Kräfte fehlt, ist es an der Zeit, die Mitte und damit das Erdelement mehr zu unterstützen. Dieser Aspekt mag im Jahr des mutigen Wasser-Tigers zuweilen zu kurz kommen. Besinnen Sie sich auf Ihre inneren Kräfte.

Liebe, Familie, Freundschaft: Hase und Schlange sind ein wunderbares Gespann, wenn es um harmonische Beziehungen geht. Das kann Ihnen nun in der bestehenden Partnerschaft wunderbare Stunden bescheren und dafür sorgen, dass der Haussegen in diesem Monat gerade hängt.

Aber auch die Hasen, die noch auf der Suche nach ihrem Liebesglück sind, können von der günstigen Konstellation in diesen Wochen profitieren. Schließlich geht es nun auch darum, verborgene Wünsche und Fähigkeiten zum Vorschein zu bringen. Damit lässt sich vielleicht auch ein neues Herz gewinnen.

Beruf, Finanzen: Eine gute Vorbereitung ist jetzt noch wichtiger als in den Monaten zuvor. Die Schlange kann dem Hasen nun dabei helfen, all die Informationen zusammen zu tragen, die für den Erfolg des Projektes nötig sind. Verlassen Sie sich dabei nicht einfach nur auf Ihr eigenes Wissen, sondern suchen Sie das Gespräch mit Experten oder erfahrenen Kollegen.

Wer ein wenig mehr auf den eigenen Geldbeutel achten muss, tut nun gut daran, einen Kassensturz durchzuführen. Wenn Sie genau wissen, wie viel Sie zur Verfügung haben, lässt sich doch gleich viel entspannter haushalten.

Tipp des Monats: Das Risiko ist in diesen Wochen wirklich kontrollierbar. Sie dürfen jetzt durchaus mehr ausprobieren!

SHENG
Drache

Grundtendenz des Monats: In diesem Monat verhalten Sie sich am besten abwartend, lieber Drache. Mit der Holz-Schlange tritt nun nämlich ein Tierzeichen an Ihre Seite, dass geduldig auf seine Gelegenheiten warten kann. Lassen Sie jetzt den Dingen einfach Ihren Lauf! Das mag dem zuweilen etwas ungeduldigen Drachen nicht leicht fallen, ist aber im Mai wirklich Ihre beste Option.

Drache und Schlange bilden zusammen das Haus der Spiritualität. So wird dieser Aspekt jetzt besonders betont, was Ihnen die eine oder andere neue Einsicht bringen kann. Bevor Sie damit an die Öffentlichkeit gehen, sollten Sie aber Ihre Gedanken sortieren.

Liebe, Familie, Freundschaft: Auch auf der privaten Ebene sollte der Drache nun nicht einfach vorwärts preschen. Hören Sie sich lieber erst einmal an, was Ihre Lieben zu Ihrem gewünschten Weg zu sagen haben. Auch wenn der Tiger durchaus autoritäre Züge in seiner Herrschaft zeigt, heißt das nicht, dass es ihm seine Untertanen einfach nachmachen sollten. Für den Haussegen ist es besser, Kompromisse zu finden.

Die Reibereien der vergangenen Monate in der Partnerschaft sollten nun der Vergangenheit angehören. Jetzt ist ein guter Zeitpunkt, die Eigenschaften Ihrer besseren Hälfte zu schätzen und das auch deutlich zu kommunizieren.

Beruf, Finanzen: Im Jahr des Tigers müssen Sie schon klar die Richtung vorgeben, wenn Sie wollen, dass man Ihnen folgt. Mit diffusen Versprechungen kommt der Drache beruflich jetzt nicht vom Platz. Außerdem trägt es nicht gerade zur Vertrauensbildung im Team bei, wenn Sie keine konkreten Vorstellungen haben, wohin die Reise eigentlich gehen soll. Mit der Schlange können Sie nun den Weg genauer skizzieren.

Sichern Sie sich lieber doppelt ab, bevor Sie nun etwas Neues beginnen. Finanzieller und zeitlicher Einsatz müssen im Verhältnis zum Ergebnis stehen. Sonst lohnt sich das Ganze nicht.

Tipp des Monats: Sorgen Sie für genug Struktur, damit Ihnen die Dinge nicht über den Kopf wachsen.

SZE
Schlange

Grundtendenz des Monats: So manche Schlange mag ihre eher abwartende Haltung auch im Mai noch nicht aufgeben. Das liegt nun sicher vor allem daran, dass jetzt eine weitere Schlange Ihren Weg kreuzt. Bei dieser handelt es sich um ein besonders vorsichtiges Exemplar, die sich lieber doppelt und dreifach absichert, bevor sie sich bewegen mag.

Auf der anderen Seite wollen aber gerade jetzt verborgene Talente zum Vorschein gebracht werden. Vielleicht gelingt es Ihnen ja, sich mehr am Tiger zu orientieren, der mutig und entschlossen aus dem Wald heraus tritt, auch wenn noch nicht alle Fragen abschließend geklärt sind. Ein gewisses Restrisiko bleibt immer, auch wenn Sie sich noch so gut absichern.

Liebe, Familie, Freundschaft: Der Schlange werden in der westlichen und östlichen Mythologie verführerische Qualitäten nachgesagt. Das bedeutet aber nicht, dass Sie sich nun wirklich auch danach fühlen, liebe Schlange. Gerade das autoritäre Auftreten des Tigers macht es manchmal schwer, an die eigenen Qualitäten zu glauben.

Wenn der Alltag sich nun ein wenig zäh gestaltet, wäre es sicher gut, offen darüber zu sprechen. Berufen Sie einen Familienrat ein und überlegen sie gemeinsam, was sie verbessern können. Leiten Sie die Veränderungen behutsam ein und sorgen Sie dafür, dass sich alle gehört fühlen.

Beruf, Finanzen: Vorsichtiger Optimismus ist durchaus angebracht, liebe Schlange. Vor allem, wenn man wie Sie genug Zeit in die Vorbereitung gesteckt hat, dürften die ersten Ergebnisse durchaus vielversprechend sein. Die Durststrecke mag recht lang gewesen sein, sollte aber spätestens jetzt erst einmal vorbei sein.

Ihre finanziellen Angelegenheiten behält die Schlange in der Regel immer gut im Auge. Im Mai dürfen Sie da ruhig etwas tiefer einsteigen und eine Strategie für die nächsten Monate erarbeiten. Verlassen Sie sich dabei nicht nur auf die Fakten, sondern auch auf Ihr Bauchgefühl.

Tipp des Monats: Ihre Fähigkeiten wollen ans Licht! Treten Sie jetzt aus dem Schatten heraus!

WU
Pferd

Grundtendenz des Monats: Auch der Mai dürfte kein besonders aktiver Monat für das Pferd werden. Nun bekommt es nämlich eine besonnene Holz-Schlange an die Seite, die erst einmal vorsichtig abwägt, bevor sie sich aus ihrem Nest herauswagt. Die nächsten Wochen dürfte es deshalb wahrscheinlich mehr darum gehen, Informationen zu sammeln, um damit bessere Voraussetzungen für spätere Handlungen zu schaffen. Lassen Sie sich davon aber bitte nicht verunsichern, liebes Pferd. Letztendlich kann es nicht schaden, wenn man sich doppelt absichert.

Das Yin-Holz, das die Schlange im Gepäck hat, schärft unter anderem die Intuition. Das bedeutet, dass Sie sich nun ruhig ein bisschen mehr auf Ihr Bauchgefühl verlassen dürfen.

Liebe, Familie, Freundschaft: Nicht jeder Mensch hat so ein offenes Wesen wie das Pferd. Gerade in diesen Wochen sollten Sie deshalb darauf achten, dass Sie den introvertierteren Zeitgenossen in Ihrem Umfeld nicht zu sehr auf die Pelle rücken. Geben Sie der anderen Seite Zeit, sich von selbst zu zeigen oder zu äußern.

Die verführerischen Qualitäten der Schlange können Pferden auf Freiersfüßen durchaus helfen, überzeugender zu wirken. Sie sollten sich jedoch dafür nicht verstellen müssen. Ehrlich und echt kommt im Jahr des Tigers einfach besser an.

Beruf, Finanzen: Dem Tiger kommt die Schlange ganz recht in diesen Wochen, denn so lässt sich sicher stellen, dass die Dinge unter Kontrolle bleiben. Das mag dem zuweilen impulsiven Pferd zwar gegen den Strich gehen, bringt aber gerade in neue Projekte jetzt eine gewisse Stabilität und kann so den längerfristigen Erfolg sichern.

Finanziell wird es für alle Pferde ein recht guter Monat, sofern Sie auch in Gelddingen Genauigkeit walten lassen. Eine nachlässige Buchführung kann Sie allerdings teuer zu stehen kommen. Suchen Sie sich im Zweifelsfall einen Fachmann, der Sie beraten kann.

Tipp des Monats: Vieles ist möglich, wenn Sie sich geduldig zeigen.

WEI
Ziege

Grundtendenz des Monats: Mit der Holz-Schlange kann sich so manche Ziege auf ihre verborgenen Talente besinnen. Kunst, Musik oder andere Formen des kreativen Ausdrucks sollten wirklich fester Bestandteil Ihres Lebens sein! Es geht jetzt gar nicht darum, darin möglichst gut zu sein. Wichtig ist, dass Sie Freude dabei empfinden, das schöpferische Holzelement mehr in den Alltag zu bringen.

Fokussieren Sie jetzt bitte nicht länger auf all die Dinge, die in der jüngsten Vergangenheit nicht wie gewünscht gelaufen sind. Der Tiger wünscht sich für seine Untertanen einen engagierten Neustart. Der kann aber nur gelingen, wenn man die Vergangenheit ruhen lässt und sich auf das konzentriert, was vor einem liegt.

Liebe, Familie, Freundschaft: Im Mai können Sie vielleicht Seiten von sich zeigen, die schon lange in Ihnen schlummern. Das mag Ihre Lieben erst einmal überraschen. Wenn Sie sehen, wie gut das Ihnen tut, werden Sie sich aber schnell an diese neuen Aspekte Ihrer Persönlichkeit gewöhnen.

Aus der Ferne ein Herz zu begehren, mag zwar romantisch klingen, ist aber auf Dauer kein Zustand. Im Mai dürfen Sie sich ruhig vorsichtig annähern und die ersten Schritte wagen. Vielleicht kann sich nun endlich etwas Konkretes entwickeln.

Beruf, Finanzen: Vorsicht ist die Mutter der Porzellankiste… deshalb sollte sich die Ziege sich nun lieber doppelt absichern, bevor Sie eine wichtige berufliche Entscheidung trifft. Schließlich möchten Sie das Ganze sicher nicht innerhalb kurzer Zeit wieder revidieren müssen, oder?

Die Schlange ist bekannt für ihren weitsichtigen Umgang mit Geld. Da auch der Tiger lieber zweimal kontrolliert, bevor er sich in diesem Bereich entscheidet, wäre nun ein guter Zeitpunkt für die Ziege, über mögliche Investitionen nachzudenken. Dabei muss es gar nicht um größere Summen gehen.

Tipp des Monats: Viele Dinge können ans Licht kommen, wenn Sie sich die Mühe macht, ganz genau hinzuschauen.

> Sommerbeginn / Kleines Getreide < Mai

SUNG
Affe

Grundtendenz des Monats: Gelegenheiten dürfte es für den Affen in den ersten drei Monaten des Tigerjahres sicher genug gegeben haben. Die Frage ist nun, ob Sie sich klar entschieden haben, welche davon Sie ergreifen sollten. Vielleicht bringt der Mai etwas mehr Zeit, um noch einmal ganz genau darüber nachzudenken. Mit der Schlange bekommen Sie nun ein Tierzeichen zur Seite gestellt, dass bestimmt die richtigen Fragen stellt. Einmal mehr wird nun auch das Holzelement unterstützt, was die kreative Energie verstärkt und den Affen unter Umständen etwas ablenken kann. Wenn Sie dadurch nun den Wald vor lauter Bäumen nicht sehen, sollten Sie wirklich einmal eine Pause einlegen.

Liebe, Familie, Freundschaft: Will der Affe sein Herz verschenken, bekommt er vielleicht im Mai die Gelegenheit dazu. Vor allem, wenn er sich nun ein bisschen mysteriös und geheimnisvoll gibt, dürfte das die nötige Aufmerksamkeit erregen. Die Frage ist allerdings, wie lange Sie das Spiel aufrecht erhalten können. Am Ende des Tages kommt es sowieso besser an, wenn Sie sich so geben, wie Sie wirklich sind.

Man lernt nie aus. Diese Weisheit dürfte sich im Mai wieder einmal bewahrheiten, wenn der Affe sich die Mühe macht, gemeinsam mit seinen Lieben neues Terrain zu erkunden.

Beruf, Finanzen: Auch wenn Sie nun am liebsten ohne Umweg in die Vollen gehen würden, fordert die Schlange Sie auf, lieber erst noch einmal innezuhalten. Zum einen haben Sie so die Möglichkeit, mehr Menschen ins Boot zu holen. Zum Anderen können Sie dadurch sicher unnötige Flüchtigkeitsfehler vermeiden. Auch der Tiger wünscht sich vom Affen, dass er die Dinge besser unter Kontrolle hält.

Finanzielle Angelegenheiten lassen sich im Monat der Schlange immer besonders gut regeln. Sollte dort nun Handlungsbedarf sein, sollten Sie das nicht länger aufschieben.

Tipp des Monats: Ihre Talente wollen ans Licht gebracht werden. Trotzdem sollten Sie das nicht erzwingen, sondern sich genug Zeit geben.

YU
Hahn

Grundtendenz des Monats: Für eine gute Vorbereitung ist der Hahn immer zu haben. Da bekommt er jetzt mit der Schlange den perfekten Partner zur Seite gestellt und kann sich nun wirklich Zeit nehmen, um sich auf neue Situationen einzustellen. Gemeinsam werden Sie so herausfinden können, was gut für Sie ist. Wenn es sich nicht richtig anfühlt, lassen Sie jetzt besser die Finger davon. Das Erdelement kann im Mai unter Umständen ein bisschen mehr Unterstützung gebrauchen, damit die Bodenhaftung und damit das Gefühl von innerer Sicherheit nicht abhanden kommt. Umgeben Sie sich nun mit gewohnten Dingen und begeben Sie sich nicht spontan in ungewohnte Situationen.

Liebe, Familie, Freundschaft: Auch auf der privaten Ebene schätzt es der Hahn nun, wenn er sich mit vertrauten Gesichtern umgeben kann. Schließlich weiß man da deutlich besser, woran man ist, was die Kommunikation erleichtert und den Alltag entspannter genießen lässt.

Wenn Sie sich jetzt auf bestehende Bekanntschaften beschränken, muss dass nicht heißen, dass sich auf der Beziehungsebene nicht etwas Neues ergeben kann. Vielleicht ist es an der Zeit, einen entfernteren Bekannten mit neuen Augen zu betrachten. Dabei kommen mehr Gemeinsamkeiten zu Tage als Sie es erwartet haben.

Beruf, Finanzen: Schlange und Hahn sind gerade auf der beruflichen Ebene eine sehr günstige Kombination, was sich jetzt im Mai auf unterschiedliche Weise zeigen kann. Sicher können Sie Ihre Stärken nun besser ausspielen. Wer geschickt agiert, kann sich außerdem mehr Freiraum schaffen, um die eigene Agenda voranzubringen. Geht es um die eigenen Finanzen sollte der Hahn nun ganz besonders gut hinschauen. Überprüfen Sie das Ganze lieber mehrmals und verlassen Sie sich auf keinen Fall ausschließlich auf Empfehlungen. Die wenigsten Hähne haben schließlich Geld zu verschenken.

Tipp des Monats: Genau hinschauen und sich genug Zeit für eine Entscheidung nehmen - das ist nun das Wichtigste.

SHIH Hund

Grundtendenz des Monats: Mit der Schlange wird im Mai das forsche Tempo etwas herausgenommen. Das dürfte so manchem Hund ganz recht sein, kann er sich so doch mehr auf die Entscheidungsfindung konzentrieren. Sie müssen sich jetzt wirklich nicht hetzen lassen, sondern können ganz in Ruhe die nötigen Informationen zusammen tragen. Dabei werden Sie von der Schlange unterstützt, denn dieses Tierzeichen versteht sich darauf, auch verborgene Fakten ans Licht zu bringen.

So langsam sollte sich auch beim vorsichtigsten Hund die Erkenntnis durchsetzen, dass 2022 ein wirklich gutes Jahr werden kann. Für Selbstzweifel gibt es jetzt wirklich keinen Grund.

Liebe, Familie, Freundschaft: Zu viel Kontrolle kommt weder beim Partner noch beim Rest der Familie gut an. Gerade jetzt kann schnell der Eindruck entstehen, dass der Hund seinen Lieben die Freiheiten nicht gönnt. Dabei haben Sie wahrscheinlich nur das Beste im Sinn. Im Jahr des unabhängigen Tigers ist es wichtig, dass Sie niemanden zu sehr einengen.

Die verführerischen Qualitäten der Schlange mag der Hund vielleicht nicht unbedingt für sich in Anspruch nehmen. Es kann Sie nun aber durchaus interessanter machen, wenn Sie auf der Suche nach einem neuen Partner sind.

Beruf, Finanzen: Es mag sich jetzt irgendwie nicht ganz richtig anfühlen, die eigenen Talente in den Vordergrund zu rücken. Dabei ist der Mai durchaus ein guter Monat, verborgene Fähigkeiten ans Licht zu bringen. Wenn Sie sich damit jetzt allerdings einfach nicht gut fühlen, warten Sie einfach noch ein paar Wochen. Dann herrscht eine starke Feuer-Energie, die Sie sicher besser motivieren kann.

Stabile Finanzen dürften den meisten Hunden wirklich wichtig sein. Mit Unterstützung der Schlange lässt sich dafür ein stabiles Fundament legen. Wenn Sie jetzt das entsprechende Zahlenwerk offenlegen, können Sie unter Umständen sogar zahlungskräftige Mitstreiter finden.

Tipp des Monats: Glauben Sie an Ihre eigenen Fähigkeiten und setzen Sie diese großzügig ein!

HAN Schwein

Grundtendenz des Monats: So richtig ist das Schwein vielleicht noch nicht mit der yangigen Energie des neuen Jahresregenten warm geworden. Es teilt vielleicht weder seine ehrgeizigen Pläne noch die Art und Weise, wie er diese in die Tat umsetzt. Jetzt im Mai ist es auch überhaupt nicht nötig, sich auf die Aktivitäten des Tigers einzulassen. Die Schlange, die den Monat zusätzlich begleitet, ist nämlich ein ganz besonders vorsichtiges Exemplar. Da kann sich das Schwein nun erst einmal nur aufs Beobachten verlegen.

Vielleicht mögen Sie in diesen Wochen vorsichtig die Fühler ausstrecken und schauen, ob sich nicht doch etwas Neues für Sie ergeben könnte. Handeln sollten Sie allerdings erst im nächsten Monat.

Liebe, Familie, Freundschaft: Blindes Vertrauen ist gerade bei neuen Beziehungen nun vielleicht keine so gute Idee, liebes Schwein. Auch wenn Sie gerade auf Wolke sieben schweben, tun Sie gut daran, nicht gleich alles mit der neuen Liebe zu teilen. Geben Sie der Beziehung Zeit zu wachsen und lernen Sie sich erst einmal richtig kennen, bevor Sie Ihr Herz auf einem silbernen Tablett servieren.

Es kann jetzt sicher nicht schaden, ein bisschen mehr zu kontrollieren, was sich in den eigenen vier Wänden so abspielt. Lassen Sie sich vor allem vom eigenen Nachwuchs nicht auf der Nase herumtanzen. Klare Anweisungen habe eingehalten zu werden und es sollte Konsequenzen haben, wenn das nicht der Fall ist.

Beruf, Finanzen: Mit der Schlange im Monat ist es nicht sehr wahrscheinlich, dass Sie Ihre Fähigkeiten nun einer breiteren Öffentlichkeit vorstellen können. Es sollte Ihnen aber vielleicht ganz recht sein, wenn Sie noch einen weiteren Monat im Hintergrund bleiben können.

Wie steht es um Ihre Finanzen? Haben Sie den Kontostand im Blick und die Ausgaben im Griff? Falls das nicht der Fall ist, sollten Sie nun vielleicht den Rat eines Profis einholen.

Tipp des Monats: Vertrauen ist gut, aber Kontrolle ist jetzt wirklich besser.

Mai 2022

Jahreskonstellation – Wasser Tiger
Monatskonstellation – Holz Schlange

1. Holz Tiger	Ratte Büffel **Tiger Hase** Drache Schlange **Pferd** Ziege Affe Hahn **Hund** Schwein **Günstig:** Handwerkliche Aktivitäten, Handel, Hochzeiten, Reisen. **Ungünstig:** Trauerfeiern und Beerdigungen, schwere körperliche Arbeit.
2. Holz Hase	Ratte Büffel **Tiger Hase** Drache Schlange Pferd **Ziege** Affe Hahn Hund **Schwein** **Günstig:** Ankündigungen machen, Beerdigungen, Trauerfeiern. **Ungünstig:** Handel, Vergnügungen, Freizeitaktivitäten.
3. Feuer Drache	**Ratte** Büffel Tiger Hase **Drache Schlange** Pferd Ziege **Affe** Hahn Hund Schwein **Günstig:** Kleidung schneidern, Handel, Buchhaltung, Ausflüge, neue Dinge beginnen. **Ungünstig:** Geschäfte eröffnen, Kraftanstrengungen, Reisen, Ersparnisse ausgeben.
4. Feuer Schlange	Ratte **Büffel** Tiger Hase **Drache Schlange** Pferd Ziege Affe **Hahn** Hund Schwein **Günstig:** Putzen, waschen, fasten, seelische und körperliche Pflege, Arztbesuche. **Ungünstig:** Ausdauersport, Reisen, Hochzeit.
5. Erd Pferd	Ratte Büffel **Tiger** Hase Drache Schlange **Pferd Ziege** Affe Hahn **Hund** Schwein **Günstig:** Putzen, waschen, fasten, seelische und körperliche Pflege, Arztbesuche. **Ungünstig:** Ausdauersport, Reisen, Hochzeit.
6. Erd Ziege	Ratte Büffel Tiger **Hase** Drache Schlange **Pferd Ziege** Affe Hahn Hund **Schwein** **Günstig:** Umziehen, Reisen, Hochzeiten, Empfänge, wichtige Konferenzen. **Ungünstig:** geistige Arbeiten, Gartenarbeit, häusliche Tätigkeiten.
7. Metall Affe	**Ratte** Büffel Tiger Hase **Drache** Schlange Pferd Ziege **Affe Hahn** Hund Schwein **Günstig:** Versammlungen, gerechte Verteilungen, Hochzeit, Konferenzen, Umzug. **Ungünstig:** Gartenarbeit, Dinge zum Abschluss bringen.
8. Metall Hahn	Ratte **Büffel** Tiger Hase Drache **Schlange** Pferd Ziege **Affe Hahn** Hund Schwein **Günstig:** Gartenarbeit, Feiern, Hochzeit, Dinge zum Abschluss bringen. **Ungünstig:** keine Anschuldigungen gegen Dritte erheben.
9. Wasser Hund	Ratte Büffel **Tiger** Hase Drache Schlange **Pferd** Ziege Affe Hahn **Hund Schwein** **Günstig:** Gartenarbeit, Hochzeit, Dinge zum Abschluss bringen. **Ungünstig:** Umzug, Reisen, Geschäftseröffnung.
10. Wasser Schwein	Ratte Büffel Tiger **Hase** Drache Schlange Pferd **Ziege** Affe Hahn **Hund Schwein** **Günstig:** Ausruhen, Meditation, seinen Hobbys nachgehen. **Ungünstig:** wichtige Unternehmungen.
11. Holz Ratte	**Ratte Büffel** Tiger Hase **Drache** Schlange Pferd Ziege **Affe** Hahn Hund Schwein **Günstig:** Amüsieren, mit Freunden ausgehen, Freizeitaktivitäten. **Ungünstig:** geschäftliche Aktivitäten, neue Dinge anfangen.
12. Holz Büffel	**Ratte Büffel** Tiger Hase Drache **Schlange** Pferd Ziege Affe **Hahn** Hund Schwein **Günstig:** für die meisten Aktivitäten, Geschäftsabschlüsse, Partnerschaft. **Ungünstig:** negative Bemerkungen über andere Menschen.
13. Feuer Tiger	Ratte Büffel **Tiger Hase** Drache Schlange **Pferd** Ziege Affe Hahn **Hund** Schwein **Günstig:** Handel, Geschäftseröffnungen, Hochzeiten und andere Feste planen. **Ungünstig:** Beerdigungen, Reisen, Arztbesuche.
14. Feuer Hase	Ratte Büffel **Tiger Hase** Drache Schlange Pferd **Ziege** Affe Hahn Hund **Schwein** **Günstig:** Handwerkliche Aktivitäten, Handel, Hochzeiten, Reisen. **Ungünstig:** Trauerfeiern und Beerdigungen, schwere körperliche Arbeit.
15. Erd Drache	**Ratte** Büffel Tiger Hase **Drache Schlange** Pferd Ziege **Affe** Hahn Hund Schwein **Günstig:** Ankündigungen machen, Beerdigungen, Trauerfeiern. **Ungünstig:** Handel, Vergnügungen, Freizeitaktivitäten.

Ob ein Tag besonders günstig für Ihr Tierzeichen ist, sehen Sie an folgenden Farben:
Rot = sehr günstig, Grau = günstig, Schwarz = nicht günstig

16. Erd Schlange	Ratte Büffel Tiger Hase Drache Schlange Pferd Ziege Affe Hahn Hund Schwein **Günstig:** Kleidung schneidern, Handel, Buchhaltung, Ausflüge, neue Dinge beginnen. **Ungünstig:** Geschäfte eröffnen, Kraftanstrengungen, Reisen, Ersparnisse ausgeben.
17. Metall Pferd	Ratte Büffel Tiger Hase Drache Schlange Pferd Ziege Affe Hahn Hund Schwein **Günstig:** Putzen, waschen, fasten, seelische und körperliche Pflege, Arztbesuche. **Ungünstig:** Ausdauersport, Reisen, Hochzeit.
18. Metall Ziege	Ratte Büffel Tiger Hase Drache Schlange Pferd Ziege Affe Hahn Hund Schwein **Günstig:** Umziehen, Reisen, Hochzeiten, Empfänge, wichtige Konferenzen. **Ungünstig:** geistige Arbeiten, Gartenarbeit, häusliche Tätigkeiten.
19. Wasser Affe	Ratte Büffel Tiger Hase Drache Schlange Pferd Ziege Affe Hahn Hund Schwein **Günstig:** Versammlungen, gerechte Verteilungen, Hochzeit, Konferenzen, Umzug. **Ungünstig:** Gartenarbeit, Dinge zum Abschluss bringen.
20. Wasser Hahn	Ratte Büffel Tiger Hase Drache Schlange Pferd Ziege Affe Hahn Hund Schwein **Günstig:** Gartenarbeit, Feiern, Hochzeit, Dinge zum Abschluss bringen. **Ungünstig:** keine Anschuldigungen gegen Dritte erheben.
21. Holz Hund	Ratte Büffel Tiger Hase Drache Schlange Pferd Ziege Affe Hahn Hund Schwein **Günstig:** Gartenarbeit, Hochzeit, Dinge zum Abschluss bringen. **Ungünstig:** Umzug, Reisen, Geschäftseröffnung.
22. Holz Schwein	Ratte Büffel Tiger Hase Drache Schlange Pferd Ziege Affe Hahn Hund Schwein **Günstig:** Ausruhen, Meditation, seinen Hobbys nachgehen. **Ungünstig:** wichtige Unternehmungen.
23. Feuer Ratte	Ratte Büffel Tiger Hase Drache Schlange Pferd Ziege Affe Hahn Hund Schwein **Günstig:** Amüsieren, mit Freunden ausgehen, Freizeitaktivitäten. **Ungünstig:** geschäftliche Aktivitäten, neue Dinge anfangen.
24. Feuer Büffel	Ratte Büffel Tiger Hase Drache Schlange Pferd Ziege Affe Hahn Hund Schwein **Günstig:** für die meisten Aktivitäten, Geschäftsabschlüsse, Partnerschaft. **Ungünstig:** negative Bemerkungen über andere Menschen.
25. Erd Tiger	Ratte Büffel Tiger Hase Drache Schlange Pferd Ziege Affe Hahn Hund Schwein **Günstig:** Handel, Geschäftseröffnungen, Hochzeiten und andere Feste planen. **Ungünstig:** Beerdigungen, Reisen, Arztbesuche.
26. Erd Hase	Ratte Büffel Tiger Hase Drache Schlange Pferd Ziege Affe Hahn Hund Schwein **Günstig:** Handwerkliche Aktivitäten, Handel, Hochzeiten, Reisen. **Ungünstig:** Trauerfeiern und Beerdigungen, schwere körperliche Arbeit.
27. Metall Drache	Ratte Büffel Tiger Hase Drache Schlange Pferd Ziege Affe Hahn Hund Schwein **Günstig:** Ankündigungen machen, Beerdigungen, Trauerfeiern. **Ungünstig:** Handel, Vergnügungen, Freizeitaktivitäten.
28. Metall Schlange	Ratte Büffel Tiger Hase Drache Schlange Pferd Ziege Affe Hahn Hund Schwein **Günstig:** Kleidung schneiden, Handel, Buchhaltung, Ausflüge, neue Dinge beginnen. **Ungünstig:** Geschäfte eröffnen, Kraftanstrengungen, Reisen, Ersparnisse ausgeben.
29. Wasser Pferd	Ratte Büffel Tiger Hase Drache Schlange Pferd Ziege Affe Hahn Hund Schwein **Günstig:** Putzen, waschen, fasten, seelische und körperliche Pflege, Arztbesuche. **Ungünstig:** Ausdauersport, Reisen, Hochzeit.
30. Wasser Ziege	Ratte Büffel Tiger Hase Drache Schlange Pferd Ziege Affe Hahn Hund Schwein **Günstig:** Umziehen, Reisen, Hochzeiten, Empfänge, wichtige Konferenzen. **Ungünstig:** geistige Arbeiten, Gartenarbeit, häusliche Tätigkeiten.
31. Holz Affe	Ratte Büffel Tiger Hase Drache Schlange Pferd Ziege Affe Hahn Hund Schwein **Günstig:** Versammlungen, gerechte Verteilungen, Hochzeit, Konferenzen, Umzug. **Ungünstig:** Gartenarbeit, Dinge zum Abschluss bringen.

TZE
Ratte

Grundtendenz des Monats: In diesem Monat macht sich eine starke Feuerenergie bemerkbar. Je nach Befindlichkeit kann sich das für die Ratte gut oder weniger gut anfühlen. Wer zu verkopft unterwegs ist, fühlt sich nun vielleicht ein wenig unter Druck gesetzt, endlich aktiv zu werden. Bei alle anderen Ratten kann das zusätzliche Feuer aber durchaus dazu führen, dass die Dinge endlich in Gang kommen.
Mit dem Feuer-Pferd ist im Juni zudem das Tierzeichen präsent, das im chinesischen Tierkreis in direkter Opposition zur Ratte steht, was in vergangenen Jahren vielleicht zu inneren Konflikten geführt haben könnte. Der Tiger als Jahresherrscher weiß jedoch 2022 geschickt zu vermitteln und bringt das Beste von beiden Seiten zum Vorschein.

Liebe, Familie, Freundschaft: Ein freundschaftliches Miteinander ist auf der privaten Ebene jetzt recht einfach zu erreichen. Das kann die Ratte für sich nutzen und ihre sozialen Kontakte auch außerhalb der Familie erweitern und pflegen. Gehen Sie dafür nach draußen und strecken Sie aktiv Ihre Fühler aus! Vielleicht können so neue Freundschaften oder sogar noch mehr entstehen…
In der Partnerschaft ist das Thema Gleichberechtigung im Juni sicher etwas, worüber gesprochen werden sollte. Sollte sich eine Seite nicht genug gesehen fühlen, ist jetzt ein guter Zeitpunkt, auf das Thema einzugehen.

Beruf, Finanzen: Wer auf der Stelle tritt, kann kaum neue Inspirationen erwarten im Jahr des Wasser-Tigers. Gerade jetzt können Sie wertvolle Kontakte wieder am besten knüpfen, wenn Sie sich nach draußen trauen. Bleiben Sie ehrlich und bescheiden in Ihrem Auftreten, dann finden Sie auch die richtigen Mitstreiter für Ihre Projekte.
Tiger und Pferd sind eine sehr starke Kombination, wenn es darum geht, die eigenen Ambitionen voran zu treiben. Vielleicht wäre jetzt ein guter Zeitpunkt, die eigenen Ideen mit Kollegen oder Chef zu teilen?

Tipp des Monats: Machen Sie sich auf den Weg, um Ihre Pläne Wirklichkeit werden zu lassen!

KIU
Büffel

Grundtendenz des Monats: Reichlich Feuer bringt der Juni mit in die allgemeine Konstellation. Das sollte genug Motivation für den Büffel sein, sich nun deutlich mehr ins Geschehen zu stürzen. Wer nur zu Hause hockt, kann im Jahr des Tigers besonders viel verpassen. Schließlich ist der aktuelle Jahresregent bekannt für seine Entdeckerqualitäten.
Neue Kontakte lassen sich in diesen Wochen recht einfach knüpfen. Damit aus oberflächlichen Unterhaltungen etwas Längerfristiges werden kann, muss der Büffel bereit sein, sich auch auf der emotionalen Ebene mehr einzubringen. Derart geknüpfte Verbindungen können sich im Laufe des Jahres noch als sehr wertvoll erweisen.

Liebe, Familie, Freundschaft: Mit dem Feuer-Pferd im Monat stehen alle Zeichen auf Aktivität. Packen Sie nun Ihre Lieben ein und machen Sie sich auf in die Natur! Je mehr Sie sich selbst motivieren, desto freiwilliger zieht auch der Rest der Familie mit. Und wenn Partner oder Nachwuchs sich nicht auf Ihre Ideen einlassen, dann ziehen Sie eben einfach mit Ihren Freunden los!
Sicher verleiht Ihnen der Jahresherrscher ein gesundes Selbstbewusstsein. Trotzdem sollten Sie gerade dem Partner gegenüber immer realistisch in Ihrer persönlichen Einschätzung bleiben. Das heißt nicht, dass Sie Ihre Vorzüge nicht ins rechte Licht rücken dürfen.

Beruf, Finanzen: Mit dem Kopf durch die Wand machen Sie sich 2022 noch weniger Freunde als sonst, lieber Büffel. Gerade in diesen Wochen sollten Sie mehr auf Teamgeist bauen und sich zum Wohl der Allgemeinheit kompromissbereit zeigen. Nur so können Sie sicher stellen, dass alle an einem Strang ziehen. Am Ende zählt das Ergebnis und nicht, wer recht gehabt hat.
Tiger und Pferd sind in der Chinesischen Astrologie eine starke Kombination, die den persönlichen Ehrgeiz anfeuern kann. Vielleicht wäre nun ein guter Zeitpunkt, nach der schon länger fälligen Beförderung zu fragen?

Tipp des Monats: Wenn Sie sich die richtigen Mitstreiter suchen, kann in diesen Wochen alles gelingen.

> Getreide reift / Sommersonnenwende < Juni

YING
Tiger

Grundtendenz des Monats: Das Feuer-Pferd bestimmt den Juni und bildet mit dem Tiger eine wirklich energetische Kombination. Nun ist ein guter Zeitpunkt, persönliche Ambitionen zu verfolgen und Projekte an den Start zu bringen, die den eigenen Interessen voll und ganz entsprechen.

Es ist übrigens auch ein guter Monat, um wieder zu reisen. Unterwegs lassen sich nämlich wertvolle Bekanntschaften machen, die den weiteren Lebensweg bereichern können. Mal ganz abgesehen davon, dass neue Eindrücke dem Tiger frische Inspiration geben können, die dann in alle Bereiche seines Lebens einfließen können.

Liebe, Familie, Freundschaft: Das starke Feuer kann in diesen Wochen auch dafür verantwortlich gemacht werden, dass es zuweilen in den eigenen vier Wänden etwas lauter zugeht. Die verschiedenen Temperamente prallen jetzt einfach mehr aufeinander als sonst und die Reibung ist entsprechend höher. Der Tiger sollte sich nicht so sehr in die Auseinandersetzungen hineinreißen lassen, sondern lieber versuchen, mit Ruhe und Besonnenheit eine Lösung zu finden, auch wenn das manchmal schwer fallen dürfte.

In der Liebe geht es nun darum, ein gutes Gegengewicht zur starken Yang-Energie zu schaffen. Auch im Juni sollte Platz sein für das sanfte Yin.

Beruf, Finanzen: Wer sich nun mit Kollegen oder Konkurrenten messen möchte, tut gut daran, das auf einer freundlichen Ebene zu tun und dafür klare Regeln aufzustellen. Und sollten Sie nicht als Gewinner aus dem Wettstreit hervorgehen, nehmen Sie es sportlich! Wer sich in diesem Monat als fairer Verlierer zeigt, gewinnt den Respekt und die Anerkennung des gesamten Teams.

Ein gutes Team spielt in diesen Wochen ohnehin eine wichtige Rolle für den Erfolg. Gemeinsam lassen sich mögliche Hürden einfacher überwinden, die zahlreichen Aufgaben gerechter verteilen und mehr Freude bereitet das Ganze auch.

Tipp des Monats: Machen Sie rechtzeitig Pause! Das starke Feuer kann sonst in diesen Wochen zu Erschöpfung führen.

MAO
Hase

Grundtendenz des Monats: Im Juni bringt es dem Hasen recht wenig, wenn er einfach nur zu Hause sitzt und darauf wartet, dass etwas passiert. Der Tiger wünscht sich von seinen Untertanen 2022 schon ein bisschen mehr Aktivität! Wer also gute Gelegenheiten bekommen möchte, muss sie in diesen Wochen schon suchen.

Ein starkes Feuerelement kann jetzt dafür sorgen, dass so manche Idee des Hasen Gestalt annehmen darf. Da kommt es jetzt auf Sie an, wie Sie das nach außen bringen! Je selbstbewusster sie auftreten, desto mehr begeisterte Mitstreiter lassen sich gewinnen. Sie müssen Ihr Licht nicht unter den Scheffel stellen.

Liebe, Familie, Freundschaft: Gemeinsame Aktivitäten im Familienkreis werden nun ganz besonders geschätzt - besonders, wenn sie draußen in der Natur stattfinden. Dabei darf vor allem der eigenen Nachwuchs ruhig ein bisschen mehr Auslauf bekommen. Vielleicht haben Sie ja nun auch Freude daran, sich spielerisch mit Ihren Lieben zu messen?

Mit dem Feuerelement kann auch mehr Leidenschaft auf allen Ebenen in die Partnerschaft kommen. Das mag für den feinfühligen Hasen vielleicht nicht immer ganz einfach zu nehmen sein, vor allem, wenn er sich in bestimmten Situationen überrumpelt fühlt.

Beruf, Finanzen: Tiger und Pferd sind eine gute Kombination, wenn es darum geht, den eigenen Ehrgeiz voran zu treiben. Dafür kann es aber am Arbeitsplatz nun nötig sein, sich klarer zu positionieren. Nur so lassen sich engagierte Mitstreiter gewinnen, die Ihre Sache mit vorantreiben.

Zart besaitete Hasen tun wahrscheinlich gut daran, sich nun aus dem Trubel ein wenig mehr herauszuziehen. Der Ton kann nämlich schon einmal etwas schärfer werden. Je weniger Angriffsfläche Sie da geben, umso weniger müssen Sie sich aktiv verteidigen. Bedenken Sie aber, dass das auch bedeuten kann, dass Sie nicht alle Früchte Ihrer Arbeit einsammeln.

Tipp des Monats: Manchmal ist es wichtig, etwas forscher aufzutreten.

SHENG
Drache

Grundtendenz des Monats: Im Juni darf der Drache nach Herzenslust unterwegs sein. Mit einem energiegeladenen Feuer-Pferd an seiner Seite lässt er sich so schnell sicher nicht die Freude am Reisen nehmen und wischt mögliche Einschränkungen einfach zur Seite. Wer sich jetzt auf den Weg macht, kann viel für sich selbst erreichen.

Das starke Feuer-Element kann in diesen Wochen durchaus dazu führen, dass Sie auf Ihre Umgebung etwas übermotiviert wirken. Nicht jeder ist so schnell für eine Sache zu begeistern wie Sie selbst! Da braucht es nun vielleicht doch ein bisschen mehr Geduld, um auch wirklich alle mitzunehmen.

Liebe, Familie, Freundschaft: Das viele Feuer kann sich natürlich auch auf der Beziehungsebene auswirken. Wer jedoch leidenschaftlich liebt, der kann in der Regel auch leidenschaftlich streiten… überlegen Sie es sich lieber vorher, wie stark Sie jetzt die Extreme leben wollen.

Nehmen Sie sich die Zeit, um sich spielerisch mit dem eigenen Nachwuchs zu messen. Das kann eine enorme Motivation für Ihre Kinder sein - vor allem, wenn Sie Ihnen eine Chance lassen.

Sie sind immer noch auf der Suche nach der großen Liebe? Vielleicht sollten Sie das Ganze ein bisschen weniger idealisiert angehen. Schließlich suchen Sie einen Menschen, mit dem sie dauerhaft den Alltag teilen wollen, oder?

Beruf, Finanzen: Ein gesunder Ehrgeiz hat noch niemandem geschadet. Mit der Kombination aus Tiger und Pferd werden im Juni die persönlichen Ambitionen noch mehr in den Vordergrund gestellt. Achten Sie einfach nur darauf, dass es fair zugeht! Das erhöht nicht nur die langfristigen Erfolgsaussichten, sondern macht auch allen Beteiligten deutlich mehr Spaß.

Mit den richtigen Mitstreitern kann jetzt so ziemlich alles gelingen. Halten Sie also jetzt die Augen auf und suchen Sie sich tatkräftige Partner.

Tipp des Monats: Bleiben Sie offen für Ratschläge, die man Ihnen jetzt anbietet. In diesem Monat können Sie eine Reihe von Menschen treffen, die Sie weiterbringen.

SZE
Schlange

Grundtendenz des Monats: Ein starkes Feuerelement erlaubt der Schlange im Juni, ihren persönlichen Ambitionen stärker nachzugehen. Auch wenn der Tiger Sie zusammen mit dem Pferd nun ordentlich antreibt, sollten Sie bei allem Ehrgeiz nicht die zwischenmenschliche Komponente vergessen. Es ist sicher gut, wenn Sie sich entwickeln dürfen, aber bitte nicht auf Kosten anderer.

Achten Sie in diesem Monat auf eine gute Erdung und stellen Sie Ihre Aktivitäten auf ein stabiles Fundament. Sonst kann das starke Feuer dazu führen, dass Sie sich zu sehr erschöpfen. In diesem Fall ist dann das Ergebnis ziemlich mau, der Stress dafür aber umso größer.

Liebe, Familie, Freundschaft: Mit dem Pferd ist im Juni mehr Aktivität angesagt. Gehen Sie raus und genießen Sie den Sommer! Darüber freut sich die Familie genauso wie Ihr Körper, dem die zusätzliche Bewegung nur gut tun kann.

In der Partnerschaft steht das Pferd für das männliche Prinzip. Zusammen mit dem Tiger gilt das noch mehr, denn diese beiden sind in der Chinesischen Astrologie Teil des Jagddreiecks. Sie haben nun zwei Möglichkeiten: Entweder leben Sie diese yangigen Aspekte nun mehr aus Ihrer Beziehung oder Sie finden den Gegenpol in mehr Sanftheit und Einfühlungsvermögen.

Beruf, Finanzen: Mit der richtigen Unterstützung kann Ihnen nun fast alles gelingen. Suchen Sie sich also beizeiten ein Team, in dem Sie Ihren Stärken optimal ausspielen können. Wer jetzt starke Seilschaften bildet, den bringt der Tiger im Juni ein ordentliches Stück voran.

Es mag sein, dass Sie sich in diesen Wochen mehr bewegen müssen, damit Sie das gewünschte Ergebnis erreichen. Das kann bedeuten, dass Sie auf Reisen gehen oder auch einfach nur den Blickwinkel ändern sollten. In beiden Fällen können neue Erkenntnisse gewonnen werden, die Ihr Tun in den nächsten Monaten nachhaltig beeinflussen können.

Tipp des Monats: Mit den richtigen Menschen an Ihrer Seite kann Ihnen nun alles gelingen. Halten Sie die Augen auf!

WU Pferd

Grundtendenz des Monats: In seinem eigenen Monat mag das Pferd das Gefühl haben, dass den eigenen Ambitionen keine Grenzen gesetzt sind. Das gilt 2022 um so mehr, denn auch der aktuelle Jahresregent unterstützt das Pferd voll und ganz bei seinen ehrgeizigen Projekten. So können Sie jetzt im Juni wirklich ein gutes Stück vorankommen und die eigenen Ideen in die Welt tragen.

Wem bislang noch die zündende Idee gefehlt hat, der sollte sich nun bitte nicht in Aktionen stürzen, bloss um aktiv zu sein. Heben Sie sich diese Energie lieber auf für etwas, wofür Ihr Herz wirklich brennt. Alles andere ist jetzt pure Zeitverschwendung.

Liebe, Familie, Freundschaft: Das Feuerelement ist im Juni mit einem Feuer-Pferd besonders stark ausgeprägt. Da kann es auf der partnerschaftlichen Ebene jetzt durchaus schon einmal etwas hitziger zugehen. Achten Sie auf Ihre verbale und non-verbale Kommunikation. Kleine Nuancen können einen großen Unterschied machen - je nachdem, wie empfindsam Sie und Ihre bessere Hälfte sich gerade fühlen.

Wer kann Sie in Ihrem persönlichen Umfeld jetzt am besten unterstützen? Suchen Sie den Kontakt zu Freunden oder auch älteren Familienmitgliedern, die Ihnen nun gerne mit Rat und Tat zur Seite stehen.

Beruf, Finanzen: Versprechen Sie nichts, was Sie nicht halten können! Sie können sich noch so stark und leistungsfähig fühlen. Wenn die äußeren Umstände nicht stimmen, gibt es am Ende trotzdem nicht das gewünschte Ergebnis. Deshalb ist es nun besser, die Bälle flach zu halten und realistische Ziele zu definieren. So setzen Sie sich selbst nicht zu sehr unter Druck.

Mit dem richtigen Team an seiner Seite kann das Pferd wunderbar aufblühen. Damit Sie nun passende Mitstreiter finden können, sollten Sie sich nicht von der ersten Begeisterungswelle mitreißen lassen, sondern auch die Fakten prüfen.

Tipp des Monats: Nehmen Sie es den Anderen nicht übel, wenn sie Ihre Begeisterung jetzt nicht teilen.

WEI Ziege

Grundtendenz des Monats: Yin und Yang dürften sich in diesem Monat für die meisten Ziegen in der Waage halten. Mit dem Pferd kommt im Juni nämlich Ihr Gegenpart ins Spiel, der dafür sorgt, dass Sie wenn nötig aktiver werden können. Sie sollten sich also spätestens jetzt aus dem Schneckenhaus herauswagen und Ihren Weg konsequent beschreiten.

Ein wichtiger Aspekt für die Ziege kann nun sicher das Reisen sein. Wer jetzt unterwegs ist, hat die besten Chancen, genau die Menschen zu treffen, die langfristig helfen können, die eigenen Ziele zu erreichen. Mal ganz abgesehen davon kann die Ziege so auch wunderbar den eigenen Horizont erweitern.

Liebe, Familie, Freundschaft: Ein sehr starkes Feuerelement bestimmt den Monat. Das sind im Prinzip erst einmal keine schlechten Voraussetzungen für mehr Liebe und Leidenschaft in bestehenden und neuen Beziehungen.

Ein starkes Feuer bedeutet allerdings auch, dass der Geduldsfaden jetzt schneller reißt und es dadurch bei Auseinandersetzungen schon einmal ein wenig lauter zugehen kann. Für empfindsame Ziege mag das nun nicht angenehm sein. Trotzdem sollten Sie sich nicht gleich kampflos zurückziehen. Im Jahr des Tigers sind Siein der Lage, für Ihre Meinung einzustehen.

Beruf, Finanzen: Auf der beruflichen Ebene werden persönliche Ambitionen durch die Kombination aus Pferd und Tiger nun meist gut unterstützt. Davon kann die Ziege allerdings nur profitieren, wenn Sie ihren persönlichen Ehrgeiz zulässt und offen Ansprüche anmeldet. Sie können nicht erwarten, dass man nun automatisch darauf kommt, Sie zu berücksichtigen.

Läuft es gerade richtig gut für Sie, ist es legitim auch an die zu denken, die es nicht so gut angetroffen haben. Wenn Sie selbst noch nicht Ihre Schäfchen im Trockenen haben, konzentrieren Sie sich nun lieber auf die eigenen Angelegenheiten.

Tipp des Monats: Sie sind stärker, als man das von Ihnen denken mag. Lassen Sie sich jetzt bitte nicht die Butter vom Brot nehmen.

SUNG
Affe

Grundtendenz des Monats: Im Juli wird die Energie des Jahresregenten von einem ehrgeizigen Feuer-Pferd verstärkt. Das kann für den Affen nun bedeuten, dass er sich in allen Bereichen doppelt anstrengen muss, wenn er mit seinen Methoden erfolgreich sein will. Alternativ dazu könnte er sich auch überlegen, vielleicht doch einmal die Strategien des Tigers anzuwenden. Warum gegen den Strom schwimmen, wenn es auch anders geht.

Vieles kann nun erreicht werden, wenn man nicht an einem festen Platz bleibt. Je mehr sich der Affe nun bewegt, desto einfacher kann er seinen Blickwinkel verändern und mit neuen, ihm durchaus ungewohnten Strategien punkten.

Liebe, Familie, Freundschaft: Das Pferd bringt im Juni ordentlich Feuer ins Spiel. Dadurch kann es passieren, dass so mancher Affe ungewohnt gereizt auf Kritik oder freundlich gemeinte Sticheleien seiner Lieben reagiert. Wenn Sie merken, dass sie unnötig aufgeregt haben, sollten Sie sich nicht zu schade sein, direkt um Entschuldigung zu bitten.

Mit dem richtigen Partner an der Seite kann nun fast alles gelingen. Auch wenn der Jahresregent eher ein Einzelkämpfer ist, sollte der Affe sich nun seiner besseren Hälfte anvertrauen und ruhig auch ungewöhnlichen Rat annehmen.

Beruf, Finanzen: Auch wenn Sie felsenfest überzeugt sind, dass Sie Recht haben, heißt das jetzt nicht automatisch, dass das Kollegen oder Vorgesetzte genauso sehen. Vielleicht sollten Sie Ihre Aussagen lieber noch einmal überprüfen. Wenn Sie dann feststellen, dass Sie doch richtig liegen, suchen Sie sich einen einflussreichen Fürsprecher, um die eigene Position zu verteidigen.

Für ehrgeizige Affen wird der Juni sicher ein anstrengender und spannender Monat auf der beruflichen Ebene. Lassen Sie sich nun von frischen Einflüssen inspirieren und gehen Sie die Umsetzung voller Elan und Tatkraft an.

Tipp des Monats: Bleiben Sie bescheiden, auch wenn Sie nun Anerkennung erfahren. Wer zu viel über seine Erfolge berichtet, ruft nun schnell Neider auf den Plan.

YU
Hahn

Grundtendenz des Monats: Das Pferd hat im Juni einen wirklich großen Anteil Feuer im Gepäck. Hinzu kommt außerdem, dass in Kombination mit Tiger dieses Element zusätzlich gestärkt wird. Dem Hahn stehen also energetische Zeiten bevor, die er auf unterschiedliche Weise nutzen kann.

Wer ohnehin schon unter Druck steht, sollte die Bälle in den kommenden vier Wochen lieber flach halten und sich zum Beispiel mehr um die eigene Gesundheit kümmern, indem er für mehr Entspannung sorgt. Wem es dagegen bislang im Tigerjahr an Energie oder Motivation gemangelt hat, der kann nun deutlich engagierter zur Tat schreiten.

Liebe, Familie, Freundschaft: Wenn Sie sich mehr Hilfe wünschen, können Sie jetzt im Juni sicher die richtigen Menschen treffen. Vielleicht befinden sich diese sogar in Ihrem unmittelbaren Umfeld und Sie haben das bislang nur noch nicht gemerkt… Manchmal braucht es nur ein bisschen mehr Offenheit, damit die Energie in die richtige Richtung fließt.

Wenn es nicht unbedingt nötig ist, sollten Sie jetzt wirklich keinen Streit mit dem Partner vom Zaun brechen. Die Atmosphäre heizt sich bei der starken Feuerenergie besonders leicht auf und es könnte lauter zugehen, als Ihnen das lieb ist. Halten Sie sich also lieber etwas mehr zurück.

Beruf, Finanzen: Pferd und Tiger sind ein gutes Gespann, wenn es darum geht, ehrgeizige Projekte auf den Weg zu bringen. Das dürfte vor allem ambitionierte Hähne freuen, die nun ein gutes Stück voran kommen können. Nun sollte es auch besser gelingen, Mitstreiter für Ihre Ideen zu finden und diese für die Sache zu begeistern. Bleiben Sie gerecht bei der Aufgabenverteilung und setzen Sie jeden nach seinen wirklichen Fähigkeiten ein.

Wenn der Erfolg sich nun einstellt, ist es wichtig, bescheiden zu bleiben und allen Beteiligten Ihre Wertschätzung zu zeigen.

Tipp des Monats: Begeistern Sie auch andere für Ihre Ideen! Auf Dauer können Sie nicht immer alles alleine auf den Weg bringen.

> Getreide reift / Sommersonnenwende < Juni

SHIH
Hund

Grundtendenz des Monats: Für ehrgeizige Hunde kann der Juni der beste Monat seit langem werden. Pferd und Tiger geben den eigenen Ambitionen Nahrung. Wenn Sie nicht übermütig werden, sollten Sie Ihren Zielen ein gutes Stück näher kommen.

Das Feuerelement ist allerdings jetzt ganz besonders stark ausgeprägt. Das heißt, dass Sie darauf achtem müssen, das der Stress in diesen Wochen nicht Überhand nimmt und Sie sich vor lauter Begeisterung nicht zu viel zumuten. Es nützt Ihnen gar nichts, wenn die Zeichen hervorragend stehen, Sie aber nicht in der Lage sind, die Situation zu Ihren Gunsten zu nutzen, weil Sie sich verausgabt haben. Hören Sie jetzt besonders gut auf die Zeichen, die Ihr Körper Ihnen gibt.

Liebe, Familie, Freundschaft: Privaten Stress kann der Hund nie gut gebrauchen - noch weniger, wenn er sich eigentlich lieber auf seinen beruflichen Erfolg konzentrieren möchte. Bedingt durch das starke Feuer kann man jedoch in den eigenen vier Wänden jetzt schneller aneinander geraten als noch in den letzten Monaten. Meist entzündet sich der Streit an Kleinigkeiten. Je aufmerksamer Sie sich verhalten, desto einfacher wird es, mögliche Auseinandersetzungen im Keim zu ersticken. Leidenschaft und Zärtlichkeit dürften im Juni in harmonischen Beziehungen sicher nicht zu kurz kommen. Genießen Sie die zusätzliche Zuwendung.

Beruf, Finanzen: Wer jetzt nicht durchstartet, ist wirklich selbst schuld! Mehr Unterstützung als im Juni kann der Hund kaum erwarten. Tiger und Pferd stehen ihm zur Seite, damit er seine Pläne nicht nur zeigen kann, sondern auch gleich mit der Umsetzung beginnt. Sie müssen nur fest an sich glauben, dann kann im Grunde nichts mehr schief gehen.

Mentoren und Unterstützer lassen sich jetzt recht einfacher finden, wenn der Hund offen zeigt, was in ihm steckt. Klappern gehört dafür allerdings zum Handwerk.

Tipp des Monats: Ihre Pläne umzusetzen sollte jetzt die erste Priorität sein. Lassen Sie sich nicht von Ihrem Weg abbringen.

HAN
Schwein

Grundtendenz des Monats: Ruhig zu bleiben dürfte in diesem Monat gar nicht so einfach für das Schwein sein. Mit dem Pferd kommt jetzt so viel Feuer ins Spiel, dass Ihre Gelassenheit sicher so manches Mal an ihre Grenzen gelangt. Da hilft wirklich nur, immer schön geerdet zu bleiben und sich von aufkommenden Stürmen nicht aus dem Gleichgewicht bringen zu lassen.

Lassen Sie sich nun besser nicht in Auseinandersetzungen verwickeln, mit denen Sie im Grunde nichts zu tun haben. Der Tiger schätzt es nicht, wenn man sich in seine Angelegenheiten einmischt. Legen Sie es also nicht darauf an, zwischen die Fronten zu geraten.

Liebe, Familie, Freundschaft: Wer jetzt sucht, der wird sicher auch fündig. Wagen Sie sich also bitte aus Ihrem behaglichen Heim heraus und lernen Sie neue Leute kennen. Ob sich so eine Freundschaft oder sogar eine Beziehung entwickeln kann, ist erst einmal zweitrangig.

Das Feuer ist wirklich enorm stark im Juni, was sich auch auf den persönlichen Umgang miteinander auswirken kann. Wenn Sie kein Freund von leidenschaftlichen Diskussionen sind, haben Sie jetzt wahrscheinlich keine allzu guten Karten. Anstatt gleich den Kopf einzuziehen, sollten Sie mit intelligenten Argumenten die Sache für sich entscheiden.

Beruf, Finanzen: Auf der beruflichen Ebene kann sich die feurige Kombination aus Pferd und Tiger durchaus positiv auswirken. Der persönliche Ehrgeiz wird gestärkt und damit auch die Zielstrebigkeit. Das kann Ihnen nicht nur helfen, sich jetzt gegenüber möglicher Konkurrenz besser durchzusetzen, sondern auch dafür sorgen, dass Sie wieder so richtig Freude an Ihrem Tun bekommen. Wer die Gelegenheit zum Reisen bekommt, sollte das Angebot nun annehmen. Dabei können sich interessante neue Kontakte ergeben, die sich im Verlauf des restlichen Jahres noch als wertvoll erweisen können.

Tipp des Monats: Bleiben Sie auf dem Boden der Tatsachen, auch wenn sich die Dinge gerade positiv entwickeln.

Juni 2022	Jahreskonstellation – Wasser Tiger Monatskonstellation – Feuer Pferd

1. Holz Hahn	Ratte **Büffel** Tiger Hase Drache **Schlange** Pferd Ziege **Affe Hahn** Hund Schwein **Günstig:** Gartenarbeit, Feiern, Hochzeit, Dinge zum Abschluss bringen. **Ungünstig:** keine Anschuldigungen gegen Dritte erheben.
2. Feuer Hund	Ratte Büffel **Tiger** Hase Drache Schlange **Pferd** Ziege Affe Hahn **Hund Schwein** **Günstig:** Gartenarbeit, Hochzeit, Dinge zum Abschluss bringen. **Ungünstig:** Umzug, Reisen, Geschäftseröffnung.
3. Feuer Schwein	Ratte Büffel Tiger **Hase** Drache Schlange Pferd **Ziege** Affe Hahn **Hund Schwein** **Günstig:** Ausruhen, Meditation, seinen Hobbys nachgehen. **Ungünstig:** wichtige Unternehmungen.
4. Erd Ratte	**Ratte Büffel** Tiger Hase **Drache** Schlange Pferd Ziege **Affe** Hahn Hund Schwein **Günstig:** Amüsieren, mit Freunden ausgehen, Freizeitaktivitäten. **Ungünstig:** geschäftliche Aktivitäten, neue Dinge anfangen.
5. Erd Büffel	**Ratte Büffel** Tiger Hase Drache **Schlange** Pferd Ziege Affe **Hahn** Hund Schwein **Günstig:** für die meisten Aktivitäten, Geschäftsabschlüsse, Partnerschaft. **Ungünstig:** negative Bemerkungen über andere Menschen.
6. Metall Tiger	Ratte Büffel **Tiger Hase** Drache Schlange **Pferd** Ziege Affe Hahn **Hund** Schwein **Günstig:** für die meisten Aktivitäten, Geschäftsabschlüsse, Partnerschaft. **Ungünstig:** negative Bemerkungen über andere Menschen.
7. Metall Hase	Ratte Büffel **Tiger Hase** Drache Schlange Pferd **Ziege** Affe Hahn Hund **Schwein** **Günstig:** Handel, Geschäftseröffnungen, Hochzeiten und andere Feste planen. **Ungünstig:** Beerdigungen, Reisen, Arztbesuche.
8. Wasser Drache	**Ratte** Büffel Tiger Hase **Drache Schlange** Pferd Ziege **Affe** Hahn Hund Schwein **Günstig:** Handwerkliche Aktivitäten, Handel, Hochzeiten, Reisen. **Ungünstig:** Trauerfeiern und Beerdigungen, schwere körperliche Arbeit.
9. Wasser Schlange	Ratte **Büffel** Tiger Hase **Drache Schlange** Pferd Ziege Affe **Hahn** Hund Schwein **Günstig:** Ankündigungen machen, Beerdigungen, Trauerfeiern. **Ungünstig:** Handel, Vergnügungen, Freizeitaktivitäten.
10. Holz Pferd	Ratte Büffel **Tiger** Hase Drache Schlange **Pferd Ziege** Affe Hahn **Hund** Schwein **Günstig:** Kleidung schneidern, Handel, Buchhaltung, Ausflüge, neue Dinge beginnen. **Ungünstig:** Geschäfte eröffnen, Kraftanstrengungen, Reisen, Ersparnisse ausgeben.
11. Holz Ziege	Ratte Büffel Tiger **Hase** Drache Schlange **Pferd Ziege** Affe Hahn Hund **Schwein** **Günstig:** Putzen, waschen, fasten, seelische und körperliche Pflege, Arztbesuche. **Ungünstig:** Ausdauersport, Reisen, Hochzeit.
12. Feuer Affe	**Ratte** Büffel Tiger Hase **Drache** Schlange Pferd Ziege **Affe Hahn** Hund Schwein **Günstig:** Umziehen, Reisen, Hochzeiten, Empfänge, wichtige Konferenzen. **Ungünstig:** geistige Arbeiten, Gartenarbeit, häusliche Tätigkeiten.
13. Feuer Hahn	Ratte **Büffel** Tiger Hase Drache **Schlange** Pferd Ziege **Affe Hahn** Hund Schwein **Günstig:** Versammlungen, gerechte Verteilungen, Hochzeit, Konferenzen, Umzug. **Ungünstig:** Gartenarbeit, Dinge zum Abschluss bringen.
14. Erd Hund	Ratte Büffel **Tiger** Hase Drache Schlange **Pferd** Ziege Affe Hahn **Hund Schwein** **Günstig:** Gartenarbeit, Feiern, Hochzeit, Dinge zum Abschluss bringen. **Ungünstig:** keine Anschuldigungen gegen Dritte erheben.
15. Erd Schwein	Ratte Büffel Tiger **Hase** Drache Schlange Pferd **Ziege** Affe Hahn **Hund Schwein** **Günstig:** Gartenarbeit, Hochzeit, Dinge zum Abschluss bringen. **Ungünstig:** Umzug, Reisen, Geschäftseröffnung.

Ob ein Tag besonders günstig für Ihr Tierzeichen ist, sehen Sie an folgenden Farben:
Rot = sehr günstig, Grau = günstig, Schwarz = nicht günstig

16. Metall Ratte	**Ratte Büffel** Tiger Hase **Drache** Schlange Pferd Ziege **Affe** Hahn Hund Schwein **Günstig:** Ausruhen, Meditation, seinen Hobbys nachgehen. **Ungünstig:** wichtige Unternehmungen.
17. Metall Büffel	**Ratte Büffel** Tiger Hase Drache **Schlange** Pferd Ziege Affe **Hahn** Hund Schwein **Günstig:** Amüsieren, mit Freunden ausgehen, Freizeitaktivitäten. **Ungünstig:** geschäftliche Aktivitäten, neue Dinge anfangen.
18. Wasser Tiger	Ratte Büffel **Tiger Hase** Drache Schlange **Pferd** Ziege Affe Hahn **Hund** Schwein **Günstig:** für die meisten Aktivitäten, Geschäftsabschlüsse, Partnerschaft. **Ungünstig:** negative Bemerkungen über andere Menschen.
19. Wasser Hase	Ratte Büffel **Tiger Hase** Drache Schlange Pferd **Ziege** Affe Hahn Hund **Schwein** **Günstig:** Handel, Geschäftseröffnungen, Hochzeiten und andere Feste planen. **Ungünstig:** Beerdigungen, Reisen, Arztbesuche.
20. Holz Drache	**Ratte** Büffel Tiger Hase **Drache Schlange** Pferd Ziege **Affe** Hahn Hund Schwein **Günstig:** Handwerkliche Aktivitäten, Handel, Hochzeiten, Reisen. **Ungünstig:** Trauerfeiern und Beerdigungen, schwere körperliche Arbeit.
21. Holz Schlange	Ratte **Büffel** Tiger Hase **Drache Schlange** Pferd Ziege Affe **Hahn** Hund Schwein **Günstig:** Ankündigungen machen, Beerdigungen, Trauerfeiern. **Ungünstig:** Handel, Vergnügungen, Freizeitaktivitäten.
22. Feuer Pferd	Ratte Büffel **Tiger** Hase Drache Schlange **Pferd Ziege** Affe Hahn **Hund** Schwein **Günstig:** Kleidung schneidern, Handel, Buchhaltung, Ausflüge, neue Dinge beginnen. **Ungünstig:** Geschäfte eröffnen, Kraftanstrengungen, Reisen, Ersparnisse ausgeben.
23. Feuer Ziege	Ratte Büffel Tiger **Hase** Drache Schlange **Pferd Ziege** Affe Hahn Hund **Schwein** **Günstig:** Putzen, waschen, fasten, seelische und körperliche Pflege, Arztbesuche. **Ungünstig:** Ausdauersport, Reisen, Hochzeit.
24. Erd Affe	**Ratte** Büffel Tiger Hase **Drache** Schlange Pferd Ziege **Affe Hahn** Hund Schwein **Günstig:** Umziehen, Reisen, Hochzeiten, Empfänge, wichtige Konferenzen. **Ungünstig:** geistige Arbeiten, Gartenarbeit, häusliche Tätigkeiten.
25. Erd Hahn	Ratte **Büffel** Tiger Hase Drache **Schlange** Pferd Ziege **Affe Hahn** Hund Schwein **Günstig:** Versammlungen, gerechte Verteilungen, Hochzeit, Konferenzen, Umzug. **Ungünstig:** Gartenarbeit, Dinge zum Abschluss bringen.
26. Metall Hund	Ratte Büffel **Tiger** Hase Drache Schlange **Pferd** Ziege Affe Hahn **Hund Schwein** **Günstig:** Gartenarbeit, Feiern, Hochzeit, Dinge zum Abschluss bringen. **Ungünstig:** keine Anschuldigungen gegen Dritte erheben.
27. Metall Schwein	Ratte Büffel Tiger **Hase** Drache Schlange Pferd **Ziege** Affe Hahn **Hund Schwein** **Günstig:** Gartenarbeit, Hochzeit, Dinge zum Abschluss bringen. **Ungünstig:** Umzug, Reisen, Geschäftseröffnung.
28. Wasser Ratte	**Ratte Büffel** Tiger Hase **Drache** Schlange Pferd Ziege **Affe** Hahn Hund Schwein **Günstig:** Ausruhen, Meditation, seinen Hobbys nachgehen. **Ungünstig:** wichtige Unternehmungen.
29. Wasser Büffel	**Ratte Büffel** Tiger Hase Drache **Schlange** Pferd Ziege Affe **Hahn** Hund Schwein **Günstig:** Amüsieren, mit Freunden ausgehen, Freizeitaktivitäten. **Ungünstig:** geschäftliche Aktivitäten, neue Dinge anfangen.
30. Holz Tiger	Ratte Büffel **Tiger Hase** Drache Schlange **Pferd** Ziege Affe Hahn **Hund** Schwein **Günstig:** für die meisten Aktivitäten, Geschäftsabschlüsse, Partnerschaft. **Ungünstig:** negative Bemerkungen über andere Menschen.

TZE
Ratte

Grundtendenz des Monats: Die Feuerqualität des vergangenen Monats hält auch im Juli weiter an - diesmal allerdings vor allem in der sanften Yin-Ausprägung. Die Ziege bringt zudem auch noch einen guten Anteil an Yin-Erde mit. Für die Ratte bedeutet das, dass es in diesen Wochen verstärkt um emotionale und zwischenmenschliche Themen gehen dürfte.

Das kann für die Ratte sicher auch bedeuten, dass sie sich mehr kümmern muss als in den ersten Monaten des Tiger-Jahres. Wenn es nun in erster Linie um die Belange anderer geht, ist das nicht weiter schlimm. Schon ab dem nächsten Monat können Sie sich wieder mehr um die eigenen Angelegenheiten kümmern.

Liebe, Familie, Freundschaft: Wer in diesem Monat bereit ist, sein Herz zu öffnen, kann im Bereich der persönlichen Beziehungen wirklich Wunderbares erleben. Das gilt für bestehende Beziehungen genauso wie für neue zarte Bande, die nun besonders gut geknüpft werden können. Wer jetzt Unterstützung braucht, kann diese mit großer Wahrscheinlichkeit im Freundeskreis finden. Es ist wichtig, dass Sie sich jemandem anvertrauen, der Sie kennt und schon länger begleitet. Der Jahresregent weiß Ihre Offenheit zu schätzen und wird Ihnen sicher helfen, eine langfristige Lösung zu finden.

Beruf, Finanzen: Auf der einen Seite wünscht sich die Ratte die Anerkennung in der Gruppe, auf der anderen Seite möchte sie im Jahr des unabhängigen Wasser-Tigers auch als eigenständig wahrgenommen werden. Wenn Sie sich Ihre Situation genau betrachten, muss das eine das andere gar nicht ausschließen. Wenn Sie sich in einigen Bereichen integrieren und einen Beitrag leisten, können Sie sich in anderen Bereichen in der Regel ohne Probleme abgrenzen.

Behalten Sie in diesen Wochen bitte Ihre Finanzen im Blick und vermeiden Sie unnötige Ausgaben.

Tipp des Monats: Warten Sie nicht, bis Ihre Reserven erschöpft sind, sondern leiten Sie beizeiten die nötigen Schritte ein.

KIU
Büffel

Grundtendenz des Monats: Am liebsten würden Sie nun in der Anonymität der Masse untertauchen und sich unsichtbar machen. Das ist kein Grund zur Besorgnis, denn so ergeht es den meisten von uns ab und an. Vor allem, wenn mit der Ziege nun ein Tierzeichen den Monat begleitet, das sich in der Herde deutlich wohler fühlt als im Rampenlicht.

Wenn Sie schon wieder die Kohlen für andere aus dem Feuer holen sollen, ist es an der Zeit, Ihre Hilfsbereitschaft zu überdenken. Sicher ist es lobenswert, andere Menschen zu unterstützen - aber nur so lange, wie es die eigenen Pläne nicht vollkommen durchkreuzt. Wie fast immer geht es auch hier darum, ein funktionierendes Gleichgewicht zu finden.

Liebe, Familie, Freundschaft: In nicht mehr ganz frischen Beziehungen mag das Feuer nun nicht mehr so intensiv lodern wie noch in den Monaten zuvor. Dafür können Sie mit viel Zärtlichkeit und Aufmerksamkeit eine ganz neue Qualität in Ihrer Partnerschaft erreichen.

Familiäre Themen wollen nun nicht länger aufgeschoben werden. Stellen Sie sich besser nicht länger taub, sondern gehen Sie die Sache aktiv an. Mit Hilfe der Ziege kommt das nötige Mitgefühl ins Spiel, so dass Sie allen gerecht werden können, ohne sich großartig verstellen zu müssen.

Beruf, Finanzen: In diesen Wochen kann sich die Problemlösung zuweilen etwas schwierig gestalten. Büffel und Ziege stehen im Chinesischen Tierkreis in der Opposition und haben dementsprechend vollkommen unterschiedliche Ansätze. Bevor man sich die Köpfe heiß redet, wäre es jetzt wahrscheinlich besser, eine Entscheidung bist in den nächsten Monat zu vertagen.

Der Teameinsatz vom letzten Monat darf im Juli gerne noch fortgesetzt werden. Nun ist nicht die Zeit für ambitionierte Alleingänge. Das kommt weder beim Chef noch bei den Kollegen gut an.

Tipp des Monats: Es ist wichtig, dass Sie nun mit Ihren Reserven haushalten. Überlegen Sie gut, wie viel Sie geben können.

YING
Tiger

Grundtendenz des Monats: Die Räder drehen sich in diesen Wochen nicht ganz so schnell wie in den letzten Monaten. Das liegt an der Feuer-Ziege, die den Juli begleitet und sich auf keinen Fall hetzen lässt. Für den Tiger ist das eine gute Gelegenheit, die eigenen Batterien aufzuladen und sich einmal ein wenig aus dem Trubel zurückzuziehen. Nutzen Sie die Auszeit weise - schon im nächsten Monat wird das Tempo wieder angezogen.

So mancher Tiger mag sich mehr Unabhängigkeit wünschen. Im Augenblick lässt sich das aber wahrscheinlich nur schwer mit Ihren sozialen Verpflichtungen vereinbaren.

Liebe, Familie, Freundschaft: Die Ziege betont in diesem Monat die weichen Seiten des Tigers. Das dürfte so manchen Partner freuen, der sich schon länger wünscht, dass der Tiger seine Krallen weniger ausfährt. Das bedeutet nicht, dass Sie nun zur harmlosen Schoßkatze mutieren müssen, lieber Tiger. Manchmal kann es aber auch ganz schön sein, wenn man nicht immer Stärke und Autorität zeigen muss.

Wie wertvoll eine Freundschaft ist, zeigt sich immer dann, wenn die Dinge nicht ganz so rosig laufen. Auf wen können Sie in einer schwierigen Situation zählen? Wen würden Sie auch nachts um 2 Uhr noch aus dem Bett klingeln können? Pflegen Sie diese Kontakte! Sie sind enorm wertvoll.

Beruf, Finanzen: Methodisch zu planen ist die Spezialität der Ziege. Warum machen Sie sich diese Eigenschaft jetzt nicht zu Nutze und gehen Projekte, die etwas schleppend laufen unter diesem Gesichtspunkt noch einmal an? Bei genauerer Betrachtung und entsprechender Umstrukturierung können Sie vielleicht das Ganze optimieren.

Sie brauchen wirklich kein schlechtes Gewissen zu haben, wenn Sie sich nun mehr auf Ihre Aktionen konzentrieren. Es ist schließlich Ihr Jahr und da gilt es vor allem, die eigenen Wünsche und Visionen Wirklichkeit werden zu lassen.

Tipp des Monats: Sicherheit auf der einen oder möglichst viele Freiheiten auf der anderen Seite - was ist Ihnen jetzt wichtiger?

MAO
Hase

Grundtendenz des Monats: Auch wenn der Tiger sich wünscht, dass Sie sich sichtbarer machen, fühlt sich so mancher Hase im Juli sicher nicht danach, diesem Wunsch nachzukommen. Das liegt an der Ziege, die den Monat begleitet und sich in der Regel im Schutz der Herde deutlich wohler fühlt als allein auf weiter Flur.

Es mag deshalb für so manchen Hasen ein recht günstiger Zeitpunkt für eine Pause gekommen sein. Gerade wenn Sie schon länger das Gefühl haben, dass Ihre Reserven dringend aufgefüllt werden sollten, dürfen Sie sich etwas mehr zurückziehen. Wichtig ist dabei nur, dass Sie Ihre Motive deutlich äußern, damit das Ganze auf der anderen Seite nicht zu falschen Annahmen führen kann.

Liebe, Familie, Freundschaft: Ziege und Hase stellen beide ganz klar das Wohl Ihrer Lieben in den Vordergrund. Wenn Sie nun also von Partner, Kindern, Eltern oder auch Freunden gebraucht werden, ist es für alle verständlich, wenn Sie sofort alles stehen und liegen lassen. Sie sollten sich aber auch darüber im Klaren sein, dass dadurch eine große Erwartungshaltung entsteht und man Sie nicht so schnell aus der Verantwortung entlässt, wenn Sie einmal nicht sofort springen.

In der Partnerschaft werden auch im Jahr des Tigers Ihre sanften Seiten geschätzt. Das spüren Sie jetzt sicher ganz besonders, denn die Ziege bringt genau diese Eigenschaften in Ihnen besser zum Vorschein.

Beruf, Finanzen: Ihre Zurückhaltung ist jetzt kein Grund, Sie bei Entscheidungen außen vor zu lassen! Sorgen Sie dafür, dass Sie auf jeden Fall gefragt werden und selbst entscheiden können, in wie weit Sie sich einbringen wollen und können. Wenn Sie Ihre eigenen Ideen auf der beruflichen Ebene verwirklichen wollen, müssen Sie sich Ihre Unabhängigkeit bewahren. Da brauchen Sie gar kein schlechtes Gewissen zu haben, wenn Sie gewisse Dinge ablehnen.

Tipp des Monats: Hören Sie auf Ihren Körper und verlangen Sie ihm nicht mehr ab, als er schaffen kann.

> Kleine Hitze / Große Hitze < Juli

SHENG Drache

Grundtendenz des Monats: Vielleicht war das Tempo in den letzten Monaten ein wenig zu rasant für den Drachen. Schließlich muss man sich ja erst einmal wieder an die veränderte Ausgangsbasis gewöhnen. Wer sich nun also ein wenig müde fühlt, tut gut daran, eine Verschnaufpause einzulegen.

Mit der Feuer-Ziege tritt nun ein Tierzeichen auf den Plan, dass vor allem die Yin-Qualitäten fördert. Das bedeutet für den Drachen sicher auch, dass sich der Ton auf der zwischenmenschlichen Ebene verändern darf. So können Sie jetzt offener mit Ihren Emotionen umgehen und müssen nicht immer nur Stärke zeigen.

Liebe, Familie, Freundschaft: Mit Hilfe der sanften Ziege lassen sich die Energiereserven im Kreise der Familie ganz wunderbar auffüllen. Dafür muss der Drache aber zugeben, dass er die Erholung nötig hat. Von alleine kommen Ihre Lieben kaum darauf, dass Sie sich erschöpft fühlen.

Das Yin-Feuer, das die Ziege mitbringt, steht vor allem für Zärtlichkeit und Herzenswärme - Qualitäten, die in bestehenden Beziehungen nun besonders geschätzt werden. Ihr Partner freut sich, wenn er nun Ihre sanfteren, gefühlsbetonten Seiten mehr zu Gesicht bekommt.

Beruf, Finanzen: Schon im letzten Monat ging es mehr um den Einsatz im Team als um Einzelerfolge. Auch im Juli tut der Drache gut daran, sich nicht alleine aufs Podest zu stellen, sondern seine Mitstreiter ebenfalls glänzen zu lassen. Das muss ja nicht bedeuten, dass Sie keine eigenen Entscheidungen mehr treffen dürfen. Ihre Unabhängigkeit kann auch dann gewahrt bleiben, wenn Sie mit Anderen an einem gemeinsamen Ziel arbeiten.

Ein bisschen mehr Methodik kann den meisten Drachen sicher nicht schaden. Dem Tiger ist es enorm wichtig, immer alles unter Kontrolle zu behalten. Das funktioniert für den Drachen nur dann, wenn er gut plant und seine Aufgaben gut organisiert.

Tipp des Monats: Gönnen Sie sich ruhig mehr Zeit, um Ihre Ziele zu erreichen. Rom ist auch nicht an einem Tag erbaut worden.

SZE Schlange

Grundtendenz des Monats: Auf das yangige Pferd folgt in der Chinesischen Astrologie immer die sanfte Ziege. Mit ihr kann die Schlange jetzt wieder mehr durchatmen und darf sich wieder mehr zurückziehen. Die Ziege fühlt sich im Schutz der Herde am wohlsten und hält nun vor allem die erschöpften Schlangen dazu an, erst einmal die eigenen Reserven aufzufüllen.

Ihr Feuer-Element wird im Juli wunderbar ausgeglichen – besonders dann , wenn Sie sich die Zeit nehmen, nach innen zu schauen. Vertrauen Sie sich Ihrer inneren Führung an und erkennen Sie so die größeren Zusammenhänge. Das wird Ihnen helfen, im restlichen Jahr des Tigers nicht vom Weg abzukommen.

Liebe, Familie, Freundschaft: Sie dürfen sich ruhig verletzlich zeigen, liebe Schlange. Kein Mensch verlang von Ihnen, dass Sie es dem Jahresregenten gleich tun und immer Stärke beweisen. Mit der Ziege darf die Schlange jetzt im Juli sich ruhig an die starke Schulter des Partners anlehnen.

Der eigene Nachwuchs braucht nun vielleicht wieder etwas mehr Aufmerksamkeit. Natürlich ist es gut, wenn Sie Ihre Kinder zu mehr Selbständigkeit erziehen, aber manchmal braucht es eben doch noch die elterliche Führung. Da spielt es dann auch kaum eine Rolle, wie alt die Kinder sind.

Beruf, Finanzen: Manche Dinge lassen sich auch im Jahr des entschlossenen Wasser-Tigers nicht schnell lösen. Das hat gar nichts mit Ihren Fähigkeiten zu tun, sondern liegt jetzt eher daran, dass es die Umstände im Augenblick einfach nicht zulassen. Sie können hadern und sich furchtbar ärgern… Sie können aber auch einfach innehalten und die Sache erst einmal mit einer neutralen Stelle besprechen.

Ihre Selbstverwirklichung kann die Schlange vor allem auf der beruflichen Ebene vorantreiben, wenn Sie Ihre eigenen Interessen in Ihre Arbeit integrieren kann.

Tipp des Monats: Sie müssen wirklich kein schlechtes Gewissen haben, wenn Sie etwas tun dürfen, was Sie erfüllt.

> Kleine Hitze / Große Hitze < Juli

WU Pferd

Grundtendenz des Monats: Im Jahr des Tigers darf das Pferd sich selbst verwirklichen und bekommt dazu reichlich gute Gelegenheiten präsentiert. Das dürfen Sie dankbar annehmen und genießen, liebes Pferd! Machen Sie sich jetzt bitte nicht zu viele Gedanken, ob Sie das Ganze auch wirklich verdient haben. Ein schlechtes Gewissen nützt weder Ihnen noch Ihrer Umgebung. Jetzt im Juli können Sie lieber einfach ein bisschen mehr von Ihrem Glück teilen.
Wer das Gefühl hat, dass die eigenen Reserven etwas angegriffen sind, kann jetzt durchaus eine Pause einlegen. Mit der Ziege an seiner Seite kann das Pferd ohne Probleme eine zeitlang abtauchen.

Liebe, Familie, Freundschaft: Im Monat der Ziege steht für das Pferd traditionell das Thema Partnerschaft im Mittelpunkt. Schließlich ergänzt dieses yinige Tierzeichen den eigenen yangigen Aspekt. Dabei kommt es nun darauf an, was beiden Seiten wichtig ist. Sprechen Sie offen über Ihre Vorstellungen und nehmen Sie sich die Zeit, den Kompromiss zu finden, der für beide Seiten passt.
Wer sich in den letzten Wochen mehr um die Karriere als die Familie gekümmert hat, wird nun unter Umständen die Quittung dafür bekommen. Gerade im Jahr des Tigers ist es schon nötig, dass man ein waches Auge auf den Nachwuchs hat, damit dieser mit gewährten Freiheiten vernünftig umgeht.

Beruf, Finanzen: Mit mehr Ordnung und Methodik werden jetzt alle die Pferde unterstützt, die sich ohnehin schon gut ins Zeug legen. Das kann Ihnen helfen, schneller auf den Punkt zu kommen und im Grunde unnötige Arbeiten zu vermeiden.
Mit dem Delegieren klappt es jetzt wahrscheinlich nicht so gut wie noch in den vergangenen Monaten. Vielleicht ist es einfach besser, wenn Sie einige Dinge selbst erledigen. Dann wissen Sie das nächste Mal auch genau, wovon Sie sprechen.

Tipp des Monats: Gestaltet sich die Lösung eines Problems nun als schwierig, dürfen Sie das Ganze ruhig vertagen oder einen Freund um Hilfe bitten.

WEI Ziege

Grundtendenz des Monats: Liegen recht aufregende Zeiten hinter Ihnen, wäre nun vielleicht der richtige Zeitpunkt, einmal tief Luft zu holen. Wer das Gefühl hat, dass sich die eigenen Reserven dem Ende zuneigen, sollte sich rechtzeitig zurückziehen und sich Zeit nehmen, die eigenen Batterien aufzuladen. Das gilt übrigens vor allem für die Ziegen, die sich nach wie vor fast ausschließlich um Andere kümmern.
So manche Ziege mag es aber auch so richtig genießen, dass mit dem Tiger an ihrer Seite in den letzten Monaten so viel in Bewegung geraten ist. Wichtig ist jetzt, dass Sie sich einen sicheren Ankerpunkt schaffen, an dem Sie sich orientieren können.

Liebe, Familie, Freundschaft: Bitte fallen Sie nun nicht in alte Muster zurück, liebe Ziege. Die Artgenossin, die Sie im Juli begleitet macht Sie noch empfänglicher für die unterschwelligen Forderungen Ihrer Lieben. Lassen Sie sich jetzt bitte kein schlechtes Gewissen machen, nur weil Sie nicht immer gleich zur Verfügung stehen. Sie haben den gleichen Anspruch auf Selbstverwirklichung wie der Rest Ihrer Familie.
Vielleicht sollten Sie jetzt nicht jedes Wort Ihrer besseren Hälfte auf die Waagschale legen. Wahrscheinlich steckt weniger dahinter, als Sie denken und es gibt keinen Grund, sich Sorgen zu machen.

Beruf, Finanzen: Widerstehen Sie dem Impuls, jetzt wieder in der Masse unterzutauchen. In den letzten Monaten haben Sie beweisen können, dass Sie den Platz in den vorderen Rängen verdient haben. Das sollten Sie jetzt nicht einfach aufgeben, nur weil es sich gerade nicht so stimmig anfühlt. Nehmen Sie sich Zeit - die Entscheidung muss nicht sofort getroffen werden.
So mancher Chef wünscht sich wohl eine organisierte Ziege an seiner Seite. Im Jahr des Tigers sollten Sie allerdings ruhig einmal darüber nachdenken, wie Sie Ihre Fähigkeiten besser für das eigene Fortkommen einsetzen können.

Tipp des Monats: Jetzt zählt vor allem, was Sie sich wünschen.

SUNG
Affe

Grundtendenz des Monats: Im Juli vereinen sich für den Affen alle 5 Elemente zu einem harmonischen Ganzen. Da stört es dann nur wenig, dass mit der Feuer-Ziege jetzt ein eher zurückhaltendes Tierzeichen ins Spiel kommt. Wer sich nun durch die aktuelle Konstellation stark fühlt, kann die ersten wichtigen Schritte in eine neue Richtung machen und dafür wertvolle Verbündete finden.

Auch aus einer starken Position heraus ist es nicht unbedingt die beste Taktik, einfach zu tun, was man will. Sowohl Tiger als auch Ziege halten sich an die Regeln und schätzen es nicht, wenn der Affe diesen Monat zu sehr aus der Reihe tanzt. Das heißt nicht, dass Sie nicht prinzipiell die Dinge hinterfragen dürfen.

Liebe, Familie, Freundschaft: Die Ziege sorgt sich vor allem um das Wohlergehen von Freunden und Familie und nimmt die eigenen Bedürfnisse dabei nicht so wichtig. Es mag sein, dass man das nun auch vom Affen erwartet. Sie sollten sich aber bitte nicht unter Druck setzen lassen, sondern aus freien Stücken entscheiden, ob und wieviel Sie nun zurückstecken wollen.

Scheint die Situation in der Partnerschaft nun etwas festgefahren zu sein, sollten Sie sich Rat von außen holen - am besten von einem Menschen, der Sie beide kennt und schätzt und so ein neutrales Urteil abgeben kann.

Beruf, Finanzen: Im Grunde sollte es dem Affen in diesem Monat an nichts fehlen, wenn es um den Job geht. Wenn Sie trotzdem nicht zufrieden sind, kann das auch daran liegen, dass Sie zu sehr auf Andere schielen, anstatt sich auf die eigenen Erfolge zu konzentrieren. Denken Sie daran, dass sich Ihre Situation wahrscheinlich ohnehin nicht mit der Anderen vergleichen lässt.

Mit Hilfe der Ziege lässt sich jetzt so einiges besser organisieren. Haben Sie schon mal darüber nachgedacht, gewisse Arbeitsabläufe zu optimieren oder einige Ihrer Aufgaben zu delegieren?

Tipp des Monats: Achten Sie auf Ihre Reserven und verausgaben Sie sich nicht. Wählen Sie Ihre Projekte sorgfältig aus.

YU
Hahn

Grundtendenz des Monats: Im Juli dürfen sich gestresste Hähne gerne einmal aus der Öffentlichkeit zurückziehen. Nehmen Sie sich jetzt die Zeit, die eigene Batterien aufzuladen und lassen Sie sich dabei bitte kein schlechtes Gewissen machen.

Tiger und Hahn haben beide in der Regel kein Problem damit, sich die Freiräume zu schaffen, die sie brauchen um sich wohl zu fühlen. Dabei müssen die Bedürfnisse der Anderen zuweilen allerdings zurückgestellt werden. Das dürfte mit der Ziege im Juli nicht ganz so einfach sein wie sonst, denn bei ihr stehen Mitgefühl und soziale Verantwortung klar im Vordergrund. Da wird der eine oder andere Kompromiss nötig sein.

Liebe, Familie, Freundschaft: Auch aus den alltäglichen Diskussionen können Sie sich nun herausnehmen, wenn Sie das Bedürfnis nach mehr Ruhe haben. Wenn Sie das tun, sollten Sie allerdings auch konsequent sein und nicht mit halbem Auge weiterhin Ihre Lieben kontrollieren. Sonst bringt das Ganze reichlich wenig und Ihre Glaubwürdigkeit kann außerdem darunter leiden.

Die meisten Hähne können recht gut alleine sein und Zeit mit sich selbst verbringen. Trotzdem möchte auch der Hahn gerne dazu gehören und braucht Freunde und Familie. Das wird im Monat der sozialen Ziege sicher noch mehr hervorgehoben als in den vorherigen Monaten.

Beruf, Finanzen: Alle fünf Elemente sind im Juli für den Hahn präsent. Das sind wirklich gute Voraussetzungen für Harmonie und Erfolg am Arbeitsplatz. Bedenken Sie jedoch, dass diese günstigen Voraussetzungen auf die anderen Tierzeichen nicht zutreffen. Sie können also nicht voraussetzen, dass es für alle anderen auch so gut läuft wie für Sie.

Die Ziege schätzt Ordnung genauso wie der Hahn. Wenn Ihre Zeit das zulässt, können Sie jetzt neue Strukturen schaffen und Ihre Umgebung so gestalten, wie es für Ihre Arbeitsabläufe am günstigsten ist.

Tipp des Monats: Nehmen Sie sich jetzt die Zeit, in sich hinein zu spüren und finden Sie heraus, wer Ihnen wichtig ist.

SHIH
Hund

Grundtendenz des Monats: War es in den letzten Monaten ein wenig zu viel Aufregung für den Hund, wäre nun sicher ein guter Zeitpunkt, um erst einmal tief Luft zu holen. Mit der Ziege können Sie jetzt im Juli gerne innehalten und die letzte Zeit Revue passieren lassen. Nur weil die Möglichkeit besteht, müssen Sie nicht permanent auf der Überholspur bleiben. Wenn Sie sich damit wohler fühlen, können Sie auch einfach alles so lassen, wie es ist. Der Tiger macht Ihnen lediglich ein Angebot, dass Sie annehmen können oder eben auch nicht.

Mit der Ziege kann der Hund sich nun wunderbar unsichtbar machen und in der Herde abtauchen. Das ist aber allenfalls eine temporäre Lösung und bringt Sie letztendlich wirklich nicht weiter.

Liebe, Familie, Freundschaft: So mancher Hund muss sich jetzt mehr den familiären Belangen widmen. Dabei geht es jetzt weniger darum, für Äußerlichkeiten oder materielle Dinge zu sorgen. Vielmehr braucht es in erster Linie emotionale Unterstützung, die Sie nur geben können, wenn Sie sich wirklich Zeit nehmen.

Wer jetzt nicht so recht weiß, wie es am besten weitergehen soll, sollte einen guten Freund ins Vertrauen ziehen. Der weiß ganz genau, wie Sie ticken und was Sie sich selbst zumuten können.

Beruf, Finanzen: Auch wenn der Hund nun mehr als noch im vergangenen Jahr seiner eigenen Agenda folgt, heißt das nicht automatisch, dass er darüber das Wohl seiner Mitmenschen vergisst. Deshalb brauchen Sie jetzt auch kein schlechtes Gewissen zu haben, wenn sich die Dinge für Sie auf der beruflichen Ebene zu Ihren Gunsten entwickeln. Sie haben es verdient und dazu sollten Sie auch selbstbewusst stehen.

Bringen Sie in diesen Wochen Ihren Schreibtisch in Ordnung. Die nächsten beiden Monaten wird es reichlich zu tun geben und da wollen Sie sich bestimmt nicht mit Altlasten herumplagen.

Tipp des Monats: Innehalten und tief durchatmen, lieber Hund! So sind sie bereit für das nächste Abenteuer.

HAN
Schwein

Grundtendenz des Monats: Die freundliche Ziege, die das Schwein im Juli begleitet, bringt viel Verständnis für sein Harmoniebedürfnis auf, welches in den letzten Monaten vielleicht das eine oder andere Mal erschüttert wurde. Freuen Sie sich nun darauf, nach Kräften unterstützt zu werden, um Ihre innere Balance zu finden und zu erhalten.

Wenn sich die Lösung eines Problems nun schwieriger gestaltet als erwartet, sollten Sie sich entweder tatkräftige Hilfe suchen oder das Thema einfach vertagen und Ihre Energie anderweitig einsetzen. Rom ist auch nicht an einem Tag gebaut worden.

Liebe, Familie, Freundschaft: Ziege und Schwein kümmern sich besonders gerne um die Probleme anderer Leute. Das freut Familie und Freunde jetzt ganz besonders, denn so lassen sich so manche unangenehme Themen auf Sie abwälzen. Im Jahr des selbstbewussten Tigers dürfen Sie sich ruhig die Freiheit nehmen, auch einmal nein zu sagen. Sie sind wirklich nicht dafür verantwortlich, Ihren Lieben alles abzunehmen.

Liebevolle Zuwendung vom Partner ist dem Schwein in diesem Monat besonders wichtig. Wenn da nun von der anderen Seite nicht genug kommt, müssen Sie den Mund aufmachen. Es steckt gewiss keine böse Absicht dahinter.

Beruf, Finanzen: Sie möchten mehr erreichen, wollen aber niemandem seinen Platz streitig machen? Dann wird es wahrscheinlich schwierig mit dem Karriereschub. Wenn Sie für eine Position am besten geeignet sind, müssen Sie wirklich kein schlechtes Gewissen haben. Wer durch Leistung überzeugt, hat es verdient, voran zu kommen.

Man mag es vom Schwein gewöhnt sein, dass es fleißig die ihm zugeteilten Aufgaben erfüllt. Im Jahr des Tigers dürfen Sie allerdings auch einmal hinterfragen, ob das Ganze wirklich sinnvoll ist, ob es überhaupt zu Ihren Aufgaben gehört oder ob Sie dafür im Grunde nicht einfach überqualifiziert sind.

Tipp des Monats: Sie dürfen sich im Jahr des Tigers selbst verwirklichen - also zeigen Sie jetzt bitte keine Scheu.

Juli 2022	Jahreskonstellation – Wasser Tiger Monatskonstellation – Feuer Ziege

1. Holz Hase	Ratte Büffel **Tiger** **Hase** Drache Schlange Pferd **Ziege** Affe Hahn Hund **Schwein** **Günstig:** Handel, Geschäftseröffnungen, Hochzeiten und andere Feste planen. **Ungünstig:** Beerdigungen, Reisen, Arztbesuche.
2. Feuer Drache	**Ratte** Büffel Tiger Hase **Drache** **Schlange** Pferd Ziege **Affe** Hahn Hund Schwein **Günstig:** Handwerkliche Aktivitäten, Handel, Hochzeiten, Reisen. **Ungünstig:** Trauerfeiern und Beerdigungen, schwere körperliche Arbeit.
3. Feuer Schlange	Ratte **Büffel** Tiger Hase **Drache** **Schlange** Pferd Ziege Affe **Hahn** Hund Schwein **Günstig:** Ankündigungen machen, Beerdigungen, Trauerfeiern. **Ungünstig:** Handel, Vergnügungen, Freizeitaktivitäten.
4. Erd Pferd	Ratte Büffel **Tiger** Hase Drache Schlange **Pferd** **Ziege** Affe Hahn **Hund** Schwein **Günstig:** Kleidung schneidern, Handel, Buchhaltung, Ausflüge, neue Dinge beginnen. **Ungünstig:** Geschäfte eröffnen, Kraftanstrengungen, Reisen, Ersparnisse ausgeben.
5. Erd Ziege	Ratte Büffel Tiger **Hase** Drache Schlange **Pferd** **Ziege** Affe Hahn Hund **Schwein** **Günstig:** Putzen, waschen, fasten, seelische und körperliche Pflege, Arztbesuche. **Ungünstig:** Ausdauersport, Reisen, Hochzeit.
6. Metall Affe	**Ratte** Büffel Tiger Hase **Drache** Schlange Pferd Ziege **Affe** **Hahn** Hund Schwein **Günstig:** Umziehen, Reisen, Hochzeiten, Empfänge, wichtige Konferenzen. **Ungünstig:** geistige Arbeiten, Gartenarbeit, häusliche Tätigkeiten.
7. Metall Hahn	Ratte **Büffel** Tiger Hase Drache **Schlange** Pferd Ziege **Affe** **Hahn** Hund Schwein **Günstig:** Umziehen, Reisen, Hochzeiten, Empfänge, wichtige Konferenzen. **Ungünstig:** geistige Arbeiten, Gartenarbeit, häusliche Tätigkeiten.
8. Wasser Hund	Ratte Büffel **Tiger** Hase Drache Schlange **Pferd** Ziege Affe Hahn **Hund** **Schwein** **Günstig:** Versammlungen, gerechte Verteilungen, Hochzeit, Konferenzen, Umzug. **Ungünstig:** Gartenarbeit, Dinge zum Abschluss bringen.
9. Wasser Schwein	Ratte Büffel Tiger **Hase** Drache Schlange Pferd **Ziege** Affe Hahn **Hund** **Schwein** **Günstig:** Gartenarbeit, Feiern, Hochzeit, Dinge zum Abschluss bringen. **Ungünstig:** keine Anschuldigungen gegen Dritte erheben.
10. Holz Ratte	**Ratte** **Büffel** Tiger Hase **Drache** Schlange Pferd Ziege **Affe** Hahn Hund Schwein **Günstig:** Gartenarbeit, Hochzeit, Dinge zum Abschluss bringen. **Ungünstig:** Umzug, Reisen, Geschäftseröffnung.
11. Holz Büffel	**Ratte** **Büffel** Tiger Hase Drache **Schlange** Pferd Ziege Affe **Hahn** Hund Schwein **Günstig:** Ausruhen, Meditation, seinen Hobbys nachgehen. **Ungünstig:** wichtige Unternehmungen.
12. Feuer Tiger	Ratte Büffel **Tiger** **Hase** Drache Schlange **Pferd** Ziege Affe Hahn **Hund** Schwein **Günstig:** Amüsieren, mit Freunden ausgehen, Freizeitaktivitäten. **Ungünstig:** geschäftliche Aktivitäten, neue Dinge anfangen.
13. Feuer Hase	Ratte Büffel **Tiger** **Hase** Drache Schlange Pferd **Ziege** Affe Hahn Hund **Schwein** **Günstig:** für die meisten Aktivitäten, Geschäftsabschlüsse, Partnerschaft. **Ungünstig:** negative Bemerkungen über andere Menschen.
14. Erd Drache	**Ratte** Büffel Tiger Hase **Drache** **Schlange** Pferd Ziege **Affe** Hahn Hund Schwein **Günstig:** Handel, Geschäftseröffnungen, Hochzeiten und andere Feste planen. **Ungünstig:** Beerdigungen, Reisen, Arztbesuche.
15. Erd Schlange	Ratte **Büffel** Tiger Hase **Drache** **Schlange** Pferd Ziege Affe **Hahn** Hund Schwein **Günstig:** Handwerkliche Aktivitäten, Handel, Hochzeiten, Reisen. **Ungünstig:** Trauerfeiern und Beerdigungen, schwere körperliche Arbeit.

Ob ein Tag besonders günstig für Ihr Tierzeichen ist, sehen Sie an folgenden Farben:
Rot = sehr günstig, Grau = günstig, Schwarz = nicht günstig

16. Metall Pferd	Ratte Büffel **Tiger** Hase Drache Schlange **Pferd Ziege** Affe Hahn **Hund** Schwein **Günstig:** Ankündigungen machen, Beerdigungen, Trauerfeiern. **Ungünstig:** Handel, Vergnügungen, Freizeitaktivitäten.
17. Metall Ziege	Ratte Büffel Tiger **Hase** Drache Schlange **Pferd Ziege** Affe Hahn Hund **Schwein** **Günstig:** Kleidung schneidern, Handel, Buchhaltung, Ausflüge, neue Dinge beginnen. **Ungünstig:** Geschäfte eröffnen, Kraftanstrengungen, Reisen, Ersparnisse ausgeben.
18. Wasser Affe	**Ratte** Büffel Tiger Hase **Drache** Schlange Pferd Ziege **Affe Hahn** Hund Schwein **Günstig:** Putzen, waschen, fasten, seelische und körperliche Pflege, Arztbesuche. **Ungünstig:** Ausdauersport, Reisen, Hochzeit.
19. Wasser Hahn	Ratte **Büffel** Tiger Hase Drache **Schlange** Pferd Ziege **Affe Hahn** Hund Schwein **Günstig:** Umziehen, Reisen, Hochzeiten, Empfänge, wichtige Konferenzen. **Ungünstig:** geistige Arbeiten, Gartenarbeit, häusliche Tätigkeiten.
20. Holz Hund	Ratte Büffel **Tiger** Hase Drache Schlange **Pferd** Ziege Affe Hahn **Hund Schwein** **Günstig:** Versammlungen, gerechte Verteilungen, Hochzeit, Konferenzen, Umzug. **Ungünstig:** Gartenarbeit, Dinge zum Abschluss bringen.
21. Holz Schwein	Ratte Büffel Tiger **Hase** Drache Schlange Pferd **Ziege** Affe Hahn **Hund Schwein** **Günstig:** Gartenarbeit, Feiern, Hochzeit, Dinge zum Abschluss bringen. **Ungünstig:** keine Anschuldigungen gegen Dritte erheben.
22. Feuer Ratte	**Ratte Büffel** Tiger Hase **Drache** Schlange Pferd Ziege **Affe** Hahn Hund Schwein **Günstig:** Gartenarbeit, Hochzeit, Dinge zum Abschluss bringen. **Ungünstig:** Umzug, Reisen, Geschäftseröffnung.
23. Feuer Büffel	**Ratte Büffel** Tiger Hase Drache **Schlange** Pferd Ziege Affe **Hahn** Hund Schwein **Günstig:** Ausruhen, Meditation, seinen Hobbys nachgehen. **Ungünstig:** wichtige Unternehmungen.
24. Erd Tiger	Ratte Büffel **Tiger Hase** Drache Schlange **Pferd** Ziege Affe Hahn **Hund** Schwein **Günstig:** Amüsieren, mit Freunden ausgehen, Freizeitaktivitäten. **Ungünstig:** geschäftliche Aktivitäten, neue Dinge anfangen.
25. Erd Hase	Ratte Büffel **Tiger Hase** Drache Schlange Pferd **Ziege** Affe Hahn Hund **Schwein** **Günstig:** für die meisten Aktivitäten, Geschäftsabschlüsse, Partnerschaft. **Ungünstig:** negative Bemerkungen über andere Menschen.
26. Metall Drache	**Ratte** Büffel Tiger Hase **Drache Schlange** Pferd Ziege **Affe** Hahn Hund Schwein **Günstig:** Handel, Geschäftseröffnungen, Hochzeiten und andere Feste planen. **Ungünstig:** Beerdigungen, Reisen, Arztbesuche.
27. Metall Schlange	Ratte **Büffel** Tiger Hase **Drache Schlange** Pferd Ziege Affe **Hahn** Hund Schwein **Günstig:** Handwerkliche Aktivitäten, Handel, Hochzeiten, Reisen. **Ungünstig:** Trauerfeiern und Beerdigungen, schwere körperliche Arbeit.
28. Wasser Pferd	Ratte Büffel **Tiger** Hase Drache Schlange **Pferd Ziege** Affe Hahn **Hund** Schwein **Günstig:** Ankündigungen machen, Beerdigungen, Trauerfeiern. **Ungünstig:** Handel, Vergnügungen, Freizeitaktivitäten.
29. Wasser Ziege	Ratte Büffel Tiger **Hase** Drache Schlange **Pferd Ziege** Affe Hahn Hund **Schwein** **Günstig:** Kleidung schneiden, Handel, Buchhaltung, Ausflüge, neue Dinge beginnen. **Ungünstig:** Geschäfte eröffnen, Kraftanstrengungen, Reisen, Ersparnisse ausgeben.
30. Holz Affe	**Ratte** Büffel Tiger Hase **Drache** Schlange Pferd Ziege **Affe Hahn** Hund Schwein **Günstig:** Putzen, waschen, fasten, seelische und körperliche Pflege, Arztbesuche. **Ungünstig:** Ausdauersport, Reisen, Hochzeit.
31. Holz Hahn	Ratte **Büffel** Tiger Hase Drache **Schlange** Pferd Ziege **Affe Hahn** Hund Schwein **Günstig:** Umziehen, Reisen, Hochzeiten, Empfänge, wichtige Konferenzen. **Ungünstig:** geistige Arbeiten, Gartenarbeit, häusliche Tätigkeiten.

> Herbstbeginn / Ende der Hitze < August

TZE
Ratte

Grundtendenz des Monats: Mit dem selbstbewussten Erd-Affen bekommt die Ratte im August einen Partner zur Seite gestellt, der ihr jede Menge Arbeit abnehmen kann. Nicht umsonst heißt es in der Chinesischen Astrologie „Die Ratte hat die Idee, der Affe setzt sie um!" Der August ist also wirklich ein guter Zeitpunkt, gut durchdachte Projekte an den Start zu bringen.

Der Tiger unterstützt die Ratte in ihrem Wunsch nach Innovation und sorgt dafür, dass sie sich nicht übernimmt. Das bedeutet für Sie, dass Sie sich bei aller positiver Energie nicht zu viel auf einmal auf den Teller packen sollten. Gerade in Kombination mit dem Affen sind die Augen manchmal größer als der Magen.

Liebe, Familie, Freundschaft: Eine gewisse Unabhängigkeit wünscht sich die Ratte schon in Ihrem privaten Umfeld. Manchmal ist aber vielleicht nicht ganz einfach, diese Freiheiten auch wirklich einzufordern. Mit Affe und Tiger an der Seite dürfte es Ihnen in diesem Monat sicher leichter fallen, Ihre Wünsche in diesem Bereich zu äußern und auch umzusetzen. Wer nicht fragt, darf sich nicht wundern, wenn sich nichts ändert.

Wenn Ihnen in Ihrer Partnerschaft das Feuer ein wenig abhanden gekommen ist, wäre nun eine gute Gelegenheit für frischen Wind zu sorgen. Nutzen Sie Ihr kreatives Potential und überraschen Sie Ihre bessere Hälfte!

Beruf, Finanzen: Eine gewisse Kontrolle kann der Ratte in diesen Wochen sicher nicht schaden. Wenn Sie sich dadurch ausgebremst fühlen, sollten Sie lieber noch einmal genauer hinschauen. Wahrscheinlich geht es weniger darum, sie zu überwachen als vielmehr darum, Sie vor Fehlentscheidungen zu schützen.

Wenn man sich nun von Ihnen wünscht, dass Sie mehr Verantwortung übernehmen, sollten Sie mit der Bitte nicht leichtfertig umgehen. Wägen Sie sorgfältig ab, ob das wirklich ist, was Sie wollen.

Tipp des Monats: Am Ende des Tages müssen Sie Ihre Entscheidungen ganz allein treffen. Das heißt aber nicht, dass Sie nicht vorher um Rat fragen dürfen.

KIU
Büffel

Grundtendenz des Monats: Ein gesundes Selbstvertrauen ist alles, was es nun braucht, um Ihre Pläne in die Tat umzusetzen. Der unabhängige Affe, der Ihnen im August Gesellschaft leistet, hilft Ihnen gerne dabei, diese Eigenschaft ihn Ihnen zu stärken, lieber Büffel. Dafür braucht es allerdings schon ein bisschen Mut - vor allem, wenn nicht alle mit Ihrem Weg so einverstanden sind wie Sie selbst. Es lohnt sich aber, jetzt die Gelegenheit zu ergreifen und voran zu schreiten. Unterstützung kommt unter Umständen von einer ganz anderen Seite als Sie es erwarten.

Bei der Bewältigung von alltäglichen Dingen ist Ihr Pragmatismus sicher hilfreich, ein bisschen mehr Originalität kann aber nicht schaden, damit der Spaß nicht auf der Strecke bleibt.

Liebe, Familie, Freundschaft: Echte Freunde erkennt man in der Regel daran, dass man nach langer Funkstille wieder genau da anknüpfen kann, wo man aufgehört hat... Ziehren Sie sich nun nicht, einen Kontakt wieder herzustellen, den Sie längere Zeit vernachlässigt haben.

Reibereien im Familienkreis dürften im August nicht ausbleiben - schließlich stehen sich Jahresregent und Affe im Chinesischen Tierkreis direkt gegenüber und haben ziemlich verschiedene Lebenskonzepte. Da muss der Büffel nun sicher das eine oder andere Mal vermitteln oder mit der Faust auf den Tisch hauen.

Beruf, Finanzen: Wer seinen Teil der Arbeit getan hat, darf sich nun entspannt zurücklehnen und erst einmal durchatmen. Es ist wirklich nicht nötig, dass Sie immer bis ins letzte Detail in alle Aspekte involviert sind. Der August ist auch ein guter Zeitpunkt für eine Auszeit - frische Energie zu tanken, kann Ihnen jetzt sicher nicht schaden.

Vielleicht möchten Sie aber auch die kreative Energie des Affen nutzen und einmal etwas Neues ausprobieren? Es könnte nämlich auch durchaus in diesen Wochen passieren, dass man etwas an Sie heranträgt, was Ihren Mut erfordert.

Tipp des Monats: Wer nicht wagt, der nicht gewinnt! Lassen Sie sich ruhig aus Ihrer Komfortzone locken!

> Herbstbeginn / Ende der Hitze < August

YING
Tiger

Grundtendenz des Monats: Man könnte den Sommer entspannt in der Hängematte verbringen... aber das ist wohl nichts für den Tiger, der in seinem eigenen Jahr seine Pläne einfach zu gut voranbringen kann. Da wäre es ja schon fast sträflich, eine Pause einzulegen! Solange Ihnen Ihr Tun Freude bereitet, ist alles in Ordnung. Wer sich allerdings gerade gestresst fühlt, sollte die Hängematte vielleicht doch in Betracht ziehen.

Mit dem agilen Affen tritt nun ein Tierzeichen auf den Plan, welches den Tiger gerne aus der Reserve lockt. Das mag zuweilen ein bisschen anstrengend sein, bringt aber auch viel Spaß, wenn Sie sich darauf einlassen.

Liebe, Familie, Freundschaft: Spätestens jetzt sollten Sie sich von dem Gedanken lösen, dass Sie in Ihren vier Wänden alles kontrollieren können. Viele Dinge im täglichen Zusammenleben lassen sich einfach nicht planen! Gerade im August ist mit dem Affen deutlich mehr Spontanität angesagt und der Tiger tut gut daran, sich darauf einzulassen.

Gibt es in diesen Wochen die eine oder anderen Streiterei unter Ihren Lieben sollten Sie sich lieber raushalten, verehrter Tiger. Vielleicht können Sie als unabhängige Instanz schlichten, aber hüten Sie sich davor, sich auf eine Seite zu schlagen. Der Ärger wäre in diesem Fall fast automatisch vorprogrammiert.

Beruf, Finanzen: In diesem Monat hat der Tiger es wirklich nicht nötig, sich in den Vordergrund zu spielen. Lassen Sie einfach Ihre Taten sprechen, das ist Werbung genug für Ihre Fähigkeiten.

Mit dem Affen im Monat schwirren sicher eine Reihe guter Ideen in Ihrem Kopf herum. Wenn Sie sich jedoch keine Zeit zur Umsetzung nehmen, nützt die ganze Kreativität nichts. Vielleicht können Sie Ihre Arbeitsabläufe noch weiter optimieren und so mehr Zeit gewinnen? Alternativ wäre darüber nachzudenken, ob Sie nicht einfach einige Aufgaben abgeben können.

Tipp des Monats: Lassen Sie sich nicht zu sehr vom quirligen Affen vereinnahmen, sonst verlieren Sie noch die eigenen Projekte aus dem Auge.

MAO
Hase

Grundtendenz des Monats: Wer sich im letzten Monat ein bisschen mehr zurückgezogen hat, hat vielleicht bemerkt, dass es gar nicht immer nötig ist, andere mit ins Boot zu holen. Wenn der Hase an sich selbst glaubt, kann er nämlich in der Regel auch gut alleine klar kommen. Erlauben Sie dem Tiger, Sie mit mehr Selbstvertrauen auszustatten und treten Sie nun entsprechend auf. Sie müssen sich vor niemandem verstecken.

Mit dem agilen Affen kommt im August der direkte Gegenspieler des Tigers in die Konstellation. Da kann sich auch der Hase schon einmal hin und her gerissen fühlen. Wenn es nicht möglich ist, die Kontrolle zu behalten, sollten Sie sich jetzt wirklich nicht ärgern.

Liebe, Familie, Freundschaft: Braucht der Hase mehr Unabhängigkeit, wird das in der Familie unter Umständen nicht immer nur wohlwollend zur Kenntnis genommen. Man ist es einfach von Ihnen gewohnt, dass Sie sich um alles kümmern! Da braucht es vielleicht etwas Zeit, damit man sich daran gewöhnt, dass Sie nun auch mal mehr an sich selbst denken.

Einmal mehr ist Ihre Intuition gefragt wenn es um die Liebe geht. Lassen Sie sich jetzt bitte nicht von großzügigen Gesten blenden, sondern schauen Sie Ihrem Gegenüber lieber ins Herz. Die inneren Werte sind am Ende immer das, was für eine langfristige Beziehung zählt.

Beruf, Finanzen: Selbständiges Arbeiten ist nun eine Grundvoraussetzung für den beruflichen Erfolg. Wer sich damit unsicher fühlt, darf sich ruhig für den Start Hilfe holen. Niemand verlangt von Ihnen, dass Sie alles wissen - aber Sie sollten wissen, wen Sie fragen können. Sind die ersten Unsicherheiten dann erst einmal überwunden, kommen Sie sicher wunderbar alleine klar.

Gerät der Hase in diesem Monat zwischen die Fronten, hat er genau zwei Möglichkeiten. Entweder Sie beziehen klar Stellung oder Sie halten sich komplett raus.

Tipp des Monats: Machen Sie nun keine halben Sachen! Das kostet nur Energie und bringt Sie nicht weiter.

> Herbstbeginn / Ende der Hitze < August

SHENG Drache

Grundtendenz des Monats: Sind die Batterien frisch aufgeladen, kann der Drache sich nun neuen Aufgaben zuwenden. Mit dem Affen, der den August begleitet, versteht er sich traditionell blendend. Beide wollen nicht in fremde Schablonen gepresst werden, sondern lieber ihre eigenen, manchmal vielleicht auch etwas verrückten Ideen umsetzen. Unter dem wachsamen Auge des Tigers mag das jetzt allerdings nicht immer ganz einfach sein.

Wer seine Unabhängigkeit ausleben will, sollte sich deshalb in diesem Monat lieber abseits der eingelaufenen Pfade bewegen. Je weniger Aufmerksamkeit Sie dabei erregen, desto weniger Regeln werden Ihnen auferlegt.

Liebe, Familie, Freundschaft: Die Dinge jetzt einfach laufen zu lassen, mag bequem erscheinen, lieber Drache. Es sollte Ihnen aber bewusst sein, dass Sie bestehende Probleme damit nicht lösen. Warten Sie lieber nicht zu lange, bis Sie sich der Sache annehmen.

Auch im Jahr des Tigers kann mit dem Auftauchen des Affen der Spaßfaktor steigen. Wenn Sie jetzt mit Partner, Familie oder Freunden unterwegs sind, dürfen Sie jeden Augenblick genießen. Solange Sie sich nicht zu unüberlegten Handlungen hinreißen lassen, bleibt das Vergnügen unbeschwert.

Beruf, Finanzen: Wer sich in den letzten beiden Monaten etwas zurückgehalten hat, wird sich nun vielleicht freuen, wenn er sich wieder mehr in den Vordergrund schieben darf. Warum lassen Sie jetzt nicht einfach Ihre Arbeit für sich sprechen?

Man wünscht sich nun ein kreatives Feuerwerk von Ihnen, schränkt Sie aber gleichzeitig mit zahlreichen Vorgaben ein und erklärt Ihnen, wie Sie zu arbeiten haben. Es ist ganz typisch für den Tiger, dass er seine Untertanen unter Kontrolle halten möchte. Da wird wahrscheinlich ein klärendes Gespräch nötig sein, um die Grenzen klarer abzustecken.

Tipp des Monats: Man kann es nicht immer allen recht machen. Zeigen Sie sich pragmatisch in Ihren Entscheidungen!

SZE Schlange

Grundtendenz des Monats: Im August spricht nichts dagegen, dass die Schlange die Zügel etwas locker lässt. Jetzt schaut man Ihnen ohnehin nicht so stark auf die Finger wie noch in den Monaten zuvor. Das liegt daran, dass der Tiger in diesen Wochen von einem flinken Affen abgelenkt wird und deshalb in seiner Kontrolle etwas nachlässt.

Auch jetzt darf die Schlange weiter aus dem Verborgenen heraus wirken. Damit Sie Ihre Ziele erreichen können, ist es nicht nötig, ganz vorne mit dabei zu sein. Wer sich nicht permanent präsentieren muss, kann sich viel besser auf seine Aufgaben konzentrieren. Überlassen Sie also ruhig anderen das Rampenlicht.

Liebe, Familie, Freundschaft: Wenn Sie sich eine unabhängige Meinung bewahren wollen, müssen Sie sich nun noch mehr aus den Reibereien heraushalten. Auch wenn Freunde oder Familie sich vielleicht mehr Engagement wünschen, wäre es wahrscheinlich am klügsten, wenn Sie sich neutral verhalten und es sich mit keiner der Seiten verscherzen.

Die Leichtigkeit, mit der der Affe neue Kontakte knüpft, darf ruhig ein bisschen mehr auf die Schlange abfärben. Das fällt Ihnen sicher leichter, wenn Sie nicht gleich in jeder neuen Bekanntschaft die Liebe Ihres Lebens vermuten. Gehen Sie das Ganze lieber locker an und geben Sie sich Zeit, damit es sich entwickeln kann.

Beruf, Finanzen: So genau wie die Schlange wollen es wirklich die wenigsten wissen. Es ist gut, dass Sie sich um Exaktheit bemühen und auch die Details betrachten. Bei der Präsentation sollten Sie sich aber lieber auf das Nötigste beschränken.

Halten Sie sich jetzt von den Menschen fern, die es immer besser zu wissen scheinen, aber nicht konkret mithelfen wollen. Zum Einen kann das wirklich demotivieren. Zum Anderen kostet das nur Zeit, die Sie anderweitig besser einsetzen können.

Tipp des Monats: Bilden Sie sich Ihre eigene Meinung! Dafür kommt es jetzt vor allem auf das Zuhören an.

WU
Pferd

Grundtendenz des Monats: Die persönliche Unabhängigkeit dürfte im August ein ganz präsentes Thema für das Pferd sein. Der Wasser-Tiger wünscht sich für seine Untertanen die Freiheiten, die er auch selbst für sich in Anspruch nimmt. Mögliche Ungerechtigkeiten in diesem Bereich werden dem Pferd nun wahrscheinlich deutlich mehr aufstoßen also noch in den Wochen zuvor. Bestehende Unterschiede zeigen sich nun nämlich sehr deutlich.
Ein lebendiger Affe begleitet den August und lässt sich nur schwer vom Jahresregenten kontrollieren. Lassen Sie sich nun von seiner Unbeschwertheit ruhig ein bisschen mehr anstecken.
Liebe, Familie, Freundschaft: Wenn Sie nach außen hin den Eindruck erwecken, dass Sie ganz hervorragend alleine klar kommen, dürfen Sie sich nicht wundern, wenn sich keine neue Beziehung ergibt. Solange man denkt, dass Sie keinen Bedarf haben, werden potentielle Kandidaten sich bestimmt nicht die Mühe machen, Sie näher kennenzulernen.
Mit dem Affen im Monat darf es in den eigenen vier Wänden ruhig etwas chaotischer zugehen. Solange das Pferd dabei nicht komplett die Kontrolle verliert, ist das absolut in Ordnung. Stellen Sie sicher, dass alle mit den aktuellen Zuständen klar kommen und genießen Sie es, weniger Verpflichtungen zu haben.
Beruf, Finanzen: Verstand und Intuition sind in den letzten Monaten hoffentlich schon Hand in Hand gegangen, wenn es um wichtige Entscheidungen ging. Wer sich zu sehr vom Kopf hat leiten lassen, bei dem dürfte der Spaß bislang vielleicht etwas zu kurz gekommen sein. Im Jahr des Tigers mag das Pferd seinen Weg vielleicht zuweilen zu stark an seinem Ehrgeiz orientieren. Jetzt ist der richtige Zeitpunkt zu schauen, ob es da nicht Alternativen gibt, die Ihnen auf Dauer mehr Spaß machen und weniger anstrengend sind. Teilen Sie sich Ihre Kräfte gut ein.
Tipp des Monats: Hüten Sie sich davor, jetzt zu viel auf einmal anzufangen. Der Affe hat die Neigung, immer auf allen Hochzeiten gleichzeitig tanzen zu wollen.

WEI
Ziege

Grundtendenz des Monats: Sie sollten inzwischen gemerkt haben, dass Ihnen im Jahr des Tigers alles besser von der Hand geht, wenn Sie sich nur ein bisschen selbstbewusster zeigen. Das findet auch der Erd-Affe, der den August begleitet und die Ziege weiter motiviert, der eigenen Agenda zu folgen. Dabei geht es ihm weniger darum, dass Sie schnell Ergebnisse zeigen, sondern viel mehr darum, dass Sie Freude an Ihrem Tun haben.
Manchmal ist es gar nicht so falsch, die Dinge erst einmal von außen zu betrachten, bevor man sich endgültig festlegt. Am Ende des Tages geben Sie das Tempo vor, in der Veränderungen statt finden sollen… und wenn Sie jetzt lieber alles so lassen wollen, wie es ist, ist das auch in Ordnung.
Liebe, Familie, Freundschaft: Im Gegensatz zu den vergangenen Monaten ist es nun gar nicht unbedingt nötig, sich in den Vordergrund zu spielen. Wenn Sie sich gut fühlen und das nach außen ausstrahlen, werden Sie sicher auch so die Aufmerksamkeit auf sich lenken und vielleicht Ihr Herz bald verschenken dürfen.
Mit dem Affen kommt der Spaß nicht zu kurz, wenn die Ziege bereit ist, sich darauf einzulassen. Sicher ist der Rest der Familie auch dabei, wenn Sie es jetzt ein bisschen lockerer und entspannter angehen lassen.
Beruf, Finanzen: Ein bisschen mehr Spontanität kann Ihnen nicht schaden. Gerade in diesem Monat sollten Sie sich von dem Gedanken befreien, dass immer alles perfekt geplant sein muss. Die erfolgreichsten Projekte beginnen oft mit einer spontanen Eingebung.
Es mag nicht jedem gefallen, wenn sich die Ziege nun auch einmal abseits eingefahrener Wege begibt. Aber jetzt geht es auch für die Ziege mehr darum, ihre eigenen Entscheidungen zu treffen. Das ist gut für Ihren beruflichen Erfolg und erfüllt Sie außerdem noch mit mehr Zufriedenheit.
Tipp des Monats: Im Jahr des Tigers ist es gar nicht nötig, es allen recht zu machen.

SUNG
Affe

Grundtendenz des Monats: Im August kann es so manchem Affen passieren, dass er sich um zu viele Dinge gleichzeitig kümmern muss. Das kann zum Einen daran liegen, dass er in den letzten Monaten nicht konzentriert genug gearbeitet hat. Zum Andern kann es aber auch einfach sein, dass er mal wieder zu viele Projekte auf einmal angefangen hat.
Da hilft es nun auch nicht gerade, dass ein weiterer Affe den Monat begleitet... Zunächst einmal ist es wichtig sich einzugestehen, wenn es zu viel wird. Im nächsten Schritt können Sie dann entscheiden, wo in den nächsten Wochen die Schwerpunkte liegen sollten und alle anderen Dinge erst einmal vorläufig auf Eis legen.

Liebe, Familie, Freundschaft: Es mag untypisch sein für den Affen, sich im eigenen Monat privat eher zurückzuziehen. Genau das kann aber nun nötig sein, um die eigenen Batterien aufzuladen. Wenn Sie langwierige Diskussionen vermeiden wollen, schenken Sie Ihrem Partner lieber gleich reinen Wein ein. Wenn Sie die selbstverordnete Pause gut kommunizieren, bekommen Sie sicher ohne Probleme die nötigen Freiräume zugestanden.
Der Wunsch nach einer neuen Beziehung mag jetzt recht stark sein - gerade im Jahr des gegensätzlichen Tigers braucht der Affe einen Menschen, der ähnlich tickt wie er selbst.

Beruf, Finanzen: Der Tiger bietet seinen Untertanen ständig neue Herausforderungen. Das gilt auch für den Affen, der ohnehin schon immer sehr neugierig auf neue Projekte reagiert und sich gerne mit Elan in die Sache hineinstürzt. Wenn Sie es nicht ausprobieren, können Sie schließlich nicht erfahren, ob das Ganze wirklich etwas für Sie ist. Jetzt im August sollten Sie sich aber lieber nicht endgültig festlegen, sondern erst von Ihrem Testrecht Gebrauch machen.
Wenn Sie das Gefühl haben, dass Sie sich nun besser alleine um ein Projekt kümmern sollten, steht dem nichts im Wege, solange Sie Ihre Vorgehensweise ankündigen.

Tipp des Monats: Muten Sie sich nicht zu viel auf einmal zu!

YU
Hahn

Grundtendenz des Monats: Mehr Kontrolle oder mehr kreative Freiheit? Das ist sicher eine der Fragen, die den Hahn jetzt im August beschäftigen. Da ist auf der einen Seite der entschlossene Jahresregent, der Sie darin bestärkt, jede Einzelheit im Blick zu behalten. Dem steht jetzt auf der anderen Seite ein agiler Affe gegenüber, der scheinbar einfach tut, was ihm in den Sinn kommt und Sie mit teilweise verrückten Ideen zu mehr Spontanität zu animieren versucht. Beide Seiten haben sicher ihre Berechtigung - die Frage ist jetzt wohl eher, was dem Hahn besser bekommt.
Egal wie Sie sich entscheiden - gehen Sie davon aus, dass Sie es dabei nicht allein recht machen können.

Liebe, Familie, Freundschaft: Mit dem Affen an seiner Seite darf der Hahn seine Komfortzone nun getrost verlassen. Gerade in den eigenen vier Wänden können die Zügel im August durchaus locker gelassen werden. Seien Sie jetzt nicht so streng zu sich selbst und Ihren Lieben, sondern gönnen Sie sich ein bisschen mehr Lockerheit.
Das gilt im Übrigen auch für die Liebe, die mit dem Affen im Monat deutlich entspannter erlebt werden darf. Lösen Sie sich auch hier von dem Gedanken, dass Sie mehr Struktur und Regelmäßigkeit brauchen und genießen Sie lieber die spontane Zuwendung, die Ihnen nun zuteil wird.

Beruf, Finanzen: Affe und Hahn sind eine brillante Kombination, wenn es darum geht, seinen Gegenüber von seinen Fähigkeiten zu überzeugen - sei es auf verbaler Ebene oder durch das praktische Beispiel. Wenn Sie also noch immer auf der Suche nach Unterstützung für ein Projekt sind, wäre nun der richtige Zeitpunkt, die Sache zu präsentieren.
Mit dem Affen an Ihre Seite können Sie nun auch schauen, wie es sich anfühlt, wenn Sie gewisse Dinge einfach erst einmal laufen lassen und sich nicht ständig um alles kümmern.

Tipp des Monats: Ein bisschen weniger Ernsthaftigkeit steht Ihnen nun gut zu Gesicht. Seien Sie nicht zu streng mit sich selbst.

SHIH
Hund

Grundtendenz des Monats: So sehr Sie sich das auch wünschen, lieber Hund - das Leben lässt sich nicht komplett vorausplanen. Gerade jetzt im August wird es sicher immer wieder Situationen geben, die Sie so nicht erwartet haben und die eine spontane Reaktion erfordern. Das liegt vor allem am Affen, der den Monat begleitet und einfach gerne für Überraschungen sorgt. Lassen Sie sich davon nicht aus dem Konzept bringen, sondern sehen Sie das Ganze einfach als gelungene Abwechslung von der Routine.
Machen Sie Ihre Entscheidungen jetzt bitte nicht zu sehr von anderen Menschen abhängig. Es geht hier um Ihr Leben und darum, wie Sie das Beste daraus machen können.

Liebe, Familie, Freundschaft: Mehr Entspannung ist auch in der Partnerschaft angesagt. Wenn beide Seiten zufrieden sind, spricht wirklich nichts dagegen, die Dinge erst einmal einfach laufen zu lassen. Genießen Sie die gemeinsame Zeit und belasten Sie sich jetzt nicht mit Sachen, die im Grunde nichts mit Ihrer Beziehung zu tun haben.
Ihre Freunde mögen es vielleicht etwas befremdlich finden, wenn Sie sich nun mehr um Ihre eigenen Angelegenheiten kümmern. Wem wirklich an Ihrem Wohlbefinden gelegen ist, der wird vollstes Verständnis für Ihr Verhalten aufbringen.

Beruf, Finanzen: Sicher hat Ihnen der Tiger eingeschärft, dass Sie die Zügel auf jeden Fall fest in der Hand halten müssen. Mit dem Affen wird das im August aber sich nicht immer ganz einfach sein. Sie sollten sich davon jetzt nicht zu sehr stressen lassen. Zum Einen schwindet der Einfluss des Affen im nächsten Monat, zum anderen tut ein bisschen Abwechslung und Lockerheit allen Beteiligten sicher gut.
Wer sich nun offener für spontane Eingebungen zeigt, kann im Übrigen einige interessante neue Aspekte wahrnehmen und auf seinem weiteren Weg integrieren.

Tipp des Monats: Es gibt fast nie den einen richtigen Weg… schauen Sie sich Ihre Optionen genau an.

HAN
Schwein

Grundtendenz des Monats: Ein agiler Erd-Affe sorgt in diesem Monat dafür, dass Sie ein gesundes Selbstbewusstsein entwickeln können. Das ist besonders in den Situationen gut, in denen man Ihnen jetzt mehr Verantwortung geben möchte. Sie mögen sich das bisher vielleicht nicht zugetraut haben, sollten jetzt aber ruhig annehmen. Schließlich wächst man mit den Aufgaben. Freuen Sie sich einfach darauf, dass Sie nun zeigen können, was Sie drauf haben.
Eine gewisse Struktur kann nicht schaden. Wenn das Schwein sich jetzt darum bemüht, wird ihm schneller auffallen, wenn es sich zu viele Dinge auf einmal vorgenommen hat.

Liebe, Familie, Freundschaft: Wer Ordnung hält, ist nur zu faul zum suchen… Wenn aber so viel los ist wie im Augenblick, haben Sie wirklich nicht die Zeit für große Suchaktionen. Da ist es dann vielleicht doch besser, von vorne herein allen Dingen ihren festen Platz zu geben und auch bei Partner und Nachwuchs darauf zu bestehen, dass sie sich an das festgelegte System halten.
Hätte das Schwein nun gerne mehr Zeit für sich, sollte das für seinen Partner kein Problem sein, solange er sich selbst die gleichen Freiheiten herausnehmen darf. Achten Sie jetzt darauf, nicht mit zweierlei Maß zu messen. Das kommt beim gerechten Wasser-Tiger überhaupt nicht gut an.

Beruf, Finanzen: Wer mit seiner geordneten regelmäßigen Tätigkeit zufrieden ist, wird sich nun kaum nach draußen locken lassen, um etwas Neues zu versuchen. Ihnen reicht es nun wahrscheinlich, wenn Sie die Dinge einfach entspannt laufen lassen können.
Mit der Kombination von Affe und Tiger stehen allerdings die Chancen für berufliche Veränderungen im August gar nicht so schlecht. Wer also schon länger unabhängiger sein möchte oder einfach mehr kreativen Freiraum braucht, darf sich nun gerne etwas genauer umschauen.

Tipp des Monats: Zeigen Sie sich konsequent! Wenn Ihnen etwas nicht passt, müssen Sie das auch nicht tun.

August 2022	Jahreskonstellation – Wasser Tiger Monatskonstellation – Erd Affe

1. Feuer Hund	Ratte Büffel **Tiger** Hase Drache Schlange **Pferd** Ziege Affe Hahn **Hund Schwein** **Günstig:** Versammlungen, gerechte Verteilungen, Hochzeit, Konferenzen, Umzug. **Ungünstig:** Gartenarbeit, Dinge zum Abschluss bringen.
2. Feuer Schwein	Ratte Büffel Tiger **Hase** Drache Schlange Pferd **Ziege** Affe Hahn **Hund Schwein** **Günstig:** Gartenarbeit, Feiern, Hochzeit, Dinge zum Abschluss bringen. **Ungünstig:** keine Anschuldigungen gegen Dritte erheben.
3. Erd Ratte	**Ratte Büffel** Tiger Hase **Drache** Schlange Pferd Ziege **Affe** Hahn Hund Schwein **Günstig:** Gartenarbeit, Hochzeit, Dinge zum Abschluss bringen. **Ungünstig:** Umzug, Reisen, Geschäftseröffnung.
4. Erd Büffel	**Ratte Büffel** Tiger Hase Drache **Schlange** Pferd Ziege Affe **Hahn** Hund Schwein **Günstig:** Handwerkliche Aktivitäten, Handel, Hochzeiten, Reisen. **Ungünstig:** Trauerfeiern und Beerdigungen, schwere körperliche Arbeit.
5. Metall Tiger	Ratte Büffel **Tiger Hase** Drache Schlange **Pferd** Ziege Affe Hahn **Hund** Schwein **Günstig:** Amüsieren, mit Freunden ausgehen, Freizeitaktivitäten. **Ungünstig:** geschäftliche Aktivitäten, neue Dinge anfangen.
6. Metall Hase	Ratte Büffel **Tiger Hase** Drache Schlange Pferd **Ziege** Affe Hahn Hund **Schwein** **Günstig:** für die meisten Aktivitäten, Geschäftsabschlüsse, Partnerschaft. **Ungünstig:** negative Bemerkungen über andere Menschen.
7. Wasser Drache	**Ratte** Büffel Tiger Hase **Drache Schlange** Pferd Ziege **Affe** Hahn Hund Schwein **Günstig:** für die meisten Aktivitäten, Geschäftsabschlüsse, Partnerschaft. **Ungünstig:** negative Bemerkungen über andere Menschen.
8. Wasser Schlange	Ratte **Büffel** Tiger Hase **Drache Schlange** Pferd Ziege Affe **Hahn** Hund Schwein **Günstig:** Handel, Geschäftseröffnungen, Hochzeiten und andere Feste planen. **Ungünstig:** Beerdigungen, Reisen, Arztbesuche.
9. Holz Pferd	Ratte Büffel **Tiger** Hase Drache Schlange **Pferd Ziege** Affe Hahn **Hund** Schwein **Günstig:** Handwerkliche Aktivitäten, Handel, Hochzeiten, Reisen. **Ungünstig:** Trauerfeiern und Beerdigungen, schwere körperliche Arbeit.
10. Holz Ziege	Ratte Büffel Tiger **Hase** Drache Schlange **Pferd Ziege** Affe Hahn Hund **Schwein** **Günstig:** Ankündigungen machen, Beerdigungen, Trauerfeiern. **Ungünstig:** Handel, Vergnügungen, Freizeitaktivitäten.
11. Feuer Affe	**Ratte** Büffel Tiger Hase **Drache** Schlange Pferd Ziege **Affe Hahn** Hund Schwein **Günstig:** Kleidung schneidern, Handel, Buchhaltung, Ausflüge, neue Dinge beginnen. **Ungünstig:** Geschäfte eröffnen, Kraftanstrengungen, Reisen, Ersparnisse ausgeben.
12. Feuer Hahn	Ratte **Büffel** Tiger Hase Drache **Schlange** Pferd Ziege **Affe Hahn** Hund Schwein **Günstig:** Putzen, waschen, fasten, seelische und körperliche Pflege, Arztbesuche. **Ungünstig:** Ausdauersport, Reisen, Hochzeit.
13. Erd Hund	Ratte Büffel **Tiger** Hase Drache Schlange **Pferd** Ziege Affe Hahn **Hund Schwein** **Günstig:** Umziehen, Reisen, Hochzeiten, Empfänge, wichtige Konferenzen. **Ungünstig:** geistige Arbeiten, Gartenarbeit, häusliche Tätigkeiten.
14. Erd Schwein	Ratte Büffel Tiger **Hase** Drache Schlange Pferd **Ziege** Affe Hahn **Hund Schwein** **Günstig:** Versammlungen, gerechte Verteilungen, Hochzeit, Konferenzen, Umzug. **Ungünstig:** Gartenarbeit, Dinge zum Abschluss bringen.
15. Metall Ratte	**Ratte Büffel** Tiger Hase **Drache** Schlange Pferd Ziege **Affe** Hahn Hund Schwein **Günstig:** Gartenarbeit, Feiern, Hochzeit, Dinge zum Abschluss bringen. **Ungünstig:** keine Anschuldigungen gegen Dritte erheben.

Ob ein Tag besonders günstig für Ihr Tierzeichen ist, sehen Sie an folgenden Farben:
Rot = sehr günstig, Grau = günstig, Schwarz = nicht günstig

Jahreskonstellation – Wasser Tiger
Monatskonstellation – Erd Affe

August 2022

16. Metall Büffel	**Ratte Büffel** Tiger Hase Drache **Schlange** Pferd Ziege Affe **Hahn** Hund Schwein **Günstig:** Gartenarbeit, Hochzeit, Dinge zum Abschluss bringen. **Ungünstig:** Umzug, Reisen, Geschäftseröffnung.
17. Wasser Tiger	Ratte Büffel **Tiger Hase** Drache Schlange **Pferd** Ziege Affe Hahn **Hund** Schwein **Günstig:** Ausruhen, Meditation, seinen Hobbys nachgehen. **Ungünstig:** wichtige Unternehmungen.
18. Wasser Hase	Ratte Büffel **Tiger Hase** Drache Schlange Pferd **Ziege** Affe Hahn Hund **Schwein** **Günstig:** Amüsieren, mit Freunden ausgehen, Freizeitaktivitäten. **Ungünstig:** geschäftliche Aktivitäten, neue Dinge anfangen.
19. Holz Drache	**Ratte** Büffel Tiger Hase **Drache Schlange** Pferd Ziege **Affe** Hahn Hund Schwein **Günstig:** für die meisten Aktivitäten, Geschäftsabschlüsse, Partnerschaft. **Ungünstig:** negative Bemerkungen über andere Menschen.
20. Holz Schlange	Ratte **Büffel** Tiger Hase **Drache Schlange** Pferd Ziege Affe **Hahn** Hund Schwein **Günstig:** Handel, Geschäftseröffnungen, Hochzeiten und andere Feste planen. **Ungünstig:** Beerdigungen, Reisen, Arztbesuche.
21. Feuer Pferd	Ratte Büffel **Tiger** Hase Drache Schlange **Pferd Ziege** Affe Hahn **Hund** Schwein **Günstig:** Handwerkliche Aktivitäten, Handel, Hochzeiten, Reisen. **Ungünstig:** Trauerfeiern und Beerdigungen, schwere körperliche Arbeit.
22. Feuer Ziege	Ratte Büffel Tiger **Hase** Drache Schlange **Pferd Ziege** Affe Hahn Hund **Schwein** **Günstig:** Ankündigungen machen, Beerdigungen, Trauerfeiern. **Ungünstig:** Handel, Vergnügungen, Freizeitaktivitäten.
23. Erd Affe	**Ratte** Büffel Tiger Hase **Drache** Schlange Pferd Ziege **Affe Hahn** Hund Schwein **Günstig:** Kleidung schneidern, Handel, Buchhaltung, Ausflüge, neue Dinge beginnen. **Ungünstig:** Geschäfte eröffnen, Kraftanstrengungen, Reisen, Ersparnisse ausgeben.
24. Erd Hahn	Ratte **Büffel** Tiger Hase Drache **Schlange** Pferd Ziege **Affe Hahn** Hund Schwein **Günstig:** Putzen, waschen, fasten, seelische und körperliche Pflege, Arztbesuche. **Ungünstig:** Ausdauersport, Reisen, Hochzeit.
25. Metall Hund	Ratte Büffel **Tiger** Hase Drache Schlange **Pferd** Ziege Affe Hahn **Hund Schwein** **Günstig:** Umziehen, Reisen, Hochzeiten, Empfänge, wichtige Konferenzen. **Ungünstig:** geistige Arbeiten, Gartenarbeit, häusliche Tätigkeiten.
26. Metall Schwein	Ratte Büffel Tiger **Hase** Drache Schlange Pferd **Ziege** Affe Hahn **Hund Schwein** **Günstig:** Versammlungen, gerechte Verteilungen, Hochzeit, Konferenzen, Umzug. **Ungünstig:** Gartenarbeit, Dinge zum Abschluss bringen.
27. Wasser Ratte	**Ratte Büffel** Tiger Hase **Drache** Schlange Pferd Ziege **Affe** Hahn Hund Schwein **Günstig:** Gartenarbeit, Feiern, Hochzeit, Dinge zum Abschluss bringen. **Ungünstig:** keine Anschuldigungen gegen Dritte erheben.
28. Wasser Büffel	**Ratte Büffel** Tiger Hase Drache **Schlange** Pferd Ziege Affe **Hahn** Hund Schwein **Günstig:** Gartenarbeit, Hochzeit, Dinge zum Abschluss bringen. **Ungünstig:** Umzug, Reisen, Geschäftseröffnung.
29. Holz Tiger	Ratte Büffel **Tiger Hase** Drache Schlange **Pferd** Ziege Affe Hahn **Hund** Schwein **Günstig:** Ausruhen, Meditation, seinen Hobbys nachgehen. **Ungünstig:** wichtige Unternehmungen.
30. Holz Hase	Ratte Büffel **Tiger Hase** Drache Schlange Pferd **Ziege** Affe Hahn Hund **Schwein** **Günstig:** Amüsieren, mit Freunden ausgehen, Freizeitaktivitäten. **Ungünstig:** geschäftliche Aktivitäten, neue Dinge anfangen.
31. Feuer Drache	**Ratte** Büffel Tiger Hase **Drache Schlange** Pferd Ziege **Affe** Hahn Hund Schwein **Günstig:** für die meisten Aktivitäten, Geschäftsabschlüsse, Partnerschaft. **Ungünstig:** negative Bemerkungen über andere Menschen.

TZE
Ratte

Grundtendenz des Monats: Auch im September wird Unabhängigkeit für die meisten Ratten weiter groß geschrieben. Dieser Monat wird von einem Hahn begleitet, der sich in der Regel recht wenig um die Meinung anderer schert.
Diskutieren ist da zwecklos, vor allem, wenn Sie nicht alle Informationen zum Thema haben. Machen Sie sich schlau und argumentieren Sie fundiert, dann haben Sie gute Aussichten, die Sache doch Ihren Wünschen zu entscheiden.
Lassen Sie in diesem Monat in allem, was Sie nun tun, mehr Genauigkeit walten, dann sind Sie immer auf der sicheren Seite. Wer nicht alle Fakten hat, darf sich mit einer Entscheidung ruhig noch mehr Zeit lassen.

Liebe, Familie, Freundschaft: Wer in Ihrer Beziehung die Hosen anhat wird sich spätestens in diesem Monat zeigen. Sowohl der Jahresregent als auch der Hahn, der den September begleitet, setzen ihre Meinung in der Regel durch. Vielleicht wird es Zeit für ein bisschen mehr Widerstand, liebe Ratte?
Wenn jeder der Chef sein will, führt das am Ende zu keinem Ergebnis. Im Familienkreis lässt sich viel Stress vermeiden, wenn jeder seine Wünsche offen äußern darf. Sicher ist es möglich, einen Kompromiss zu finden, der für alle in Ordnung ist.

Beruf, Finanzen: So manche Ratte darf in diesen Wochen neue Führungsqualitäten entwickeln. Wenn Sie sich der Verantwortung gewachsen fühlen, können Sie jetzt zur Höchstform auflaufen. Macht sich in Ihrem Inneren jedoch Unsicherheit breit, dann sollten Sie das Angebot zunächst einmal lieber ausschlagen und sich nicht unnötig stressen. Wer klar kommuniziert, bekommt bald eine neue Gelegenheit.
Finanzielle Angelegenheiten wollen nun geregelt werden und mit der Unterstützung von Tiger und Hahn sollte das auch den Ratten gelingen, die mit Zahlen ansonsten nicht ganz so viel anfangen können. Legen Sie nun ruhig etwas zurück, wenn Sie es sich leisten können.

Tipp des Monats: Nehmen Sie sich genug Zeit für sich selbst!

KIU
Büffel

Grundtendenz des Monats: Hahn und Tiger stehen im September für eine gewisse Autorität. Sich dieser zu widersetzen würde dem Büffel einiges an Kraft abverlangen. Vielleicht wäre es da besser, sich kompromissbereit zu zeigen und die Energie für andere Dinge aufzuheben, die Ihnen näher am Herzen liegen.
Wenn man dem Büffel in diesen Wochen die Unterstützung versagt, ist er durchaus in der Lage, seinen Weg auch ohne Hilfe zu beschreiten. Bleiben Sie jetzt entschlossen bei der Sache und lassen Sie sich nicht von kleineren Rückschlägen entmutigen! Ist das Ziel klar gesteckt, kommen Sie am Ende auch dort an.

Liebe, Familie, Freundschaft: Es mag nicht immer ganz einfach sein, im Jahr des freiheitsliebenden Tigers Partner und Familie davon zu überzeugen, an einem Strang zu ziehen. In diesen Wochen hilft es, wenn Sie selbst mit gutem Beispiel voran gehen und klar machen, dass die aufgestellten Regeln für alle Beteiligten gleich sind.
Der stolze Hahn legt durchaus Wert auf sein äußeres Erscheinungsbild und wünscht sich das in diesen Wochen auch verstärkt vom Büffel. Gerade in einer frischen Beziehung kann es nicht schaden, äußerlich und innerlich einen guten Eindruck zu machen. Aber auch bestehende Partnerschaften können profitieren, wenn Sie sich nun richtig viel Mühe geben.

Beruf, Finanzen: Der Hahn an Ihrer Seite kann im September für den nötigen Weitblick sorgen, um einen längerfristigen Erfolg zu erreichen. Den langen Atem, der dafür nötig ist, hat der Büffel auf jeden Fall! Wenn Sie dann noch den gesunden Ehrgeiz des Wasser-Tigers übernehmen, kann nichts mehr schief gehen.
Auch wenn Sie es lästig finden, wäre es nun eine gute Idee, sich mehr um die Details zu kümmern. Das mag Sie zunächst einmal mehr Zeit kosten. Letztendlich können Sie aber so unangenehme Überraschungen später im Jahr vermeiden.

Tipp des Monats: Sorgen Sie für sich! Persönliches Wohlbefinden ist der Schlüssel zu Ihrer Fülle.

YING
Tiger

Grundtendenz des Monats: Mit einem stolzen Hahn kommt im September das Yin Metall ins Spiel. Es steht unter anderem für ein gutes Durchhaltevermögen und Disziplin. Das kann der Tiger vor allem dann gebrauchen, wenn er sich nun mit Dingen herumschlagen muss, die gar nicht nach seinem Geschmack sind. Je schneller Sie das Ganze abhaken, desto eher können Sie sich wieder auf die schöneren Dinge im Leben konzentrieren.
Der Hahn schaut in der Regel lieber dreimal hin, bevor er mit einer Sache zufrieden ist. Ein wenig mehr Genauigkeit kann dem Tiger vielleicht zuweilen nicht schaden, oder?
Liebe, Familie, Freundschaft: Wird es Zeit, dass Sie sich wieder einmal mehr um sich selbst kümmern? Dann planen Sie am besten jetzt im September Raum dafür ein, den Sie Ihren Lieben gegenüber aber bitte rechtzeitig ankündigen sollten. Schließlich wollen Sie ja nicht die ganze Monatsplanung über den Haufen werfen, oder?
Es mag Ihnen nicht immer leicht fallen, sich Ihre Gefühle offen einzugestehen. Wenn Sie jedoch langfristig in einer Partnerschaft glücklich sein wollen, müssen Sie die andere Seite hinter die Fassade schauen lassen. Diese aufrecht zu erhalten wäre auf Dauer ohnehin zu anstrengend.
Der Hahn legt durchaus Wert auf das äußere Erscheinungsbild. Wer nun also auf der Suche nach einem neuen Partner ist, sollte das auf jeden Fall berücksichtigen.
Beruf, Finanzen: Hahn und Tiger gehören zu den Führungspersönlichkeiten im Chinesischen Tierkreis. Da kann es in den kommenden Wochen durchaus schon einmal zu Kompetenzgerangel kommen. Um so wichtiger ist es, die Aufgaben klar zu verteilen. Wenn jeder weiß, was er zu tun hat, muss man sich nicht streiten.
Der Hahn bringt ein gutes Gespür für aktuelle Trends mit in den Monat. Vielleicht mag der Tiger mit Bedacht ein paar Investitionen wählen. Sie können sich aber auch erst einmal aufs Beobachten verlegen und sich später entscheiden.
Tipp des Monats: Zeigen Sie sich offen für Einflüsse von außen!

MAO
Hase

Grundtendenz des Monats: Mit dem September ergänzt ein ehrgeiziger Erd-Hahn den Jahresregenten und schaut dem Hasen ganz genau auf die Finger. Das kann dazu führen, dass Sie nun das Gefühl bekommen, dass man zu streng mit Ihnen umgeht. Gehen Sie erst einmal davon aus, dass das Ganze Ihnen hilft, wirklich das Beste aus sich herauszuholen.
Der Hahn steht im Tierkreis in direkter Opposition zum Hasen. In anderen Jahren würde das bedeuten, dass Sie sich im September deutlich mehr abstrampeln müssen. Mit dem Tiger an Ihrer Seite sollte sich Ihr Einsatz 2022 aber durchaus im Rahmen halten.
Liebe, Familie, Freundschaft: Sie mögen unter Umständen mit Ihren Gedanken nicht ganz bei der Sache sein, wenn es um den Alltag mit Ihren Lieben geht. Trotzdem sollten Sie Ihre beruflichen oder finanziellen Herausforderungen nicht mit nach Hause bringen, sondern sich in den eigenen vier Wänden lieber auf Partner und Familie konzentrieren. Nur so können Sie genug auftanken und sind den Anforderungen im Außen besser gewachsen.
Mit dem Hahn an der Seite darf der Hase seinen Charme ruhig ein bisschen mehr spielen lassen. Beschränken Sie sich dabei nicht auf Oberflächlichkeiten, sondern zeigen Sie auch Ihre inneren Qualitäten.
Beruf, Finanzen: Im Jahr des Tigers lassen sich Ihre Ambitionen sicher besser verfolgen als in allen anderen Jahren. Lassen Sie sich nun also nicht reinreden, wenn man versucht, Sie vom Gegenteil zu überzeugen. Mit dem Hahn bekommen Sie auf den ersten Blick vielleicht etwas Gegenwind. Bei genauerer Betrachtung kann das aber Ihren Willen zum Erfolg noch mehr anstacheln.
Es kann nun sicher nicht schaden, von möglichen Gewinnen etwas zurückzulegen. Man kann nie wissen, was in den nächsten Monaten noch so kommt.
Tipp des Monats: Lassen Sie sich nun bitte nicht stressen, sondern atmen Sie einfach tief durch.

SHENG
Drache

Grundtendenz des Monats: Unabhängigkeit ist auch im September ein wichtiges Thema für den Drachen. Mit dem Erd-Hahn bekommen Sie jetzt ein Tierzeichen an Ihre Seite, was sich wie auch der Jahresregent nur ungern etwas vorschreiben lässt. Wenn Sie eine bestimmte Sache also wirklich auch ohne Unterstützung durchziehen wollen, wäre jetzt der richtige Zeitpunkt dafür. Besser werden die Zeichen in der nächsten Zeit nicht mehr stehen.
Es mag nun auch an der Zeit sein, sich wieder mehr damit zu befassen, wie man Sie von außen wahrnimmt. Wie wollen Sie gesehen werden... und entspricht das Ihrem wirklichen Ich? Bedenken Sie, dass es auf Dauer sehr anstrengend sein kann, eine Fassade aufrecht zu erhalten.

Liebe, Familie, Freundschaft: Einer muss daheim das Sagen haben. Ob Sie das sind, steht auf einem anderen Blatt, lieber Drache. In diesem Monat kann es reichlich Kompetenzgerangel in den eigenen vier Wänden geben. Schließlich sind sowohl der Tiger als auch der Hahn echte Autoritäten, die jetzt im September um den Führungsanspruch ringen. Vielleicht lässt sich das Problem lösen, wenn jeder einen bestimmten Bereich bekommt, in dem er Chef sein darf.
Waren die großen Gesten in den letzten Monaten eher verpönt, lässt sich damit nun bei einem potentiellen Partner doch Eindruck schinden. Übertreiben Sie es nicht, sonst kommen Sie aus der Sache später nicht mehr heraus.

Beruf, Finanzen: Nutzen Sie nun das geschäftliche Geschick des Hahnes für Ihre eigenen Angelegenheiten. Frische Trends können jetzt besser eingeschätzt werden und es dürfen sich daraus vielleicht sogar neue Geschäftsideen entwickeln. Am besten bringt der Drache einiges in Bewegung und nimmt diesen Schwung dann gleich mit in die nächsten Monate. Es ist wichtig, dass Sie mit aller Energie am Ball bleiben, sonst verpufft der Effekt dieser Wochen sehr schnell.

Tipp des Monats: Für den persönlichen Ehrgeiz des Drachen kann es jetzt noch einmal einen ordentlichen Schub geben. Achten Sie bitte darauf, das Sie sich nicht überschätzen.

SZE
Schlange

Grundtendenz des Monats: Mit der Unterstützung des Hahns fühlt sich die Schlange im September gut aufgehoben. Schließlich stärkt diese Kombination unter anderem das Metallelement, was Ihnen in allen Bereichen des Lebens mehr Struktur und Regelmäßigkeit bescheren kann. Dieser Effekt kann bis fast zum Ende des Jahres anhalten, wenn die Schlange nun für eine gewisse Grundordnung sorgt.
Außerdem kann sich die Schlange mit dem Hahn im Rücken noch selbstbewusster präsentieren. Dieser Monat ist deshalb ein guter Zeitpunkt, um eigene Projekte in die Welt zu bringen.

Liebe, Familie, Freundschaft: Wer nun nach außen den Eindruck erweckt, dass er wunderbar alleine klar kommt, darf sich nicht wundern, wenn sich auf der partnerschaftlichen Ebene nicht viel tut. Sicher ist es gut, sich nicht in zu große Abhängigkeiten zu begeben in einer neuen Beziehung. Trotzdem wünscht sich die andere Seite das Gefühl, gebraucht zu werden.
Wie die Schlange lässt sich auch der Hahn nur schwer in die Karten schauen. Trotzdem sollten Sie jetzt bitte nicht in Geheimniskrämerei verfallen - das kommt weder beim Jahresregenten noch bei Familie und Freunden gut an.

Beruf, Finanzen: Hahn und Tiger gehören zu den Führungspersönlichkeiten im Chinesischen Tierkreis. Das kann auf so manche Schlange jetzt einschüchternd wirken und sie daran hindern, in wichtigen Situationen den Mund aufzumachen. Wenn Sie nicht für den Rest des Jahres mit einer aus Ihrer Sicht falschen Entscheidung leben wollen, müssen Sie jetzt mutig sein.
Wer die Möglichkeit hat, sollte im September etwas zurücklegen. Schließlich lässt sich nur schwer einschätzen, wie sich Ihre aktuellen Kosten entwickeln und welche kurzfristigen Gelegenheiten sich 2022 noch bieten werden. Da kann es nicht schaden, finanzielle Reserven zu haben.

Tipp des Monats: Erst die Arbeit, dann das Vergnügen. Sehen Sie zu, dass Sie Ihre Schäfchen erst einmal ins Trockene bringen!

Grundtendenz des Monats: Der September wird von einem Erd-Hahn begleitet, der mit dem Jahresregenten einen recht autoritären Stil teilt. Das ist sicher prima, wenn sich das Pferd nun in wichtigen Angelegenheiten durchsetzen muss. Geht es allerdings nur um Kleinigkeiten, könnte Ihnen Ihre Entschlossenheit als Rechthaberei ausgelegt werden. Sie sollten sich also genau überlegen, zu welchen Themen Sie Ihre Stimme erheben.

Sie müssen sich jetzt schon vom Platz bewegen, wenn Sie Veränderungen herbeiführen wollen. Lassen Sie sich dabei ruhig von anderen Menschen motivieren, wenn es zurzeit ein bisschen am eigenen Elan fehlt.

Liebe, Familie, Freundschaft: Vielleicht können Sie Ihre beruflichen Aktivitäten jetzt ein bisschen zurückfahren und mehr Zeit mit der Familie verbringen. Mit dem Hahn an der Seite ist es sicher auch keine schlechte Idee, sich mehr um das körperliche Wohlergehen zu kümmern. Gibt es dort noch diverse Baustellen können Sie diese vielleicht mit Hilfe Ihrer Lieben endlich einmal angehen.

Dem Pferd liegt es in der Regel nicht, eine Fassade aufrecht zu erhalten, bloss weil der Partner das besser findet. Ehrlichkeit steht im Jahr des Tigers hoch im Kurs - darauf sollten Sie auch jetzt auf keinen Fall verzichten.

Beruf, Finanzen: Wenn es jetzt gut läuft, sollten Sie darüber nachdenken, Rücklagen zu bilden. Die letzten Jahre haben gezeigt, dass sich gewisse Dinge einfach nicht planen lassen. Deshalb ist es gut, immer etwas auf der hohen Kante zu haben.

Wer kann was am besten, liebes Pferd? Sie als Teamplayer sollten wirklich in der Lage sein, anderen den Vortritt zu lassen, wenn klar ist, dass deren Qualifikation einfach besser ist für die gestellte Aufgabe. Es ist auf jeden Fall besser, wenn Sie das direkt selbst einsehen, als wenn es im späteren Verlauf des Projektes unangenehm auffällt.

Tipp des Monats: Eine perfekte Planung schützt nicht vor Änderungen. Das Leben ist eben voller Überraschungen.

Grundtendenz des Monats: Es ist in diesen Wochen wirklich nicht nötig, dass Sie eine gute Miene aufsetzen, obwohl Sie mit der Situation nicht zufrieden sind. Sowohl der Tiger als auch der Hahn, der den September begleitet, sehen keinen Anlass sich zu verstellen, wenn etwas nicht in ihrem Sinne ist. Da darf nun auch die Ziege ihren Unmut offen äußern.

Immer alles perfekt machen zu wollen kann ganz schön anstrengend sein. Das wird so manche Ziege nun vielleicht merken, wenn Sie auf vielen verschiedenen Ebenen versucht, immer Ihr Bestes zu geben. Entweder reduzieren Sie die Aufgaben oder Sie lösen sich davon, immer 100% leisten zu müssen.

Liebe, Familie, Freundschaft: Offenheit ist nun deutlich wichtiger, als den schönen Schein aufrecht zu erhalten. Je authentischer Sie sich geben, desto tiefer können die Gefühle sein, die man Ihnen entgegen bringt. Sie werden schnell feststellen, wie wunderbar es sich anfühlt, um seiner selbst Willen geliebt zu werden.

Wenn es zu Hause drunter und drüber geht, sollte die Ziege jetzt wirklich ein Machtwort sprechen. Übernehmen Sie nicht einfach stillschweigend die Aufgaben der Anderen, sondern bestehen Sie darauf, dass alle Ihren Teil beitragen. Zur Not kann man durchaus auch mal etwas liegen lassen…

Beruf, Finanzen: Wann haben Sie den letzten Kassensturz gemacht, liebe Ziege? Damit Sie bei Ihren beruflichen Entscheidungen freier werden können, sollten Sie immer den Überblick haben, was sich aktuell in Ihrer Geldbörse befindet. Falls es möglich ist, legen Sie nun etwas zurück - das gibt Ihnen noch mehr Sicherheit.

Mit dem Hahn und dem Tiger an ihrer Seite sollte es der Ziege gut gelingen, neue Trends zu erkennen und für sich selbst herauszufinden, ob sie diesen folgen soll oder lieber nicht. Dabei orientieren Sie sich bitte nicht nur an der Meinung der anderen, sondern auch am eigenen Gefühl.

Tipp des Monats: Finden Sie Ihren eigenen Rhythmus. Es ist nicht nötig, sich immer nur anzupassen.

SUNG
Affe

Grundtendenz des Monats: Mit dem Hahn kommt im September mehr Yin-Metall und damit auch mehr Disziplin ins Spiel. Das dürfte den Menschen in Ihrer Umgebung gelegen kommen, die Sie ohnehin schon länger dazu anhalten möchten, mit Ihrer Aufmerksamkeit nicht zu sprunghaft zu sein. Sie müssen sich nun auf keinen Fall unter Druck setzen lassen, lieber Affe. Aber vielleicht wäre es gar nicht so schlecht, wenn Sie etwas konzentrierter bei der Sache bleiben könnten…

Der Affe nimmt sicher nicht für sich in Anspruch, ein Perfektionist zu sein. Da dürfte es ihn auch nicht weiter belasten, wenn das Ergebnis nun nicht absolut fehlerfrei ist. Haken Sie die Sache ab und widmen Sie sich lieber anderen Dingen.

Liebe, Familie, Freundschaft: Mit dem Hahn kommt im September in privaten Beziehungen gerne die Frage auf, wer das Sagen hat. Am besten überlegen Sie sich nun, bei welchen Angelegenheiten Ihnen ein Mitspracherecht wirklich wichtig ist. In allen anderen Fällen dürfen Sie die Verantwortung gerne abgeben und Ihre Energie für andere Dinge einsetzen.

Es ist wirklich nicht erstrebenswert für den Affen, ein makelloses Bild abzugeben. Zeigen Sie Ecken und Kanten - dann sind Sie für einen potentiellen Partner gleich viel interessanter.

Beruf, Finanzen: Mit Hahn und Tiger an Ihrer Seite sollte es in diesem Monat wirklich gut gelingen, die eigenen Vorzüge gewinnbringend einzusetzen. Dafür ist es gar nicht nötig, dass Sie sich mit Kollegen oder Mitarbeitern zusammentun. Je unabhängiger Sie sich jetzt zeigen, desto einfacher können Sie entstehende Vorteile für sich nutzen.

Wer im Bereich des Handwerks tätig ist, darf sich in diesen Wochen über eine besondere Unterstützung freuen. Das kann sich zum Beispiel über neue Aufträge äußern oder auch über das Aufleben von alten Geschäftsbeziehungen.

Tipp des Monats: Halten Sie die Augen auf, damit Ihnen keine gute Gelegenheit entgeht! Sie sollten sich dabei im Klaren sein, dass Sie nicht auf allen Hochzeiten gleichzeitig tanzen können.

YU
Hahn

Grundtendenz des Monats: Sie haben gut daran getan, sich in den vergangenen vier Wochen zu entspannen, denn im September dürfte das für die meisten Hähne erst einmal kein Thema mehr sein. Mit einem weiteren Hahn an der Seite geht es jetzt vor allem darum, sich an die Regeln zu halten und dabei ein möglichst perfektes Bild abzugeben. Wer sich diesem Druck nicht aussetzen will, muss aktiv aus der Reihe ausscheren und eben sein eigenes Ding machen.

Wer jetzt ungefragt in Ihr Terrain eindringt, darf sich nicht wundern, wenn Sie unwirsch reagieren. Unterstellen Sie hier bitte nicht automatisch einen bösen Willen. Vielleicht war das Ganze wirklich unbeabsichtigt.

Liebe, Familie, Freundschaft: Es mag Ihnen vielleicht nicht immer leicht fallen, Ihre Gefühle zum Ausdruck zu bringen. Wenn Sie allerdings wirklich eine tiefe Bindung eingehen wollen, bleibt Ihnen nicht anderes übrig, als Ihr Herz zu öffnen. Wenn Sie erst einmal den ersten Schritt in diese Richtung gemacht haben, stellen Sie fest, dass es gar nicht so schwer ist.

Wer stellt bei Ihnen zu Hause eigentlich die Regeln auf? Geht es dabei demokratisch zu oder sagt einfach einer, was gemacht werden soll und alle anderen müssen sich daran halten? Wenn das der Fall ist, kann es in diesen und den nächsten Wochen durchaus zu einem kleinen Aufstand kommen, dem man am besten mit einem offenen Gespräch begegnet.

Beruf, Finanzen: Widerspruch kommt in diesem Monat wahrscheinlich nicht besonders gut an. Je nachdem, wie Sie Ihre Einwände vorbringen, kann schnell der Eindruck entstehen dass Sie damit die Kompetenz der anderen Seite anzweifeln. Das lässt sich niemand gerne sagen - vor allem dann nicht, wenn es öffentlich geschieht.

Eine volle Geldbörse mag nun zu zusätzlichen Ausgaben verführen. Da man nie so ganz genau weiß, was noch kommen wird, sollten Sie auch daran denken, sich eine Reserve anzulegen.

Tipp des Monats: Lassen Sie Ihre Maske fallen! Was sich darunter verbirgt, ist absolut liebenswert.

> Weißer Tau / Herbst-Tagnachtgleiche < September

SHIH
Hund

Grundtendenz des Monats: Die persönliche Unabhängigkeit bleibt auch im September ein wichtiges Thema. Jetzt wird der Tiger von einem stolzen Hahn begleitet, der wie auch der Jahresregent viel Wert auf seine persönlichen Freiheiten legt. Das kann den Hund ein weiteres Mal motivieren, sich weniger von anderen Menschen abhängig zu machen. Suchen Sie sich am besten ein Beispiel in Ihrer Umgebung, an dem Sie sich orientieren können.
Es mag Ihnen nicht unbedingt behagen, den Ton anzugeben, aber in diesem Monat werden Sie wahrscheinlich nicht darum herum kommen. Man kann ja auch nett und freundlich die Anderen auf die richtige Spur bringen.

Liebe, Familie, Freundschaft: Verlassen Sie sich jetzt lieber nicht nur auf den ersten Eindruck, wenn Sie jemand Neues kennenlernen. Mit dem Hahn ist es deutlich einfacher möglich, eine schöne Fassade aufzubauen, hinter der nicht unbedingt viel stecken muss. Wenn Sie mit dem Gedanken spielen, das aus der Sache etwas Ernstes werden könnte, schauen Sie lieber genauer hin und lassen sich nicht vom schönen Schein blenden.
Der Hund ist ein soziales Wesen und braucht den Kontakt zu Familie und Freunden. Lassen Sie sich das jetzt bitte nicht ausreden, sondern halten Sie die Kontakte, die Ihnen wichtig sind.

Beruf, Finanzen: Wer nun seine Vorteile zu nutzen weiß, muss sich dafür nicht entschuldigen. Man sollte Sie deshalb nicht beneiden, sondern einfach anerkennen, dass Sie die Gelegenheit beim Schopf ergriffen haben. Es ist nicht Ihr Problem, wenn sich Andere nicht getraut haben, aktiver zu werden.
Wie sieht es finanziell aus beim Hund? Wenn Sie jetzt etwas übrig haben, kann es nicht schaden, den Betrag auf die hohe Kante zu legen. So haben Sie genug Mittel zur Verfügung und müssen sich nicht zu sehr verbiegen, sollte sich etwas Interessantes ergeben.

Tipp des Monats: Bleiben Sie in Bewegung! Viele Gelegenheiten bieten sich nur, wenn Sie sich flexibler zeigen.

HAN
Schwein

Grundtendenz des Monats: Das Thema persönliche Freiheiten dürfte auch im September präsent bleiben. Mit dem Hahn steht dem Schwein nämlich nun ein Tierzeichen zur Seite, das sich wie der Jahresregent nur ungern etwas vorschreiben lässt. Wenn es Ihnen also schon länger gegen den Strich geht, dass Sie bei wichtigen Angelegenheiten nicht gefragt werden, sollten Sie sich jetzt wirklich beschweren.
Wem es jetzt im September an Energie mangelt, der sollte wirklich über eine Auszeit nachdenken - gerne in wärmeren Gefilden, wo das Feuerelement gut unterstützt wird. Wählen Sie etwas aus, was Ihnen wirklich Freude macht und lassen Sie sich nicht auf Kompromisse ein.

Liebe, Familie, Freundschaft: Zu viel Gutmütigkeit kann in diesem Monat durchaus auch ausgenutzt werden. Lassen Sie sich nicht zu leicht von Familie oder Freunde mit schmeichelnden Worten um den Finger wickeln, liebes Schwein! Wenn Sie sich hilfsbereit zeigen, dann wirklich nur, weil es Ihnen ein persönliches Bedürfnis ist. Ist das nicht der Fall, sollten Sie nun nein sagen.
Vielleicht ist es Zeit, die neue Bekanntschaft einmal auf Herz und Nieren zu überprüfen. Haben sich die rosaroten Wolken der ersten Verliebtheit erst einmal verzogen, wollen Sie doch bestimmt kein böses Erwachen, oder?

Beruf, Finanzen: Wer sein eigener Chef ist, kann in diesen Wochen geschäftliche Angelegenheiten erfolgreich regeln und strahlt dabei eine natürliche Autorität aus. So macht das Arbeiten wirklich Spaß.
Wenn Sie dagegen für andere arbeiten, wäre es jetzt ratsam, sich mit Kritik zurückzuhalten. Vorgesetzte und Kollegen können in der aktuellen Konstellation schnell gereizt auf Widerspruch reagieren und Ihnen das noch lange nachtragen.
Hat sich in den letzten Monaten ein finanzielles Polster angesammelt, sollten Sie jetzt bewusst etwas zurücklegen.

Tipp des Monats: Machen Sie Ihr eigenes Ding! Sie werden sehen, wie zufrieden es macht, wenn man sein Schicksal selbst in die Hand nimmt.

September 2022	Jahreskonstellation – Wasser Tiger Monatskonstellation – Erd Hahn

1. Feuer Schlange	Ratte **Büffel** Tiger Hase **Drache Schlange** Pferd Ziege Affe **Hahn** Hund Schwein **Günstig:** Handel, Geschäftseröffnungen, Hochzeiten und andere Feste planen. **Ungünstig:** Beerdigungen, Reisen, Arztbesuche.
2. Erd Pferd	Ratte Büffel **Tiger** Hase Drache Schlange **Pferd Ziege** Affe Hahn **Hund** Schwein **Günstig:** Handwerkliche Aktivitäten, Handel, Hochzeiten, Reisen. **Ungünstig:** Trauerfeiern und Beerdigungen, schwere körperliche Arbeit.
3. Erd Ziege	Ratte Büffel Tiger **Hase** Drache Schlange **Pferd Ziege** Affe Hahn Hund **Schwein** **Günstig:** Ankündigungen machen, Beerdigungen, Trauerfeiern. **Ungünstig:** Handel, Vergnügungen, Freizeitaktivitäten.
4. Metall Affe	**Ratte** Büffel Tiger Hase **Drache** Schlange Pferd Ziege **Affe Hahn** Hund Schwein **Günstig:** Kleidung schneidern, Handel, Buchhaltung, Ausflüge, neue Dinge beginnen. **Ungünstig:** Geschäfte eröffnen, Kraftanstrengungen, Reisen, Ersparnisse ausgeben.
5. Metall Hahn	Ratte **Büffel** Tiger Hase Drache **Schlange** Pferd Ziege **Affe Hahn** Hund Schwein **Günstig:** Putzen, waschen, fasten, seelische und körperliche Pflege, Arztbesuche. **Ungünstig:** Ausdauersport, Reisen, Hochzeit.
6. Wasser Hund	Ratte Büffel **Tiger** Hase Drache Schlange **Pferd** Ziege Affe Hahn **Hund Schwein** **Günstig:** Umziehen, Reisen, Hochzeiten, Empfänge, wichtige Konferenzen. **Ungünstig:** geistige Arbeiten, Gartenarbeit, häusliche Tätigkeiten.
7. Wasser Schwein	Ratte Büffel Tiger **Hase** Drache Schlange Pferd **Ziege** Affe Hahn **Hund Schwein** **Günstig:** Versammlungen, gerechte Verteilungen, Hochzeit, Konferenzen, Umzug. **Ungünstig:** Gartenarbeit, Dinge zum Abschluss bringen.
8. Holz Ratte	**Ratte Büffel** Tiger Hase **Drache** Schlange Pferd Ziege **Affe** Hahn Hund Schwein **Günstig:** Versammlungen, gerechte Verteilungen, Hochzeit, Konferenzen, Umzug. **Ungünstig:** Gartenarbeit, Dinge zum Abschluss bringen.
9. Holz Büffel	**Ratte Büffel** Tiger Hase Drache **Schlange** Pferd Ziege Affe **Hahn** Hund Schwein **Günstig:** Gartenarbeit, Feiern, Hochzeit, Dinge zum Abschluss bringen. **Ungünstig:** keine Anschuldigungen gegen Dritte erheben.
10. Feuer Tiger	Ratte Büffel **Tiger Hase** Drache Schlange **Pferd** Ziege Affe Hahn **Hund** Schwein **Günstig:** Gartenarbeit, Hochzeit, Dinge zum Abschluss bringen. **Ungünstig:** Umzug, Reisen, Geschäftseröffnung.
11. Feuer Hase	Ratte Büffel **Tiger Hase** Drache Schlange Pferd **Ziege** Affe Hahn Hund **Schwein** **Günstig:** Ausruhen, Meditation, seinen Hobbys nachgehen. **Ungünstig:** wichtige Unternehmungen.
12. Erd Drache	**Ratte** Büffel Tiger Hase **Drache Schlange** Pferd Ziege **Affe** Hahn Hund Schwein **Günstig:** Amüsieren, mit Freunden ausgehen, Freizeitaktivitäten. **Ungünstig:** geschäftliche Aktivitäten, neue Dinge anfangen.
13. Erd Schlange	Ratte **Büffel** Tiger Hase **Drache Schlange** Pferd Ziege Affe **Hahn** Hund Schwein **Günstig:** für die meisten Aktivitäten, Geschäftsabschlüsse, Partnerschaft. **Ungünstig:** negative Bemerkungen über andere Menschen.
14. Metall Pferd	Ratte Büffel **Tiger** Hase Drache Schlange **Pferd Ziege** Affe Hahn **Hund** Schwein **Günstig:** Handel, Geschäftseröffnungen, Hochzeiten und andere Feste planen. **Ungünstig:** Beerdigungen, Reisen, Arztbesuche.
15. Metall Ziege	Ratte Büffel Tiger **Hase** Drache Schlange **Pferd Ziege** Affe Hahn Hund **Schwein** **Günstig:** Handwerkliche Aktivitäten, Handel, Hochzeiten, Reisen. **Ungünstig:** Trauerfeiern und Beerdigungen, schwere körperliche Arbeit.

Ob ein Tag besonders günstig für Ihr Tierzeichen ist, sehen Sie an folgenden Farben:
Rot = sehr günstig, Grau = günstig, Schwarz = nicht günstig

16. Wasser Affe	**Ratte** Büffel Tiger Hase **Drache** Schlange Pferd Ziege **Affe Hahn** Hund Schwein **Günstig:** Ankündigungen machen, Beerdigungen, Trauerfeiern. **Ungünstig:** Handel, Vergnügungen, Freizeitaktivitäten.
17. Wasser Hahn	Ratte **Büffel** Tiger Hase Drache **Schlange** Pferd Ziege **Affe Hahn** Hund Schwein **Günstig:** Kleidung schneidern, Handel, Buchhaltung, Ausflüge, neue Dinge beginnen. **Ungünstig:** Geschäfte eröffnen, Kraftanstrengungen, Reisen, Ersparnisse ausgeben.
18. Holz Hund	Ratte Büffel **Tiger** Hase Drache Schlange **Pferd** Ziege Affe Hahn **Hund Schwein** **Günstig:** Putzen, waschen, fasten, seelische und körperliche Pflege, Arztbesuche. **Ungünstig:** Ausdauersport, Reisen, Hochzeit.
19. Holz Schwein	Ratte Büffel Tiger **Hase** Drache Schlange Pferd **Ziege** Affe Hahn **Hund Schwein** **Günstig:** Umziehen, Reisen, Hochzeiten, Empfänge, wichtige Konferenzen. **Ungünstig:** geistige Arbeiten, Gartenarbeit, häusliche Tätigkeiten.
20. Feuer Ratte	**Ratte Büffel** Tiger Hase **Drache** Schlange Pferd Ziege **Affe** Hahn Hund Schwein **Günstig:** Versammlungen, gerechte Verteilungen, Hochzeit, Konferenzen, Umzug. **Ungünstig:** Gartenarbeit, Dinge zum Abschluss bringen.
21. Feuer Büffel	**Ratte Büffel** Tiger Hase Drache **Schlange** Pferd Ziege Affe **Hahn** Hund Schwein **Günstig:** Gartenarbeit, Feiern, Hochzeit, Dinge zum Abschluss bringen. **Ungünstig:** keine Anschuldigungen gegen Dritte erheben.
22. Erd Tiger	Ratte Büffel **Tiger Hase** Drache Schlange **Pferd** Ziege Affe Hahn **Hund** Schwein **Günstig:** Gartenarbeit, Hochzeit, Dinge zum Abschluss bringen. **Ungünstig:** Umzug, Reisen, Geschäftseröffnung.
23. Erd Hase	Ratte Büffel **Tiger Hase** Drache Schlange Pferd **Ziege** Affe Hahn Hund **Schwein** **Günstig:** Ausruhen, Meditation, seinen Hobbys nachgehen. **Ungünstig:** wichtige Unternehmungen.
24. Metall Drache	**Ratte** Büffel Tiger Hase **Drache Schlange** Pferd Ziege **Affe** Hahn Hund Schwein **Günstig:** Amüsieren, mit Freunden ausgehen, Freizeitaktivitäten. **Ungünstig:** geschäftliche Aktivitäten, neue Dinge anfangen.
25. Metall Schlange	Ratte **Büffel** Tiger Hase **Drache Schlange** Pferd Ziege Affe **Hahn** Hund Schwein **Günstig:** für die meisten Aktivitäten, Geschäftsabschlüsse, Partnerschaft. **Ungünstig:** negative Bemerkungen über andere Menschen.
26. Wasser Pferd	Ratte Büffel **Tiger** Hase Drache Schlange **Pferd Ziege** Affe Hahn **Hund** Schwein **Günstig:** Handel, Geschäftseröffnungen, Hochzeiten und andere Feste planen. **Ungünstig:** Beerdigungen, Reisen, Arztbesuche.
27. Wasser Ziege	Ratte Büffel Tiger **Hase** Drache Schlange **Pferd Ziege** Affe Hahn Hund **Schwein** **Günstig:** Handwerkliche Aktivitäten, Handel, Hochzeiten, Reisen. **Ungünstig:** Trauerfeiern und Beerdigungen, schwere körperliche Arbeit.
28. Holz Affe	**Ratte** Büffel Tiger Hase **Drache** Schlange Pferd Ziege **Affe Hahn** Hund Schwein **Günstig:** Ankündigungen machen, Beerdigungen, Trauerfeiern. **Ungünstig:** Handel, Vergnügungen, Freizeitaktivitäten.
29. Holz Hahn	Ratte **Büffel** Tiger Hase Drache **Schlange** Pferd Ziege **Affe Hahn** Hund Schwein **Günstig:** Kleidung schneiden, Handel, Buchhaltung, Ausflüge, neue Dinge beginnen. **Ungünstig:** Geschäfte eröffnen, Kraftanstrengungen, Reisen, Ersparnisse ausgeben.
30. Feuer Hund	Ratte Büffel **Tiger** Hase Drache Schlange **Pferd** Ziege Affe Hahn **Hund Schwein** **Günstig:** Putzen, waschen, fasten, seelische und körperliche Pflege, Arztbesuche. **Ungünstig:** Ausdauersport, Reisen, Hochzeit.

> Kalter Tau / Frost kommt herab < Oktober

TZE Ratte

Grundtendenz des Monats: Ein loyaler Metall-Hund gesellt sich im Oktober zum Tiger und ergänzt ihn in seinem Bestreben, sich zu messen. Für die Ratte kann das nun bedeuten, dass es Zeit ist, sich mehr dem Wettbewerb zu stellen. Persönliche Ambitionen werden in diesen Wochen durch die bestehende Konstellation gut unterstützt. Das sind gute Voraussetzungen, um die eigenen Fähigkeiten in die Welt zu bringen. Dabei geht es weniger darum, sich mit anderen zu vergleichen. Vielmehr sollten Sie versuchen, Ihr eigenes Potential unvoreingenommen in die Welt zu bringen.

Wer sich energetisch jetzt nicht auf der Höhe fühlt, der darf aber auch durchaus eine Pause einlegen.

Liebe, Familie, Freundschaft: Treue und Beständigkeit sind die Werte, die der Hund im Oktober ins Spiel bringt. Für bestehende Partnerschaften bedeutet das vor allem einen fürsorglichen Umgang miteinander.

Auch auf der familiären Ebene ist es wichtig, dass Sie sich kümmern - sei es um den eigenen Nachwuchs, die Eltern oder Geschwister. Geben Sie sich das Gefühl, füreinander da zu sein.

Streitigkeiten, die schon länger schwelen, sollten nun vielleicht einen Vermittler zur Hilfe nehmen. Sicher wurden auf beiden Seiten Fehler gemacht, die eine neutrale Schiedsstelle am Besten einordnen kann.

Beruf, Finanzen: Fühlen Sie sich durch die Kombination von Hund und Tiger beruflich besonders angestachelt? Ein gesunder Ehrgeiz kann sicher nicht schaden. Sie sollten aber darauf achten, dass Sie es nicht übertreiben. Es hilft niemandem, wenn Sie sich verausgaben oder in eine Situation geraten, aus der Sie später nur schwer wieder herauskommen.

Das Yang-Metall, das der Hund im Oktober mitbringt, kann der Ratte helfen, die Spreu vom Weizen zu trennen. Wenn Sie also schon länger spüren, dass Sie eigentlich zu viele verschiedene Projekte am Laufen haben, wäre nun ein guter Zeitpunkt, die Reißleine zu ziehen.

Tipp des Monats: Tanzen Sie nicht auf zu vielen Hochzeiten gleichzeitig!

KIU Büffel

Grundtendenz des Monats: Manche Situationen sind einfach so komplex, dass sie auch für den erfahrenen Büffel nicht sofort zu durchschauen sind. Das sollte Sie jetzt aber nicht entmutigen, sondern eher dazu motivieren, noch gezielter nach Antworten zu suchen. Je neutraler Sie dabei die verschiedenen Seiten betrachten, desto schneller werden Sie Ihre Wahrheit finden.

Der Metall-Hund bringt im Oktober Yang Metall ins Spiel, was Sie nun im Herbst unterstützen kann, wenn es darum geht, etwas loszulassen, was Sie nicht mehr in Ihrem Leben brauchen. Es kann sehr befreiend sein, sich von gewissen Dingen endgültig zu trennen und Platz zu schaffen.

Liebe, Familie, Freundschaft: Gerade in der heutigen Zeit wollen Freundschaften gepflegt werden. Planen Sie also in diesem Monat mehr Zeit für die Menschen ein, die Sie schon eine lange Zeit auf Ihrem Weg begleiten. Ob Sie sich online treffen oder wirklich gemeinsam etwas unternehmen, spielt keine große Rolle.

Lassen Sie sich die Laune bitte nicht von notorischen Schwarzsehern in Ihrem Umfeld verderben! Sie haben genug vernünftige Argumente zur Hand, um pessimistische Aussichten ins Gegenteil umzukehren. Und sollte man Ihnen nicht zuhören wollen, ziehen Sie sich am besten einfach zurück - man kann eben nicht jeden überzeugen!

Beruf, Finanzen: Der aktuelle Jahresregent verfügt über einen ausgeprägten Gerechtigkeitssinn, der in Kombination mit dem Hund jetzt im Oktober noch deutlicher hervortritt als bisher. Fühlen Sie sich von Vorgesetzten oder Kollegen ungerecht behandelt, wäre nun eine gute Gelegenheit, die Sache zur Sprache zu bringen.

Wer ohnehin die Tendenz hat, dem Fortschritt eher skeptisch gegenüber zu stehen, dem wird es in diesem Monat sicher besonders schwer fallen, sich auf nötige Veränderungen einzustellen. Da hilft jetzt nur Augen zu und durch, lieber Büffel.

Tipp des Monats: Nichts ist beständiger als der Wechsel. Zeigen Sie den Willen, sich weiter zu entwickeln!

> Kalter Tau / Frost kommt herab < Oktober

YING Tiger

Grundtendenz des Monats: Im Oktober sollte das Leben in ruhigeren Gewässern dahin fließen. Zwar kommt mit dem Hund nun ein Tierzeichen ins Spiel, was den Tiger durchaus zu mehr Leistung motivieren kann. Aber gleichzeitig zeigen sich gewisse Angelegenheiten als deutlich komplexer als gedacht, so dass der Tiger einen Gang zurück schalten muss. In Ruhe betrachtet lassen sich auch komplizierte Knoten letztendlich lösen - es dauert halt eben nur etwas länger.

Yang Metall hat der Hund in diesen Wochen mit im Gepäck. Das steht unter anderem für das Thema Loslassen, mit dem sich der Tiger nun verstärkt auseinander setzen sollte.

Liebe, Familie, Freundschaft: Es hilft gar nichts, wenn Sie Auseinandersetzungen aus dem Weg gehen. Irgendwann müssen Sie sich der Sache ohnehin stellen. Anstatt sich also alleine in Ihre Höhle zurückzuziehen, sollten Sie lieber das Gespräch suchen. In der Regel liegt der Fehler nicht auf einer Seite allein.

Wenn es darauf ankommt, sollten Sie in Ihrer Partnerschaft wirklich an einem Strang ziehen. Bilden Sie eine einheitliche Front und hüten Sie sich jetzt, dem anderen in der Öffentlichkeit zu widersprechen. Wenn man nicht einer Meinung ist, kann man das auch in Ruhe zu Hause unter vier Augen besprechen.

Beruf, Finanzen: Hund und Tiger ergänzen sich auch auf der beruflichen Ebene sehr gut. Mit einem derart loyalen Partner an seiner Seite kann sich der Tiger einfach besser auf seine Ziele konzentrieren. Mal ganz abgesehen davon, dass es wirklich gut tut, jemanden an seiner Seite zu haben, der voll und ganz Ihr Handeln unterstützt.

Der ausgeprägte Gerechtigkeitssinn des Jahresherrschers gepaart mit der Treue des Hundes kann nun unter anderem dazu führen, dass sich der Tiger mehr um seine Mitstreiter kümmert als sonst. Solange die eigene Arbeit dabei nicht auf der Strecke bleibt, ist das vollkommen in Ordnung.

Tipp des Monats: Der Teufel liegt zuweilen wirklich im Detail. Stellen Sie sicher, dass Sie jetzt genau hinschauen.

MAO Hase

Grundtendenz des Monats: Im Oktober erscheint mit dem Hund ein Tierzeichen an Ihrer Seite, das den Jahresregenten in allen Belangen unterstützt. Das bedeutet auch, dass der Hase nun noch besser seine eigenen Pläne in die Tat umsetzen kann. Damit Sie wirklich von der aktuellen Konstellation profitieren können, ist es jedoch sehr wichtig, dass Sie sich darüber klar werden, wohin die Reise wirklich gehen soll.

In komplexen Situationen ist das Einfühlungsvermögen des Hasen gefragt. Unter Umständen sind hier nun auch Ihre Fähigkeiten als Vermittler gefragt - vor allem, wenn es darum geht, für mehr Verständnis auf beiden Seiten zu werben.

Liebe, Familie, Freundschaft: Dass Sie nicht immer alles alleine machen müssen, dürften Sie mittlerweile im Jahr des Tigers gelernt haben, verehrter Hase. Aber haben Sie auch gelernt, die Aufgaben wirklich zu delegieren? Dafür braucht es nämlich klare Ansagen, mit denen man sich nicht immer unbedingt beliebt macht.

Wer noch immer auf der Suche nach einem neuen Partner ist, sollte in diesen Wochen vielleicht noch einmal etwas genauer hinschauen. Nun stehen die Aussichten nicht schlecht für den Hasen, sich längerfristig zu binden. Schließlich steht der Hund unter anderem für Verlässlichkeit und Treue.

Beruf, Finanzen: Der Wasser-Tiger verfügt über einen sehr ausgeprägten Gerechtigkeitssinn, der jetzt im Oktober sicher noch mehr als sonst spürbar wird. Das kann sich nun am Arbeitsplatz in einigen Entscheidungen zeigen, die vielleicht nicht immer zu Ihren Gunsten ausfallen. Trösten Sie sich mit dem Gedanken, dass hier größere Zusammenhänge berücksichtigt wurden.

Die Spreu vom Weizen zu trennen ist gar nicht so einfach, wenn man es immer allen recht machen will. Wenn Sie keine klare Kante zeigen, können Sie allerdings nicht die Dinge loslassen, die Sie im Augenblick noch behindern.

Tipp des Monats: Wenn es darauf ankommt, sollten Sie die eigenen Ideale nicht aus den Augen verlieren.

SHENG Drache

Grundtendenz des Monats: Der Jahresregent wird im Oktober von einem loyalen Metall-Hund unterstützt. Für den Drachen bedeutet das unter anderem, dass sein natürlicher Ehrgeiz Nahrung bekommt, denn Hund und Tiger bilden in der Chinesischen Astrologie eine Kombination, die den natürlichen Wettbewerbssinn stärkt. Hund und Drache teilen allerdings nicht unbedingt das gleiche Weltbild, was jetzt zu kleineren Reibereien führen kann.

Wer ein klares Motiv für sein Handeln hat, bekommt nun auch die richtige Unterstützung zum richtigen Zeitpunkt. Wenn Sie sich über die eigene Motivation nicht im Klaren sind, dürfen Sie sich dagegen nicht wundern, wenn die eigenen Projekte im Oktober eher stagnieren.

Liebe, Familie, Freundschaft: In der Partnerschaft erscheinen die Dinge jetzt vielleicht nicht ganz so einfach wie noch in den letzten Monaten. Wenn aufgestauter Ärger nun ein Ventil sucht, ist es möglich, dass es erst einmal den Drachen trifft. Nehmen Sie das Ganze nicht zu persönlich, sondern versuchen Sie lieber den wirklichen Gründen auf die Spur zu kommen.

Echte Freunde stehen zusammen. Dafür muss der Drache allerdings Einsatz und Hingabe zeigen. Wenn man das Gefühl hat, dass auf Sie kein Verlass ist, dürfen Sie sich nicht wundern, wenn Sie aus dem erlesenen Kreis ausgeschlossen werden.

Beruf, Finanzen: Vor den Erfolg hat der liebe Gott die Arbeit gestellt. Es ist illusorisch zu glauben, dass Sie Ihre Projekte erfolgreich zum Abschluss bringen können, ohne dafür den maximalen Einsatz zu zeigen. Der Wasser-Tiger ist bereit, für seine Überzeugungen aus seiner Komfortzone herauszukommen… gilt das auch für Sie, lieber Drache?

Komplexe Situationen brauchen nun vielleicht einfach noch ein bisschen mehr Zeit und Aufmerksamkeit. Da kann es sinnvoll sein, sich zusätzliche Meinungen einzuholen und sich nicht nur auf das eigene Wissen zu verlassen.

Tipp des Monats: Auf wen können Sie zählen, wenn es darauf ankommt? Kümmern Sie sich jetzt mehr um Ihre persönlichen Seilschaften!

SZE Schlange

Grundtendenz des Monats: Es kann überhaupt nicht schaden, wenn Sie sich Ihre Kräfte nun ein bisschen besser einteilen, liebe Schlange. Auch wenn Sie im Oktober der Ehrgeiz packt, heißt das ja nicht, dass Sie alle Ihre Projekte auf einmal angehen müssen. Lassen Sie sich bitte nicht einreden, dass Sie alle Chancen auf einmal auswählen müssen, sondern suchen Sie lieber mit kühlen Verstand aus, was nun am meisten Sinn macht.

Der Metall-Hund ergänzt den Wasser-Tiger in diesen Wochen aufs Beste. Damit die Schlange davon profitieren kann, ist es unabdingbar, dass sie sich nicht vor fremde Karren spannen lässt, sondern sich auf die eigenen Aktionen konzentriert.

Liebe, Familie, Freundschaft: Mit einseitigen Schuldzuweisungen kommen Sie jetzt wirklich nicht weiter. Wenn Sie ehrlich mit sich selbst sind, werden Sie feststellen, dass wahrscheinlich beide Seiten Fehler gemacht haben. Sollte es Ihnen schwer fallen, auf die Gegenseite zuzugehen, suchen Sie sich bitte einen neutralen Vermittler.

Der Hund, der den Oktober begleitet steht vor allem für Loyalität. Die können Sie in der Beziehung nun besonders beweisen, wenn man von außen versucht, Ihre bessere Hälfte aus der Reserve zu locken. Lassen Sie sich nicht verunsichern, sondern stehen Sie fest zu Ihrem Partner.

Beruf, Finanzen: Manche Situationen sind so komplex, dass Außenstehende sie kaum erfassen können. Da trifft es sich gut, dass die Schlange ein hervorragendes Auge für Details hat und es ihr überhaupt nichts ausmacht, tief in die Materie einzusteigen. Das macht Sie im Oktober zu einem besonders wertvollen Teammitglied.

Es ist schön, wenn am Arbeitsplatz alle an einem Strang ziehen. Gemeinsam lassen sich nun auch schwierige Aufgaben lösen - vor allem, wenn jeder das tut, was er am besten kann.

Tipp des Monats: Am Ende des Tages müssen Sie nur für Ihre eigenen Aktionen gerade stehen. Hüten Sie sich jetzt davor, zu viel Last von Anderen zu übernehmen.

WU
Pferd

Grundtendenz des Monats: Der Oktober könnte der beste Monat in diesem Jahr für das Pferd werden. Nun betritt ein loyaler Hund die Szene, der gemeinsam mit Tiger und Pferd das so genannte „Jagddreieck" bildet. Dieses steht nicht nur für eine gesunden Wettbewerbssinn und berufliche Ambitionen, sondern stärkt gleichzeitig auch das Feuerelement und damit die Motivation. Beste Voraussetzungen für das Pferd, in diesen Wochen voll durchzustarten.

Das zusätzliche Feuer kann aber auch dazu beitragen, dass sich der Stresslevel erhöht. Achten Sie auf die Signale und schalten Sie rechtzeitig einen Gang zurück.

Liebe, Familie, Freundschaft: Wann haben Sie sich das letzte Mal mit Freunden getroffen? Auch wenn im Augenblick viel los ist, sollten Sie sich jetzt Zeit für kleine Auszeiten mit den Menschen nehmen, die Ihnen wichtig sind und sich miteinander austauschen.

Der Hund verteidigt Heim und Hof mit Zähnen und Klauen, wenn es sein muss. Da wäre es vielleicht eine gute Idee, ungelöste Konflikte jetzt auszutragen und sich die entsprechende Unterstützung zu sichern. Bedenken Sie jedoch, dass im Oktober eher die eigenen Pfründe verteidigt werden.

Beruf, Finanzen: Der Jahresregent verfügt über einen sehr ausgeprägten Sinn für Gerechtigkeit und kann es gerade jetzt schwer ertragen, wenn es am Arbeitsplatz nicht korrekt zugeht. Vielleicht fragen Sie sich kurz, wo Ihre Loyalitäten liegen. Weisen Sie freundlich aber bestimmt auf die Sache hin. Verlieren Sie dabei aber bitte auf keinen Fall die Fassung, sondern bleiben Sie ruhig. Sie suchen jemandem, mit dem Sie sich messen können? Dann achten Sie nun darauf, dass es jemand ist, der das Ganze wie Sie sportlich nimmt. Schließlich wollen Sie doch nicht, dass die Stimmung am Arbeitsplatz auf Dauer angespannt ist.

Tipp des Monats: Man kann nicht immer recht haben. Stehen Sie dazu, wenn Sie sich geirrt haben.

WEI
Ziege

Grundtendenz des Monats: Hund und Tiger versuchen jetzt im Oktober vielleicht, die Ziege ein wenig anzutreiben. Schließlich ergänzen sich diese Beiden vor allem dann ganz hervorragend, wenn es darum geht, die eigenen Pläne voranzubringen. Sie können sich darauf einlassen und schauen, wie weit Sie das jetzt bringen kann. Wenn Sie es jetzt lieber ruhiger angehen wollen, spricht allerdings auch nichts dagegen.

Vielleicht ist Ihnen in den letzten Monaten schon aufgefallen, dass es sich deutlich leichter voranschreiten lässt, wenn Sie nicht so viel alten Ballast mit sich herumtragen. Es gibt sicher noch einige Dinge, von denen Sie sich trennen könnten.

Liebe, Familie, Freundschaft: Freundschaften wollen gepflegt werden - das gilt gerade in Zeiten, wo es nicht ganz so einfach ist, den regelmäßigen Kontakt zu halten. Mit Hilfe des Tigers lassen sich nun auch Missverständnisse ausräumen, die Sie in der Vergangenheit dazu bewogen haben, sich ein wenig zurückzuziehen. Seien Sie einfach ehrlich und schildern Sie, wie Sie sich fühlen.

Wenn Sie sich bislang aus einem Konflikt herausgehalten haben, mag es nun nötig sein, dass Sie vermittelnd eingreifen. Erinnern Sie beide Seiten daran, in der Diskussion sachlich zu bleiben und versuchen Sie, nicht zwischen die Fronten zu geraten.

Beruf, Finanzen: Warum einfach, wenn es auch kompliziert geht? Wenn Sie sich jetzt von dem alten Glaubenssatz lösen könnten, dass es eben schwer ist, Erfolg zu haben, würden Sie sich das Leben um einiges leichter machen.

Bis zu einem gewissen Grad können Sie sich darauf verlassen, dass man Sie jetzt unterstützt. Wenn es allerdings hart auf hart kommt, wird wahrscheinlich jeder erst einmal versuchen, die eigenen Schäfchen ins Trockene zu bringen. Da sollten Sie sich also keine allzu großen Illusionen machen und sich lieber einen Plan B bereit legen.

Tipp des Monats: Lassen Sie jetzt nicht zu, dass andere ihre schlechte Laune an Ihnen auslassen.

> Kalter Tau / Frost kommt herab < Oktober

SUNG Affe

Grundtendenz des Monats: Im Oktober ergänzt ein Hund den Tiger und bringt dessen Eigenschaften noch einmal mehr zum tragen. Das könnte jetzt dafür sorgen, dass sich der Gegensatz zwischen dem Affen und dem Jahresregenten noch weiter verstärkt. So wird es vielleicht nicht einfach für Sie sein, nun die eigene Agenda weiterzuverfolgen. Wenn Sie merken, dass Ihnen der Wind nun etwas rauer um die Ohren bläst, nehmen Sie sich einfach ein bisschen mehr zurück.

Geben Sie Ihren Gegnern nun bitte kein Ventil für deren Ärger. Es ist im Oktober wirklich besser, Auseinandersetzungen aus dem Weg zu gehen und keine unnötige Angriffsfläche zu bieten.

Liebe, Familie, Freundschaft: Es mag sein, dass es für den Affen nicht so wichtig ist, ständig Kontakt zu Familie und Freunden zu halten. Wahrscheinlich geht es Ihren Lieben da aber ganz anders und sie wünschen sich schon, dass Sie sich ein bisschen mehr kümmern. Manchmal reicht schon ein Anruf oder eine kurze Nachricht, um zu zeigen, dass man aneinander denkt.

Der Hund möchte für sichere Verhältnisse sorgen. Wenn der Affe in einer frischen Beziehung dazu jetzt noch nicht bereit ist, ist es in Ordnung, dem Ganzen noch ein bisschen mehr Zeit zu geben. Anders sieht es in länger bestehenden Partnerschaften aus - da ist es jetzt wichtig, klar Stellung zu beziehen.

Beruf, Finanzen: Mischen Sie diesen Monat einfach nicht ganz vorne mit, dann müssen Sie sich auch nicht unnötig ärgern, wenn die Dinge sich nun anders entwickeln als gewünscht. Mit Abstand betrachtet ist das vielleicht gar nicht schlecht und bringt Sie für die kommenden Monaten in eine bessere Ausgangsposition.

Auch wenn die Opposition in diesen Wochen stark ist, bedeutet das nicht, dass Sie allen Auseinandersetzungen aus dem Weg gehen sollen. Wer gute Argumente hat, sollte diese ruhig vorbringen.

Tipp des Monats: Wägen Sie ab, wann es sich lohnt, den Mund aufzumachen. Hüten Sie sich davor zu provozieren.

YU Hahn

Grundtendenz des Monats: Im Herbst wird das Metallelement des Hahns auch noch über die Jahreszeit unterstützt. Wenn die Blätter von den Bäumen fallen ist deshalb auch die beste Zeit für ihn, sich von Dingen zu trennen, die nicht mehr in sein Leben passen.

Im Oktober kommt zum Jahresregenten noch ein Hund hinzu, der es Ihnen vielleicht nicht ganz so leicht macht, alte Wege zu verlassen. Dieses Tierzeichen steht nämlich Veränderungen immer erst einmal skeptisch gegenüber. Das sollte den Hahn nun aber nicht davon abhalten, Entscheidungen zu treffen. Mit der Umsetzung können Sie ja noch bis zum nächsten Monat warten, falls es sich noch nicht ganz richtig anfühlt.

Liebe, Familie, Freundschaft: Sind Sie wirklich sicher, dass Sie hundertprozentig recht haben? Gerade in diesem Monat sollten Sie das lieber noch einmal überprüfen und gegebenenfalls Ihr Urteil revidieren. Sie brechen sich keinen Zacken aus der Krone, wenn Sie Größe zeigen und den Fehler zugeben.

Wer loyal zu seinen Freunden steht, wird in diesem Monat sicher dafür belohnt. Schließlich ist es heute keineswegs mehr selbstverständlich, dass man in Kontakt bleibt und sich wenn nötig umeinander kümmert. Pflegen Sie Ihre Freundschaften und machen Sie ruhig den ersten Schritt, wenn auf der anderen Seite gerade Stille herrscht.

Beruf, Finanzen: Jetzt bekommen die ehrgeizigen Pläne des Hahns mächtig Aufwind. Hund und Tiger unterstützen Sie jetzt bei der Umsetzung und sorgen für die nötige Unterstützung, wenn Sie selbst nicht die nötigen Kapazitäten frei haben.

An Selbstbewusstsein sollte es Ihnen nun nicht mangeln. Wenn Sie sich trotzdem noch zögerlich verhalten, könnte das daran liegen, dass Sie sich wieder einmal zu sehr an den Details festbeißen. Lösen Sie sich von dem Gedanken, dass Sie alle Risiken von Anfang an ausschließen können.

Tipp des Monats: Es kann sehr befreiend sein, Ballast abzuwerfen. Weg mit den Altlasten!

> Kalter Tau / Frost kommt herab < Oktober

SHIH
Hund

Grundtendenz des Monats: Der Hund hat zuweilen die Tendenz, es sich schwerer zu machen, als es im Grunde nötig wäre. Gerade im Jahr des Tigers gibt es aber wirklich keinen Grund für Selbstsabotage. Schließlich fördert der Jahresregent den Hund in allen Bereichen und das dürften Sie im bisherigen Verlauf des Jahres ja auch schon gemerkt haben, oder? Anstatt sich jetzt also in Selbstzweifeln zu suhlen, sollten Sie sich lieber auf die spannenden Möglichkeiten konzentrieren, die vor Ihnen liegen. Vielleicht ist es immer nur ungewohnt für den Hund, Veränderungen aktiv einzuleiten. Wenn Sie es bislang eher gewohnt waren, einfach nur zu reagieren, wird es nun höchste Zeit, Ihr Schicksal selbst in die Hand zu nehmen.

Liebe, Familie, Freundschaft: Sie möchten nun schon genau wissen, auf wen Sie sich wirklich verlassen können. Die Unterstützung von Partner und Familie ist besonders dann wichtig, wenn Sie sich gerade einmal wieder weniger selbstsicher fühlen. Sie können allerdings nicht davon ausgehen, dass sich die Loyalität immer unmittelbar zeigt. Man kann Ihnen durchaus zur Seite stehen und trotzdem nicht immer sofort alles stehen und liegen lassen, wenn Sie sich melden.

Beruf, Finanzen: Für komplexe Probleme gibt es jetzt keine einfachen Lösungen. Da muss der Hund nun schon ein bisschen tiefer graben und sich intensiver mit der Sache beschäftigen. Wahrscheinlich braucht es einen Kraftakt des gesamten Teams, um einen gangbaren Weg zu finden. Tragen Sie Ihren Teil dazu bei, auch wenn die Vorschläge nicht unbedingt nach Ihrem Geschmack sind.

Wenn Sie das Gefühl haben, dass die Aufgaben jetzt nicht gerecht verteilt werden, sollten Sie sich direkt melden. Hat sich erst einmal eine gewisse Routine eingeschlichen, lässt sich wahrscheinlich nicht mehr viel an der Situation ändern.

Tipp des Monats: Streit kann sich immer dort entzünden, wo beide Seiten nicht zugeben können, wenn sie im Unrecht sind. Machen Sie den ersten Schritt, damit die Atmosphäre sich schnell wieder entspannen kann.

HAN
Schwein

Grundtendenz des Monats: Gemeinsam mit dem Hund kann der Tiger das Schwein im Oktober sicher ganz wunderbar motivieren. Ziele, die noch vor einigen Wochen in weiter Ferne zu sein schienen, rücken damit ein gutes Stück näher. Jetzt kommt es nur noch darauf an, dass Sie bei der Sache bleiben und sich auf den eigenen Erfolg konzentrieren.

Wer sich dagegen wieder einmal von seiner Umgebung ablenken lässt, darf sich nicht wundern, wenn es auch jetzt nicht richtig voran geht. Aber vielleicht macht Ihnen das ja gar nichts aus und Sie sind auch so zufrieden. Es gehört schließlich zu den besten Eigenschaften des Schweins, dass es in der Lage ist, aus jeder Situation das Beste zu machen.

Liebe, Familie, Freundschaft: Schwein und Hund harmonieren sehr gut auf der partnerschaftlichen Ebene. Da sollte es in diesem Bereich nun also keine Probleme geben, wenn beide Seiten sich am richtigen Platz fühlen.

Wollen Sie wirklich als Vermittler tätig werden im weiten Familien- oder Freundeskreis? Das ist jetzt eine ziemlich undankbare Aufgabe, um die sich sicher niemand reißt. Wenn es Ihnen ein wirkliches Anliegen ist - nur zu! Falls Sie es im Grunde nur allen recht machen wollen, lassen Sie auf jeden Fall die Finger davon. Das Ganze bringt Ihnen dann mehr Ärger, als Sie es gebrauchen können.

Beruf, Finanzen: Manche Probleme schwelen so lange unter der Oberfläche, dass man sie irgendwann einfach nicht mehr ignorieren kann. Wenn die Angelegenheit im Grunde nichts mit Ihnen zu tun hat, lassen Sie bitte andere die Kohlen aus dem Feuer holen. Sind Sie dagegen selbst betroffen, müssen Sie sich wohl oder übel damit beschäftigen.

Besonnene Investitionen führen nun zum Erfolg. Gehen Sie bei Ihren Finanzen jetzt lieber auf Nummer sicher.

Tipp des Monats: Welchen Ballast können Sie jetzt hinter sich lassen? Überlegen Sie nicht zu lange, sondern lassen Sie einfach los.

Oktober 2022	Jahreskonstellation – Wasser Tiger Monatskonstellation – Metall Hund

1. Feuer Schwein	Ratte Büffel Tiger **Hase** Drache Schlange Pferd **Ziege** Affe Hahn **Hund Schwein** **Günstig:** Umziehen, Reisen, Hochzeiten, Empfänge, wichtige Konferenzen. **Ungünstig:** geistige Arbeiten, Gartenarbeit, häusliche Tätigkeiten.
2. Erd Ratte	**Ratte Büffel** Tiger Hase **Drache** Schlange Pferd Ziege **Affe** Hahn Hund Schwein **Günstig:** Versammlungen, gerechte Verteilungen, Hochzeit, Konferenzen, Umzug. **Ungünstig:** Gartenarbeit, Dinge zum Abschluss bringen.
3. Erd Büffel	**Ratte Büffel** Tiger Hase Drache **Schlange** Pferd Ziege Affe **Hahn** Hund Schwein **Günstig:** Gartenarbeit, Feiern, Hochzeit, Dinge zum Abschluss bringen. **Ungünstig:** keine Anschuldigungen gegen Dritte erheben.
4. Metall Tiger	Ratte Büffel **Tiger Hase** Drache Schlange **Pferd** Ziege Affe Hahn **Hund** Schwein **Günstig:** Gartenarbeit, Hochzeit, Dinge zum Abschluss bringen. **Ungünstig:** Umzug, Reisen, Geschäftseröffnung.
5. Metall Hase	Ratte Büffel **Tiger Hase** Drache Schlange Pferd **Ziege** Affe Hahn Hund **Schwein** **Günstig:** Ausruhen, Meditation, seinen Hobbys nachgehen. **Ungünstig:** wichtige Unternehmungen.
6. Wasser Drache	**Ratte** Büffel Tiger Hase **Drache Schlange** Pferd Ziege **Affe** Hahn Hund Schwein **Günstig:** Amüsieren, mit Freunden ausgehen, Freizeitaktivitäten. **Ungünstig:** geschäftliche Aktivitäten, neue Dinge anfangen.
7. Wasser Schlange	Ratte **Büffel** Tiger Hase **Drache Schlange** Pferd Ziege Affe **Hahn** Hund Schwein **Günstig:** für die meisten Aktivitäten, Geschäftsabschlüsse, Partnerschaft. **Ungünstig:** negative Bemerkungen über andere Menschen.
8. Holz Pferd	Ratte Büffel **Tiger** Hase Drache Schlange **Pferd Ziege** Affe Hahn **Hund** Schwein **Günstig:** für die meisten Aktivitäten, Geschäftsabschlüsse, Partnerschaft. **Ungünstig:** negative Bemerkungen über andere Menschen.
9. Holz Ziege	Ratte Büffel Tiger **Hase** Drache Schlange **Pferd Ziege** Affe Hahn Hund **Schwein** **Günstig:** Handel, Geschäftseröffnungen, Hochzeiten und andere Feste planen. **Ungünstig:** Beerdigungen, Reisen, Arztbesuche.
10. Feuer Affe	**Ratte** Büffel Tiger Hase **Drache** Schlange Pferd Ziege **Affe Hahn** Hund Schwein **Günstig:** Handwerkliche Aktivitäten, Handel, Hochzeiten, Reisen. **Ungünstig:** Trauerfeiern und Beerdigungen, schwere körperliche Arbeit.
11. Feuer Hahn	Ratte **Büffel** Tiger Hase Drache **Schlange** Pferd Ziege **Affe Hahn** Hund Schwein **Günstig:** Ankündigungen machen, Beerdigungen, Trauerfeiern. **Ungünstig:** Handel, Vergnügungen, Freizeitaktivitäten.
12. Erd Hund	Ratte Büffel **Tiger** Hase Drache Schlange **Pferd** Ziege Affe Hahn **Hund Schwein** **Günstig:** Kleidung schneidern, Handel, Buchhaltung, Ausflüge, neue Dinge beginnen. **Ungünstig:** Geschäfte eröffnen, Kraftanstrengungen, Reisen, Ersparnisse ausgeben.
13. Erd Schwein	Ratte Büffel Tiger **Hase** Drache Schlange Pferd **Ziege** Affe Hahn **Hund Schwein** **Günstig:** Putzen, waschen, fasten, seelische und körperliche Pflege, Arztbesuche. **Ungünstig:** Ausdauersport, Reisen, Hochzeit.
14. Metall Ratte	**Ratte Büffel** Tiger Hase **Drache** Schlange Pferd Ziege **Affe** Hahn Hund Schwein **Günstig:** Umziehen, Reisen, Hochzeiten, Empfänge, wichtige Konferenzen. **Ungünstig:** geistige Arbeiten, Gartenarbeit, häusliche Tätigkeiten.
15. Metall Büffel	**Ratte Büffel** Tiger Hase Drache **Schlange** Pferd Ziege Affe **Hahn** Hund Schwein **Günstig:** Versammlungen, gerechte Verteilungen, Hochzeit, Konferenzen, Umzug. **Ungünstig:** Gartenarbeit, Dinge zum Abschluss bringen.

Ob ein Tag besonders günstig für Ihr Tierzeichen ist, sehen Sie an folgenden Farben:
Rot = sehr günstig, Grau = günstig, Schwarz = nicht günstig

Jahreskonstellation – Wasser Tiger Monatskonstellation – Metall Hund	Oktober 2022

16. Wasser Tiger	Ratte Büffel **Tiger** **Hase** Drache Schlange **Pferd** Ziege Affe Hahn **Hund** Schwein **Günstig:** Gartenarbeit, Feiern, Hochzeit, Dinge zum Abschluss bringen. **Ungünstig:** keine Anschuldigungen gegen Dritte erheben.
17. Wasser Hase	Ratte Büffel **Tiger** **Hase** Drache Schlange Pferd **Ziege** Affe Hahn Hund **Schwein** **Günstig:** Gartenarbeit, Feiern, Hochzeit, Dinge zum Abschluss bringen. **Ungünstig:** keine Anschuldigungen gegen Dritte erheben.
18. Holz Drache	**Ratte** Büffel Tiger Hase **Drache** **Schlange** Pferd Ziege **Affe** Hahn Hund Schwein **Günstig:** Ausruhen, Meditation, seinen Hobbys nachgehen. **Ungünstig:** wichtige Unternehmungen.
19. Holz Schlange	Ratte **Büffel** Tiger Hase **Drache** **Schlange** Pferd Ziege Affe **Hahn** Hund Schwein **Günstig:** Amüsieren, mit Freunden ausgehen, Freizeitaktivitäten. **Ungünstig:** geschäftliche Aktivitäten, neue Dinge anfangen.
20. Feuer Pferd	Ratte Büffel **Tiger** Hase Drache Schlange **Pferd** **Ziege** Affe Hahn **Hund** Schwein **Günstig:** für die meisten Aktivitäten, Geschäftsabschlüsse, Partnerschaft. **Ungünstig:** negative Bemerkungen über andere Menschen.
21. Feuer Ziege	Ratte Büffel Tiger **Hase** Drache Schlange **Pferd** **Ziege** Affe Hahn Hund **Schwein** **Günstig:** Handel, Geschäftseröffnungen, Hochzeiten und andere Feste planen. **Ungünstig:** Beerdigungen, Reisen, Arztbesuche.
22. Erd Affe	**Ratte** Büffel Tiger Hase **Drache** Schlange Pferd Ziege **Affe** **Hahn** Hund Schwein **Günstig:** Handwerkliche Aktivitäten, Handel, Hochzeiten, Reisen. **Ungünstig:** Trauerfeiern und Beerdigungen, schwere körperliche Arbeit.
23. Erd Hahn	Ratte **Büffel** Tiger Hase Drache **Schlange** Pferd Ziege **Affe** **Hahn** Hund Schwein **Günstig:** Ankündigungen machen, Beerdigungen, Trauerfeiern. **Ungünstig:** Handel, Vergnügungen, Freizeitaktivitäten.
24. Metall Hund	Ratte Büffel **Tiger** Hase Drache Schlange **Pferd** Ziege Affe Hahn **Hund** **Schwein** **Günstig:** Kleidung schneidern, Handel, Buchhaltung, Ausflüge, neue Dinge beginnen. **Ungünstig:** Geschäfte eröffnen, Kraftanstrengungen, Reisen, Ersparnisse ausgeben.
25. Metall Schwein	Ratte Büffel Tiger **Hase** Drache Schlange Pferd **Ziege** Affe Hahn **Hund** **Schwein** **Günstig:** Putzen, waschen, fasten, seelische und körperliche Pflege, Arztbesuche. **Ungünstig:** Ausdauersport, Reisen, Hochzeit.
26. Wasser Ratte	**Ratte** **Büffel** Tiger Hase **Drache** Schlange Pferd Ziege **Affe** Hahn Hund Schwein **Günstig:** Umziehen, Reisen, Hochzeiten, Empfänge, wichtige Konferenzen. **Ungünstig:** geistige Arbeiten, Gartenarbeit, häusliche Tätigkeiten.
27. Wasser Büffel	**Ratte** **Büffel** Tiger Hase Drache **Schlange** Pferd Ziege Affe **Hahn** Hund Schwein **Günstig:** Versammlungen, gerechte Verteilungen, Hochzeit, Konferenzen, Umzug. **Ungünstig:** Gartenarbeit, Dinge zum Abschluss bringen.
28. Holz Tiger	Ratte Büffel **Tiger** **Hase** Drache Schlange **Pferd** Ziege Affe Hahn **Hund** Schwein **Günstig:** Gartenarbeit, Feiern, Hochzeit, Dinge zum Abschluss bringen. **Ungünstig:** keine Anschuldigungen gegen Dritte erheben.
29. Holz Hase	Ratte Büffel **Tiger** **Hase** Drache Schlange Pferd **Ziege** Affe Hahn Hund **Schwein** **Günstig:** Gartenarbeit, Hochzeit, Dinge zum Abschluss bringen. **Ungünstig:** Umzug, Reisen, Geschäftseröffnung.
30. Feuer Drache	**Ratte** Büffel Tiger Hase **Drache** **Schlange** Pferd Ziege **Affe** Hahn Hund Schwein **Günstig:** Ausruhen, Meditation, seinen Hobbys nachgehen. **Ungünstig:** wichtige Unternehmungen.
31. Feuer Schlange	Ratte **Büffel** Tiger Hase **Drache** **Schlange** Pferd Ziege Affe **Hahn** Hund Schwein **Günstig:** Amüsieren, mit Freunden ausgehen, Freizeitaktivitäten. **Ungünstig:** geschäftliche Aktivitäten, neue Dinge anfangen.

TZE
Ratte

Grundtendenz des Monats: Mit dem Schwein kehrt im November eine Zeit der Reife und Ernte ein. Wer in den vergangenen Monaten dafür gesorgt hat, dass die Dinge auf den Weg gebracht wurden, darf sich nun durchaus schon über erste Ergebnisse freuen. Vielleicht kann das auch ein Ansporn sein für die Ratten, die bislang nur im Pläne schmieden voran gekommen sind. Lassen Sie den Worten spätestens jetzt Taten folgen! Sonst verpufft die anspornende Energie des Wasser-Tigers ungenutzt und das wäre doch sehr schade.

Wer sich in diesen Wochen mehr Stabilität und Sicherheit wünscht, sollte sich ein wenig mehr um sein Erdelement kümmern und die Mitte stärken. Sorgen Sie mental und körperlich für ein gutes Fundament, auf dem Sie in den kommenden Monaten aufbauen können.

Liebe, Familie, Freundschaft: Das Wohlbefinden der Familie sollte im November im Vordergrund Ihrer Aufmerksamkeit stehen. Nehmen Sie sich Zeit für jeden einzelnen und lernen Sie zuzuhören. Gerade wenn es um den eigenen Nachwuchs geht, ist es nun sehr wichtig, mehr in die Tiefe zu gehen. Das mag für so manche Ratte nicht einfach sein - ist aber unabdingbar für eine solide Vertrauensbasis.

In der Liebe darf sich die Ratte ruhig auch ein bisschen mehr anstrengen in diesen Wochen. Dabei sollten Sie nun vor allem für mehr Behaglichkeit und Beständigkeit sorgen.

Beruf, Finanzen: Das Metall-Schwein ist für seine Disziplin und seinen Fleiß bekannt. Das kann sich die Ratte nun zunutze machen und auch bei den Aufgaben vollen Einsatz zeigen, die ihr im Grunde nicht besonders liegen. Beweisen Sie Kollegen und Vorgesetzten, dass Sie durchaus in der Lage sind, auch unangenehme Dinge gewissenhaft zu erledigen. Je schneller Sie die Sache hinter sich bringen, desto mehr Energie und Zeit haben Sie für spannendere Projekte.

Tipp des Monats: Die Ernte fährt sich nicht von alleine ein. Da braucht es nun schon noch einmal Ihren Einsatz.

KIU
Büffel

Grundtendenz des Monats: Im November dürfte der Schwerpunkt für viele Büffel einmal mehr auf der familiären Ebene liegen. Schließlich begleitet den Monat ein Schwein, dass den Tierzeichen zugerechnet wird, die sich am besten Heim und Familie widmen können.

Das bedeutet nun aber nicht, dass der Büffel seinen Fokus komplett neu ausrichten muss. Der Jahresregent wünscht sich nämlich nach wie vor, dass Sie Ihren persönlichen Ambitionen entschlossen nachgehen. In diesen Wochen kann es eventuell nötig sein, Ihr Zeitmanagement mehr in Richtung Privatleben zu verschieben. Schon im nächsten Monat wird sich sich die Ausrichtung dann wahrscheinlich wieder ändern dürfen

Liebe, Familie, Freundschaft: Mit einem gemütlichen Heim ist sicher schon einmal viel gewonnen für Ihr Wohlbefinden. Noch schöner fänden es einsame Büffel sicher, wenn Sie die eigenen vier Wände mit einem Herzensmenschen teilen könnten. Damit das im Jahr des Tigers noch Wirklichkeit werden kann, müssen Sie sich jetzt deutlich mehr bewegen.

Gegenseitiges Verständnis ist im November in bestehenden Partnerschaften ganz besonders wichtig. Versuchen Sie nicht, die andere Seite um jeden Preis von Ihrer Ansicht zu überzeugen. 2022 ist es wichtig, dass jeder ein gewisses Maß an Eigenständigkeit behalten darf.

Beruf, Finanzen: Eine gewisse Disziplin ist schon erforderlich, wenn Sie laufende Projekte noch in diesem Jahr abschließen wollen. Da hilft es wenig, wenn der Wasser-Tiger mit neuen Chancen wirbt - zunächst einmal wollen die alten Dinge noch erledigt werden. Sie sollten sich nicht zu schade sein, Unterstützung anzufordern, wenn Sie sich mit dem aktuellen Arbeitspensum überfordert fühlen. Holen Sie sich lieber Hilfe ins Boot, bevor am Ende noch das Ergebnis leidet.

Vertrauen ist gut, aber Kontrolle ist besser! Das gilt nun vor allem für alle finanziellen Belange, die Sie gut im Auge behalten sollten.

Tipp des Monats: Achten Sie auf die Zwischentöne und bleiben Sie diplomatisch!

YING Tiger

Grundtendenz des Monats: Es wird durchaus gewürdigt, wenn der Tiger sich für die Allgemeinheit einsetzt. Gerade im November würde man sich sicher wünschen, dass Sie in dem Bereich etwas aktiver werden. Anstatt also nur darüber zu reden, wie man es besser machen könnte und was alles verändert werden müsste, dürfen Sie sich ruhig direkt einbringen.

Mit dem Metall-Schwein an der Seite kann der Tiger in diesem Monat sein Durchhaltevermögen zeigen. Mit der nötigen Disziplin lassen sich nun auch schwierige Situationen meistern und zum Guten wenden.

Liebe, Familie, Freundschaft: Im November kommt der Harmonie im familiären Bereich eine besondere Bedeutung zu. Dabei braucht es in der Regel jetzt gar nicht viel, damit alle zufrieden sind. Das Glück liegt oft in den kleinen Dingen - darauf darf sich der Tiger jetzt wirklich besinnen. Es braucht also vielleicht gar keine großen Veränderungen im Privaten. Vielmehr geht es nun darum, dass was man hat, auch wirklich zu schätzen.

Dem Tiger fällt es zuweilen nicht leicht, die eigenen Bedürfnisse zurückzustellen. Wenn Sie damit aber erreichen können, dass sich Ihr Partner langfristig weiterentwickeln kann, sollten Sie wirklich nicht lange nachdenken.

Beruf, Finanzen: Vielleicht wäre es Ihnen lieber, wenn man nun die Ernte für Sie einfährt und Sie nicht selbst aktiv werden müssen. Das wird aber wohl in den kommenden Wochen kaum passieren… So heißt es dann jetzt für den Tiger, die Ärmel hochzukrempeln und sich höchstpersönlich um das Ergebnis seines Einsatzes zu kümmern. Die Sache hat auch etwas Gutes, denn so müssen Sie die Kontrolle nicht abgeben und können sicherstellen, dass alles glatt läuft.

Es ist nicht alles Gold, was glänzt, lieber Tiger. Aktuelle Angebote sollten deshalb jetzt akribisch überprüft werden. Wägen Sie sorgfältig ab, ob es sich wirklich lohnt einzusteigen.

Tipp des Monats: Bilden Sie jetzt ruhig ein paar Rücklagen, wenn es die Situation erlaubt. So können Sie Ihre Pläne jederzeit umsetzen.

MAO Hase

Grundtendenz des Monats: Es ist an der Zeit, Ergebnisse vorzuweisen. Dabei bekommt der Hase im November nicht nur die Unterstützung von einem fleißigen Schwein, sondern darf sich auch auf die natürliche Autorität des Jahresherrschers stützen. So können Sie doch gleich deutlich selbstbewusster auftreten, wenn es darum geht, den eigenen Anteil am Kuchen einzufordern.

Feuer- und Erdelement sind in diesem Monat nicht ganz so gut vertreten. Da ist es für den Hasen umso wichtiger, dass er selbst sich selbst gut motiviert und außerdem für die nötige Stabilität sorgt. Wenn Sie im Gleichgewicht bleiben, lässt sich der Alltag viel stressfreier bewältigen.

Liebe, Familie, Freundschaft: Tritt das Schwein auf den Plan, geht es in der Regel immer mehr um die Familie als um den beruflichen Erfolg. So kann der Hase seine Aufmerksamkeit im November wieder mehr auf die privaten Angelegenheiten verlagern ohne dadurch Nachteile zu haben. Ganz im Gegenteil - die Zuwendung von Familie und Partner kann ihn nun ganz besonders beflügeln.

Aber nicht nur das Wohlergehen der Familie ist dem Metall-Schwein wichtig - es setzt sich nun auch für die Belange der Schwächeren und sozial Benachteiligten ein. Vielleicht gelingt es dem mitfühlenden Hasen, seine Lieben auch für solche Projekte zu gewinnen?

Beruf, Finanzen: Wer sich beruflich mit den Dingen des täglichen Bedarfs befasst, darf sich über einen besonders guten Monat freuen. Vor allem die Tätigkeiten, die mit der Ernährung oder der Gesundheit in Zusammenhang stehen, werden jetzt begünstigt. Vielleicht ist es hier nun an der Zeit, gemeinsam mit dem Tiger entsprechende Erweiterungen oder Ergänzungen vorzunehmen?

Ohne Disziplin ist im November nur wenig zu erreichen. Gerade die lästigeren Aufgaben können Sie nun nicht länger aufschieben. Mit dem nötigen Fleiß bekommen Sie das Ganze aber locker in diesem Monat in den Griff.

Tipp des Monats: Wenn Sie etwas wirklich wollen, können Sie das jetzt auch erreichen.

> Winterbeginn / Kleiner Schnee < November

SHENG Drache

Grundtendenz des Monats: Haben Sie die vergangenen Monate von der starken Energie des Tigers profitiert und sind auch in schwierigen Situationen am Ball geblieben? Ihren Einsatz weiß der Jahresregent zu schätzen und belohnt ihn in diesen Wochen besonders großzügig. Wer sich dagegen bislang noch nicht wirklich in die Arbeit gestürzt hat, hat nun auch nicht viel zu erwarten.

Im November betritt ein fleißiges Metall-Schwein die Bühne.Vielleicht gelingt es ihm, den einen oder anderen Drachen noch einmal dazu zu motivieren, sich doch noch ein bisschen mehr ins Zeug zu legen. Sein zusätzliches Yin-Metall kann dabei helfen, bei der Sache zu bleiben und sich nicht ablenken zu lassen.

Liebe, Familie, Freundschaft: Das Schwein legt den Fokus in diesem Monat sicher noch mehr auf die Familie. Schließlich ist es diesem Tierzeichen ganz besonders wichtig, dass sich alle seine Lieben in seinem Heim wohlfühlen. Das gepaart mit dem Verantwortungsbewusstsein des Tigers sorgt dafür, dass der Drache sich im November deutlich mehr auf das Wohl von Familie und Partner konzentrieren darf.

Wer sich in seiner Partnerschaft ein gewisses Maß an Unschuld bewahrt hat, wird nun mit einem Vertrauensvorschuss belohnt. Verspielen Sie diesen nicht leichtfertig mit gedankenlosen Aktionen, sondern bleiben Sie aufmerksam.

Beruf, Finanzen: Auch wenn auf der privaten Ebene nun einiges los ist, heißt das nicht, dass Sie sich im Job ausruhen können. Auch hier kommt im November das zusätzliche Yin-Metall zum Tragen, was den Drachen zu mehr Disziplin anhalten will. Dieser Aspekt kann Ihnen nun helfen, auch eher lästige Arbeiten schnell und schmerzlos hinter sich zu bringen. Ab nächsten Monat ist dann wieder Zeit für die spannenderen Momente auf der beruflichen Ebene. Bis dahin heißt es wahrscheinlich für die meisten Drachen „Augen zu und durch"…

Tipp des Monats: Schätzen Sie auch die kleinen Dinge in Ihrem Leben! Sie machen jeden Tag zu etwas Einzigartigem.

SZE Schlange

Grundtendenz des Monats: Es ist an der Zeit, die Spreu vom Weizen zu trennen. Dafür muss sich die Schlange in diesen Wochen unter Umständen von Dingen lösen, die Sie über die Zeit lieb gewonnen hat, die ihr aber nun einfach nicht mehr gut tun. Ein guter Anteil an Yin-Metall kann Ihnen im November dabei helfen, die Sache auch wirklich durchzuziehen. Ist der Schnitt erst einmal gemacht, können Sie sich gleich viel leichter fühlen.

Das Schwein, was den Monat begleitet, steht in direkter Opposition mit der Schlange im Chinesischen Tierkreis. Da kann es durchaus schon einmal zu Reibungen kommen, die sich aber nicht zu größeren Problemen ausweiten dürften, wenn Sie sich nicht zu viele Gedanken machen.

Liebe, Familie, Freundschaft: Erscheint das Schwein auf der Bildfläche, sind die familiären Angelegenheiten besser nicht zu vernachlässigen. Jetzt ist es also wichtig, dass der Haussegen gerade hängen bleibt, selbst wenn die Schlange dafür zuweilen nachgeben muss. Wenn Sie ehrlich zu sich selbst sind, ist es die Sache ohnehin nicht wert, als dass man sich darüber länger ärgern sollte.

Das Schwein hat in der Regel unbegrenztes Vertrauen zu seinem Partner, während sich die Schlange damit manchmal etwas schwer tut. Haben Sie mal darüber nachgedacht, woran das liegen könnte?

Beruf, Finanzen: Wenn sich Ihre Finanzen positiv entwickeln, liegt das daran, dass Sie eine solide Leistung gebracht haben. Sie dürfen sich also ruhig selbst auf die Schulter klopfen!

Manchmal ist die Lösung viel einfacher, als man denkt. Machen Sie es sich also bitte jetzt nicht zu kompliziert, liebe Schlange! Mit dem Tiger herrscht 2022 deutlich mehr Klarheit als in den vergangenen Jahren. Nehmen Sie das jetzt einfach so hin und versuchen Sie nicht weiter, das Haar in der Suppe zu finden…

Tipp des Monats: Lassen Sie sich nicht verunsichern! Nur weil Sie anders als andere an eine Sache herangehen, muss das nicht automatisch schlecht sein.

WU
Pferd

Grundtendenz des Monats: Der Herbst neigt sich zwar dem Ende zu, aber seine Metall-Energie zeigt sich nun noch einmal an allen Ecken und Enden. Das kann auch für das Pferd bedeuten, dass es nun an der Zeit ist, einmal wieder richtig auszumisten. Schließlich ist nun der perfekte Zeitpunkt, um loszulassen und sich von Dingen zu trennen, die man nicht mehr braucht. Vielleicht können Sie das eine oder andere auch stiften oder einem guten Zweck zuführen?

Mit dem Schwein begleitet das Pferd nun ein Tierzeichen, dem es sehr wichtig ist, dass alle Menschen in seiner unmittelbaren Umgebung zufrieden sind. Das mag vielleicht nicht immer zu Ihren eigenen Plänen passen, die jetzt vielleicht etwas zurückstehen müssen.

Liebe, Familie, Freundschaft: Wenn es draußen kalt und grau ist, braucht auch das unabhängige Pferd einen Platz, an dem es es sich gemütlich machen kann. Wenn Ihre Lieben nun für einen solchen Platz sorgen, dürfen Sie das Angebot ruhig annehmen. Oft sind es die kleinen Dinge, die uns Glück und Zufriedenheit bescheren.

In der Liebe lässt sich nicht immer alles planen, auch wenn Ihnen das der Jahresherrscher vielleicht einreden möchte. Wird Ihnen das jetzt bewusst, fühlen Sie sich nun vielleicht erst einmal etwas unsicher. Da hilft nur tief durchzuatmen und tiefer zu vertrauen.

Beruf, Finanzen: So manches Projekt mag sich nun schon dem Ende zuneigen und es ist Zeit, die Früchte Ihrer Arbeit zu ernten. Wer die Energie des Wasser-Tigers in den letzten Monaten genutzt hat, wurde mit mehr Zielstrebigkeit und Durchsetzungsvermögen belohnt. Da dürfte das Ergebnis nun entsprechend positiv ausfallen.

Wer dagegen bislang noch nicht ganz so glücklich mit dem Ergebnis ist, kann sich nun vielleicht noch einmal motivieren und erreicht so mit Hilfe des Schweins mehr innere Zufriedenheit.

Tipp des Monats: Setzen Sie sich ruhig mehr für die Belange der Menschen in Ihrer Umgebung ein. Ihre Hilfsbereitschaft wir belohnt werden.

WEI
Ziege

Grundtendenz des Monats: Wenn die Tage kürzer und kälter werden, hat die Ziege nun vielleicht den Impuls, sich mehr in die eigenen vier Wände zurück zu ziehen. Auf der anderen Seite gibt es an der Seite des Tigers sicher auch noch einiges zu erleben. Da müssen Sie schon abwägen, was sich jetzt besser anfühlt. Berücksichtigen Sie dabei auf jeden Fall Ihr persönliches Energielevel. Wer sich jetzt voller Tatkraft fühlt, darf sich im November gerne mehr für die Allgemeinheit engagieren. Nachbarschaftshilfe oder ehrenamtliche Tätigkeiten stehen dabei jetzt besonders hoch im Kurs. Suchen Sie etwas, was Ihnen richtig Freude macht.

Liebe, Familie, Freundschaft: Der häusliche Frieden sollte allen Beteiligten in diesem Monat heilig sein. Schließlich ist der November der Monat des freundlichen Schweins, das nun will, dass sich alle wohlfühlen. Damit kommt es den Bedürfnissen der Ziege sehr entgegen - auch diese wünscht sich ja vor allem Harmonie.

Große Veränderungen sind auf der privaten Ebene in diesem Monat eher nicht zu erwarten. Dafür ist es allen Beteiligten nun zu wichtig, den allgemeinen Frieden zu wahren. Schwein und Ziege sind sehr auf das Wohlergehen der Familie bedacht und wollen dieses jetzt auf keinen Fall gefährden.

Beruf, Finanzen: Dass man mit Fleiß allein nicht weiterkommt, dürfte der Ziege wohl bekannt sein. Vor allem, wer nun seine Arbeitskraft Anderen zur Verfügung stellt, darf sich nicht wundern, wenn am Ende der Erfolg nicht dem eigenen Konto zugeschrieben wird. Mit dem Tiger an Ihrer Seite können Sie nun durchaus eigene Akzente setzen, ohne dabei den Rest des Teams vor den Kopf zu stoßen.

Die Ziege hat in der Regel einen langen Atem und kann abwarten, bis sich der Wind in Ihre Richtung dreht. Irgendwann darf aber auch Ihre Geduld am Ende sein.

Tipp des Monats: Sie ernten, was Sie gesät haben. Jetzt zeigt sich, ob Sie auf die richtigen Dinge gesetzt haben.

SUNG
Affe

Grundtendenz des Monats: Das strukturierende Metallelement, das den Affen schon in den letzten Monaten begleitet hat, ist jetzt im November zum vorerst letzten Mal präsent. Da bietet es sich an, jetzt noch einmal in allen Bereichen für Ordnung zu sorgen. Machen Sie sich Gedanken darüber, was Ihnen im Rest des Jahres wichtig ist und auf was Sie ab sofort gerne verzichten können. Wer jetzt loslässt, geht deutlich entspannter in den Endspurt im Tigerjahr.

Der Jahresregent konnte den Affen in den letzten Wochen vielleicht mehr unter Kontrolle halten, als es diesem recht war. Jetzt ist es an der Zeit, wieder eigene Impulse zu setzen.

Liebe, Familie, Freundschaft: Häusliche Harmonie ist jetzt besonders wichtig, denn mit dem Schwein begleitet den Affen nun ein Tierzeichen, das für seine Fürsorglichkeit bekannt ist. Sorgen Sie also dafür, dass sich zu Hause alle wohlfühlen - Sie selbst natürlich eingeschlossen!

Kleine Kinder, kleine Probleme; große Kinder, große Probleme… Wenn der Affe denkt, er könne sich jetzt mehr aus der elterlichen Verantwortung herausschleichen, irrt er wahrscheinlich. Es ist allerdings die Frage, ob sich der Nachwuchs von Ihnen wirklich etwas sagen lässt. Versuchen Sie bitte, nicht mit zweierlei Maß zu messen. Was Sie sich von Ihren Kindern wünschen, sollten Sie selbst auch beherzigen.

Beruf, Finanzen: Wie schaut es denn mit Ihren Finanzen aus, lieber Affe? Hat der Tiger Ihnen geholfen, dass sich dieser Bereich besser entwickeln konnte? Oder haben Sie sich eher dazu verleiten lassen, mehr auszugeben als ursprünglich geplant? Ob sich zusätzliche Kosten am Ende amortisieren hängt jetzt wohl davon ab, ob Sie Ihren Visionen ein stabiles Fundament geben können.

Manche Aufgaben kann man nur hinter sich bringen, wenn man einfach fleißig ist und nicht zu viel darüber nachdenkt.

Tipp des Monats: Anstatt von Ast zu Ast zu hüpfen, sollte sich der Affe jetzt lieber auf einige wenige Aufgaben konzentrieren.

YU
Hahn

Grundtendenz des Monats: Der kühle und nasse November steht meistens im Zeichen von mehr Häuslichkeit. Das liegt sicher nicht nur am Wetter, sondern auch an dem freundlichen Schwein, das den Monat begleitet. Dieses Tierzeichen ist nämlich bekannt für seine Fähigkeit, sich überall gemütlich einzurichten. Sollte der Hahn also in diesen Wochen einfach mal keine Lust haben, vor die Tür zu gehen, geht das vollkommen in Ordnung.

Das Yin-Metall ist jetzt besonders gut ausgeprägt. Es steht unter anderem für Disziplin und Durchhaltevermögen. Damit lassen sich nun vielleicht auch lästigere Aufgaben doch noch konzentriert weiterführen.

Liebe, Familie, Freundschaft: Vielleicht gibt es ja Familienmitglieder, die Sie in der letzten Zeit ein wenig vernachlässigt haben. Ist das der Fall dürfen Sie sich nun ruhig ein bisschen mehr Zeit nehmen und den Kontakt auffrischen. Das Schwein gehört zu den familienfreundlichsten Tierzeichen in der Chinesischen Astrologie und freut sich, wenn sich alle verstehen.

Wer keine eigene Familie hat, möchte nun vielleicht trotzdem etwas Gutes tun. Engagieren Sie sich in diesem Fall gerne für soziale Belange - da gibt es im Augenblick sicher genug Möglichkeiten. Vielleicht können Sie Ihren Einsatz ja gemeinsam mit Freunden oder Kollegen organisieren?

Beruf, Finanzen: Es ist an der Zeit, nach dem Ergebnis zu schauen. Schließlich sind Sie nun schon länger im Tigerjahr im Einsatz und fragen sich vielleicht, ob und wie sich die Unterstützung des aktuellen Herrschers bislang bemerkbar gemacht hat.

Wenn Sie nun feststellen, dass es doch nicht optimal gelaufen ist, bleiben immerhin noch zwei Monate Zeit, um die Schrauben an den richtigen Stellen noch einmal nachzuziehen. Wer dagegen nun schon ganz zufrieden ist, darf es zum Ende des Jahres etwas ruhiger angehen lassen.

Tipp des Monats: Sie müssen wirklich an Ihren Erfolg glauben. Dann können Sie mit dem Tiger an Ihrer Seite viele Dinge umsetzen, die so in den vergangenen Jahren nicht möglich waren.

SHIH
Hund

Grundtendenz des Monats: Ein letztes Mal wird im Jahr des Wasser-Tigers das Metallelement unterstützt. Das kann der Hund nun nutzen und vor allem auf der emotionalen Ebene für mehr Ordnung sorgen. Überlegen Sie sich jetzt gut, was Sie stresst und wo Sie vielleicht heftiger reagieren als nötig. Wenn Sie gewisse Punkte gefunden haben, geht es darum, entweder die Trigger zu vermeiden oder Methoden zu finden, mit denen Sie Ihre Emotionen im Bedarfsfall ausgleichen können.

Mit einem freundlichen Schwein bekommt der Hund nun einen Begleiter, der seine Aufmerksamkeit wieder mehr auf häusliche Themen lenkt.

Liebe, Familie, Freundschaft: Sie sind immer noch auf der Suche nach einem Menschen, mit dem Sie dauerhaft Ihren Alltag teilen können? Dann sollten Sie jetzt im November noch einmal genauer hinschauen. Im Monat des Metall-Schweins ist die Wahrscheinlichkeit gut, dass Sie eine gleichgesinnte Seele finden, der ein harmonisches Heim genauso am Herzen liegt wie Ihnen.

Läuft es in der Familie nicht rund, sollten nicht nur die äußeren Aspekte kontrolliert werden. Vielmehr wäre es jetzt wichtig, wenn sich alle auf der gefühlsmäßigen Ebene aussprechen. Offene Worte reichen vielleicht schon aus, um die Harmonie wieder herzustellen.

Beruf, Finanzen: Mit Fleiß kann der Hund jetzt konkrete Ergebnisse sehen. Der Einsatz dafür mag allerdings noch einmal hoch sein und Ihre komplette Aufmerksamkeit erfordern. Konzentrieren Sie sich auf eine Sache und stecken Sie Ihre ganze Energie hinein, wenn Sie das Gefühl haben, dass sich das wirklich lohnt. Was Sie dafür liegen lassen müssen, können Sie auch im nächsten Monat noch erledigen.

Es kommt jetzt schon darauf an, wohin Sie investieren. Stecken Sie Ihr Geld vor allem in konkrete Projekte und vermeiden Sie vage Zusagen, die schnell und problemlos große Gewinne versprechen - auch dann wenn die Empfehlung aus einer vertrauenswürdigen Quelle kommt.

Tipp des Monats: Streben Sie jetzt ein Gleichgewicht auf allen Ebenen an.

HAN
Schwein

Grundtendenz des Monats: Spätestens jetzt sollte das Schwein sich darüber klar werden, was es aus dem Jahr des Wasser-Tigers mitnehmen will. Vielleicht haben Sie inzwischen gemerkt, dass Sie die Dinge nicht so nehmen müssen, wie Sie kommen. Mit Hilfe des aktuellen Herrschers dürfen Sie Ihre Zukunft so gestalten, wie es Ihnen gefällt.

Diese Erkenntnis darf im November noch tiefer einsinken, denn nun wird der Kontrast zwischen Tiger und Schwein verstärkt. Mit einem weiteren Metall-Schwein an Ihrer Seite lässt sich noch deutlicher erkennen, dass es wichtig ist, sich nicht nur um Andere zu kümmern.

Liebe, Familie, Freundschaft: Wer sich in den letzten Monaten auf einen neuen Weg eingelassen hat, sollte nun auch dabei bleiben. Ein dauerndes hin und her tut weder Ihnen noch Ihren Lieben gut. Selbst wenn Sie Ihre Entscheidung bereuen, sollten Sie sich noch ein bisschen mehr Zeit, geben, bevor Sie eine Kehrtwende hinlegen.

Gegenseitiges Verständnis ist in der Partnerschaft enorm wichtig, damit beide Seiten Ihr volles Potential entfalten können. Der Tiger hat Ihnen in den vergangenen Monaten so manche Gelegenheit gegeben, sich selbst neu kennenzulernen. Teilen Sie Ihre Erkenntnisse nun auch mit Ihrer besseren Hälfte.

Beruf, Finanzen: Haben die ersten Monate der neuen Regentschaft vielleicht einiges an Kraft gekostet, sollte das Schwein spätestens jetzt wieder in ruhigeren Gewässern unterwegs sein. Wer rechtzeitig die neue Saat ausgebracht hat, darf sich nun über eine schöne Ernte freuen und den Rest des Jahres entspannter angehen. Wenn Sie mit Ihrer Planung ein bisschen später dran waren, sollten Sie lieber noch einmal ein bisschen mehr Gas geben.

„Das habe ich nicht wissen können" ist keine Ausrede, mit der Sie im Tigerjahr durchkommen. Der Regent geht davon aus, dass Sie sich gut informieren.

Tipp des Monats: Nur wenn Sie selbst stark sind, können Sie auch anderen helfen.

November 2022	Jahreskonstellation – Wasser Tiger Monatskonstellation – Metall Schwein

1. Erd Pferd	Ratte Büffel **Tiger** Hase Drache Schlange **Pferd** **Ziege** Affe Hahn **Hund** Schwein **Günstig:** für die meisten Aktivitäten, Geschäftsabschlüsse, Partnerschaft. **Ungünstig:** negative Bemerkungen über andere Menschen.
2. Erd Ziege	Ratte Büffel Tiger **Hase** Drache Schlange **Pferd** **Ziege** Affe Hahn Hund **Schwein** **Günstig:** Handel, Geschäftseröffnungen, Hochzeiten und andere Feste planen. **Ungünstig:** Beerdigungen, Reisen, Arztbesuche.
3. Metall Affe	**Ratte** Büffel Tiger Hase **Drache** Schlange Pferd Ziege **Affe** **Hahn** Hund Schwein **Günstig:** Handwerkliche Aktivitäten, Handel, Hochzeiten, Reisen. **Ungünstig:** Trauerfeiern und Beerdigungen, schwere körperliche Arbeit.
4. Metall Hahn	Ratte **Büffel** Tiger Hase Drache **Schlange** Pferd Ziege **Affe** **Hahn** Hund Schwein **Günstig:** Ankündigungen machen, Beerdigungen, Trauerfeiern. **Ungünstig:** Handel, Vergnügungen, Freizeitaktivitäten.
5. Wasser Hund	Ratte Büffel **Tiger** Hase Drache Schlange **Pferd** Ziege Affe Hahn **Hund** **Schwein** **Günstig:** Kleidung schneidern, Handel, Buchhaltung, Ausflüge, neue Dinge beginnen. **Ungünstig:** Geschäfte eröffnen, Kraftanstrengungen, Reisen, Ersparnisse ausgeben.
6. Wasser Schwein	Ratte Büffel Tiger **Hase** Drache Schlange Pferd **Ziege** Affe Hahn **Hund** **Schwein** **Günstig:** Putzen, waschen, fasten, seelische und körperliche Pflege, Arztbesuche. **Ungünstig:** Ausdauersport, Reisen, Hochzeit.
7. Holz Ratte	**Ratte** **Büffel** Tiger Hase **Drache** Schlange Pferd Ziege **Affe** Hahn Hund Schwein **Günstig:** Putzen, waschen, fasten, seelische und körperliche Pflege, Arztbesuche. **Ungünstig:** Ausdauersport, Reisen, Hochzeit.
8. Holz Büffel	**Ratte** **Büffel** Tiger Hase Drache **Schlange** Pferd Ziege Affe **Hahn** Hund Schwein **Günstig:** Umziehen, Reisen, Hochzeiten, Empfänge, wichtige Konferenzen. **Ungünstig:** geistige Arbeiten, Gartenarbeit, häusliche Tätigkeiten.
9. Feuer Tiger	Ratte Büffel **Tiger** **Hase** Drache Schlange **Pferd** Ziege Affe Hahn **Hund** Schwein **Günstig:** Versammlungen, gerechte Verteilungen, Hochzeit, Konferenzen, Umzug. **Ungünstig:** Gartenarbeit, Dinge zum Abschluss bringen.
10. Feuer Hase	Ratte Büffel **Tiger** **Hase** Drache Schlange Pferd **Ziege** Affe Hahn Hund **Schwein** **Günstig:** Gartenarbeit, Feiern, Hochzeit, Dinge zum Abschluss bringen. **Ungünstig:** keine Anschuldigungen gegen Dritte erheben.
11. Erd Drache	**Ratte** Büffel Tiger Hase **Drache** **Schlange** Pferd Ziege **Affe** Hahn Hund Schwein **Günstig:** Gartenarbeit, Hochzeit, Dinge zum Abschluss bringen. **Ungünstig:** Umzug, Reisen, Geschäftseröffnung.
12. Erd Schlange	Ratte **Büffel** Tiger Hase **Drache** **Schlange** Pferd Ziege Affe **Hahn** Hund Schwein **Günstig:** Ausruhen, Meditation, seinen Hobbys nachgehen. **Ungünstig:** wichtige Unternehmungen.
13. Metall Pferd	Ratte Büffel **Tiger** Hase Drache Schlange **Pferd** **Ziege** Affe Hahn **Hund** Schwein **Günstig:** Amüsieren, mit Freunden ausgehen, Freizeitaktivitäten. **Ungünstig:** geschäftliche Aktivitäten, neue Dinge anfangen.
14. Metall Ziege	Ratte Büffel Tiger **Hase** Drache Schlange **Pferd** **Ziege** Affe Hahn Hund **Schwein** **Günstig:** für die meisten Aktivitäten, Geschäftsabschlüsse, Partnerschaft. **Ungünstig:** negative Bemerkungen über andere Menschen.
15. Wasser Affe	**Ratte** Büffel Tiger Hase **Drache** Schlange Pferd Ziege **Affe** **Hahn** Hund Schwein **Günstig:** Handel, Geschäftseröffnungen, Hochzeiten und andere Feste planen. **Ungünstig:** Beerdigungen, Reisen, Arztbesuche.

Ob ein Tag besonders günstig für Ihr Tierzeichen ist, sehen Sie an folgenden Farben:
Rot = sehr günstig, Grau = günstig, Schwarz = nicht günstig

Jahreskonstellation – Wasser Tiger Monatskonstellation – Metall Schwein	November 2022

16. Wasser Hahn	Ratte **Büffel** Tiger Hase Drache **Schlange** Pferd Ziege **Affe Hahn** Hund Schwein **Günstig:** Handwerkliche Aktivitäten, Handel, Hochzeiten, Reisen. **Ungünstig:** Trauerfeiern und Beerdigungen, schwere körperliche Arbeit.
17. Holz Hund	Ratte Büffel **Tiger** Hase Drache Schlange **Pferd** Ziege Affe Hahn **Hund Schwein** **Günstig:** Ankündigungen machen, Beerdigungen, Trauerfeiern. **Ungünstig:** Handel, Vergnügungen, Freizeitaktivitäten.
18. Holz Schwein	Ratte Büffel Tiger **Hase** Drache Schlange Pferd **Ziege** Affe Hahn **Hund Schwein** **Günstig:** Kleidung schneidern, Handel, Buchhaltung, Ausflüge, neue Dinge beginnen. **Ungünstig:** Geschäfte eröffnen, Kraftanstrengungen, Reisen, Ersparnisse ausgeben.
19. Feuer Ratte	**Ratte Büffel** Tiger Hase **Drache** Schlange Pferd Ziege **Affe** Hahn Hund Schwein **Günstig:** Putzen, waschen, fasten, seelische und körperliche Pflege, Arztbesuche. **Ungünstig:** Ausdauersport, Reisen, Hochzeit.
20. Feuer Büffel	**Ratte Büffel** Tiger Hase Drache **Schlange** Pferd Ziege Affe **Hahn** Hund Schwein **Günstig:** Umziehen, Reisen, Hochzeiten, Empfänge, wichtige Konferenzen. **Ungünstig:** geistige Arbeiten, Gartenarbeit, häusliche Tätigkeiten.
21. Erd Tiger	Ratte Büffel **Tiger Hase** Drache Schlange **Pferd** Ziege Affe Hahn **Hund** Schwein **Günstig:** Versammlungen, gerechte Verteilungen, Hochzeit, Konferenzen, Umzug. **Ungünstig:** Gartenarbeit, Dinge zum Abschluss bringen.
22. Erd Hase	Ratte Büffel **Tiger Hase** Drache Schlange Pferd **Ziege** Affe Hahn Hund **Schwein** **Günstig:** Gartenarbeit, Feiern, Hochzeit, Dinge zum Abschluss bringen. **Ungünstig:** keine Anschuldigungen gegen Dritte erheben.
23. Metall Drache	**Ratte** Büffel Tiger Hase **Drache Schlange** Pferd Ziege **Affe** Hahn Hund Schwein **Günstig:** Gartenarbeit, Hochzeit, Dinge zum Abschluss bringen. **Ungünstig:** Umzug, Reisen, Geschäftseröffnung.
24. Metall Schlange	Ratte **Büffel** Tiger Hase **Drache Schlange** Pferd Ziege Affe **Hahn** Hund Schwein **Günstig:** Ausruhen, Meditation, seinen Hobbys nachgehen. **Ungünstig:** wichtige Unternehmungen.
25. Wasser Pferd	Ratte Büffel **Tiger** Hase Drache Schlange **Pferd Ziege** Affe Hahn **Hund** Schwein **Günstig:** Amüsieren, mit Freunden ausgehen, Freizeitaktivitäten. **Ungünstig:** geschäftliche Aktivitäten, neue Dinge anfangen.
26. Wasser Ziege	Ratte Büffel Tiger **Hase** Drache Schlange **Pferd Ziege** Affe Hahn Hund **Schwein** **Günstig:** für die meisten Aktivitäten, Geschäftsabschlüsse, Partnerschaft. **Ungünstig:** negative Bemerkungen über andere Menschen.
27. Holz Affe	**Ratte** Büffel Tiger Hase **Drache** Schlange Pferd Ziege **Affe Hahn** Hund Schwein **Günstig:** Handel, Geschäftseröffnungen, Hochzeiten und andere Feste planen. **Ungünstig:** Beerdigungen, Reisen, Arztbesuche.
28. Holz Hahn	Ratte **Büffel** Tiger Hase Drache **Schlange** Pferd Ziege **Affe Hahn** Hund Schwein **Günstig:** Handwerkliche Aktivitäten, Handel, Hochzeiten, Reisen. **Ungünstig:** Trauerfeiern und Beerdigungen, schwere körperliche Arbeit.
29. Feuer Hund	Ratte Büffel **Tiger** Hase Drache Schlange **Pferd** Ziege Affe Hahn **Hund Schwein** **Günstig:** Ankündigungen machen, Beerdigungen, Trauerfeiern. **Ungünstig:** Handel, Vergnügungen, Freizeitaktivitäten.
30. Feuer Schwein	Ratte Büffel Tiger **Hase** Drache Schlange Pferd **Ziege** Affe Hahn **Hund Schwein** **Günstig:** Kleidung schneidern, Handel, Buchhaltung, Ausflüge, neue Dinge beginnen. **Ungünstig:** Geschäfte eröffnen, Kraftanstrengungen, Reisen, Ersparnisse ausgeben.

TZE
Ratte

Grundtendenz des Monats: Im Dezember bekommt die Ratte Gesellschaft von ihresgleichen. Das kann vor allem auf der geistigen Ebene sehr anregend wirken und so manche neue Idee darf sich entwickeln. So ist es kein Wunder, dass zum Ende des Kalenderjahres vor allem die kreativen und schöpferischen Tätigkeiten für die Ratte unter einem guten Stern stehen.

Mit Hilfe des Wasser-Tigers können Sie nun noch einmal analysieren, welche Ihrer Pläne das Zeug zum Erfolg haben. Konzentrieren Sie sich auf diese Aspekte und trennen Sie sich jetzt lieber gleich von den Einfällen, die zu kompliziert, zu teuer oder einfach zu aufwendig sind. Sie ersparen sich im nächsten Jahr so einigen Stress!

Liebe, Familie, Freundschaft: Ein zufriedenes und erfülltes Leben braucht nicht ständig aufregende Neuheiten, liebe Ratte. Tun Sie sich und Ihrem Partner den Gefallen und konzentrieren Sie sich auf das Hier und Jetzt! Das ist weniger anstrengend und macht das Zusammenleben deutlich harmonischer!

Wer auch im Jahr des Tigers bis jetzt noch keinen Erfolg bei der Partnersuche hatte, sollte nicht in Panik verfallen. Vielleicht braucht es in Ihrem Fall doch mehr eine sanfte Energie wie die des Hasen, der im nächsten Jahr des Zepter übernimmt. Entspannen Sie sich also und lassen den Dingen einfach ihren Lauf.

Beruf, Finanzen: Ein gesunder Ehrgeiz hat noch niemandem geschadet - das sollten Sie im Jahr des Tigers schon gemerkt haben, liebe Ratte! Da dürfen Sie jetzt im Dezember ruhig ein bisschen mehr Entschlossenheit zeigen, wenn es darum geht, auf der Karriereleiter weiter nach oben zu klettern. So lange Sie darauf achten, nicht auf Kosten anderer Ihren Weg zu gehen, ist Ihnen Hilfe von oberster Stelle sicher.

Wenn es um Ihre Ausgaben geht, ist noch einmal eine bedachte Vorgehensweise gefragt. Wägen Sie sorgfältig ab, was wirklich Sinn macht.

Tipp des Monats: Glauben Sie an sich und Ihre Fähigkeiten und zeigen Sie Ihre Stärke!

KIU
Büffel

Grundtendenz des Monats: Ein starkes Wasserelement kommt zum Ende des Kalenderjahres mit der Wasser-Ratte ins Spiel. Für den Büffel kann das bedeuten, dass sich nun viele Dinge gleichzeitig auf gedanklicher Ebene abspielen, was es ihm erschwert, aktiv zu werden. Vielleicht wäre es hilfreich, klare Prioritäten zu setzen und sich dann auf diese zu beschränken. Sie müssen ja wirklich nicht alles noch in den beiden letzten Monaten des Tiger-Jahres erledigen.

Was braucht der Büffel, um sich innerlich reich zu fühlen? Bei genauerer Betrachtung ist das vielleicht deutlich weniger als Sie geglaubt haben…

Liebe, Familie, Freundschaft: Traditionell wird zum Jahresende ein Resümee gezogen. Dafür darf sich der Büffel nun durchaus auch einmal ein wenig zurückziehen. Gerade wenn Ihnen jetzt viele Dinge im Kopf herumspuken, sollten Sie sich die Zeit für eine Innenschau nehmen. Diese müssen Sie aber bitte gut kommunizieren, damit Ihre Lieben wissen, woran sie sind.

Gleichen Sie Ihre innere Wahrnehmung nun ruhig noch einmal mit Hilfe Ihres Partners mit der Realität ab. Vielleicht sind in den letzten Monaten wichtige Dinge unausgesprochen geblieben. Mit dem aktuellen Jahresregenten ist es sicher einfacher, offen die nötigen Wahrheiten auszusprechen und gemeinsam zu einer Lösung zu kommen.

Beruf, Finanzen: Mit der Ratte an seiner Seite kann der Büffel im Dezember noch einmal Konzepte entwickeln, die auch über das Tiger-Jahr hinaus Bestand haben können. Dafür braucht es in der Regel keine großartigen Ressourcen, sondern einfach nur ein wenig Zeit und gesunden Menschenverstand.

Das starke Yang Wasser birgt in diesem Monat noch einmal die Gefahr, dass starke Meinungen aufeinander prallen. Sie tun gut daran, Ihre Argumente mit Bedacht zu präsentieren.

Tipp des Monats: Überlegen Sie sich genau, was wirklich Sinn macht für Sie und verabschieden Sie sich von anderen Dingen.

YING
Tiger

Grundtendenz des Monats: Eine aktive Wasser-Ratte begleitet den Tiger zum Ende des Kalenderjahres und bringt vielleicht noch einmal ein paar neue Ideen ins Spiel. Vor allem dürfte sie ihn jedoch zum nachdenken anregen. Bevor sich nun zu viele Dinge in Ihrem Kopf abspielen, sollten Sie sich einen Gesprächspartner suchen, der gemeinsam mit Ihnen die zahlreichen Gedanken sortieren kann.
Generell mag die Ratte ein guter Impulsgeber für den Tiger sein. Es hängt aber jetzt davon ab, wie viel freie Kapazitäten Sie im Augenblick haben. Wer ohnehin schon zu viel zu tun hat, sollte sich nun lieber nicht noch zusätzliche Arbeit aufhalsen. Sehen Sie lieber zu, dass Sie angefangene Aktionen noch im Tigerjahr abschließen können.

Liebe, Familie, Freundschaft: Die Kommunikation dürfte in diesen Wochen vor allem auf der privaten Ebene eine wichtige Rolle für den Tiger spielen. Das starke Wasserelement sorgt dafür, dass generell das Mitteilungsbedürfnis steigt. Da muss man umso mehr darauf achten, dass man jetzt nicht aneinander vorbei redet.
In der Liebe lässt sich nun nichts erzwingen. Ein starker Wille allein reicht nicht aus, um die andere Seite von den eigenen Qualitäten zu überzeugen. Da müssen Sie sich schon etwas anderes einfallen lassen. Vielleicht kann die kreative Ratte auch hier ein paar originelle Ideen beisteuern?

Beruf, Finanzen: Es mag nun noch die eine oder andere Entscheidung zu treffen sein, bevor sich das Tigerjahr dem Ende zuneigt. Wenn Sie noch nicht ganz klar sehen können, in welche Richtung das Ganze gehen soll, wäre es sicher gut, darüber zu sprechen. Das ist allemal besser, also das Für und Wider permanent im Kopf herum zu schieben, ohne zu einem konkreten Ergebnis zu kommen.
Zum Ende des Jahres sollten Sie noch einmal gut auf Ihr Budget achten. Manche Dinge brauchen jetzt wirklich keine großen Ausgaben.

Tipp des Monats: Das Analysieren der aktuellen Situation kann sicher nicht schaden. Man kann es jedoch auch damit übertreiben.

MAO
Hase

Grundtendenz des Monats: Zum Ende des Kalenderjahres kommt mit der lebendigen Wasser-Ratte noch einmal ordentlich Bewegung ins Spiel. Sie ergänzt sich ausgesprochen gut mit dem Wasser-Tiger, wenn es darum geht, spannende neue Wirkungsfelder zu entdecken und zu erkunden. Das starke Wasser birgt allerdings jetzt die Gefahr, dass viele inspirierende Gedanken auf der geistigen Ebene stecken bleiben, weil der Hase nicht entscheiden kann, was er konkret angehen soll.
Wenn der Wasser-Tiger etwas will, dann fragt er in der Regel nicht lange, sondern greift einfach beherzt zu. Das dürfen Sie sich jetzt ruhig auch ein bisschen mehr trauen, lieber Hase.

Liebe, Familie, Freundschaft: Wenn es gelingt, das Kopfkino auszuschalten, kann der Hase im Dezember eine erfüllte Zeit mit Partner und Familie verbringen. Für die innere Zufriedenheit braucht es dabei sicher weniger, als man Ihnen zuweilen von außen weismachen möchte.
In der Liebe dürfen Sie nun durchaus auch einmal nehmen, anstatt immer nur zu geben. Ist Ihnen schon einmal der Gedanke gekommen, dass Ihr Partner sich liebend gerne um Ihr Wohlbefinden kümmern möchte? Sie müssen jetzt wirklich nicht in Vorleistung gehen, sondern können sich einfach mal zurücklehnen und genießen.

Beruf, Finanzen: Am Ende des Jahres wird in der Regel immer ein Resümee gezogen. Was ist in den vergangenen Monaten gut gelaufen? Was kann verbessert werden? Wo können Sie sich noch mehr einbringen? Je ehrlicher Sie jetzt in der Selbsteinschätzung sind, desto einfach wird es sein, das Momentum des Tigerjahres mit ins nächste Jahr zu nehmen. Diese Stärke können Sie auch dann ausspielen, wenn ab Februar 2023 der Wasser-Hase die Regentschaft übernimmt.
Bis dahin können Sie sicher noch einmal die Kräfte sammeln und vielleicht sogar noch mehr in neue Bereiche vorstoßen, die es dann im neuen Jahr zu verfeinern gilt.

Tipp des Monats: Werden Sie sich Ihrer inneren und äußeren Qualitäten bewusst!

SHENG Drache

Grundtendenz des Monats: Das Kalenderjahr neigt sich dem Ende zu und bringt Ihnen sicher noch einmal ein paar schöne Überraschungen. Schließlich kommt mit der Ratte nun ein Tierzeichen ins Spiel, dass sich ganz besonders gut mit dem Drachen ergänzt. Beide verfügen über ein wundervolles kreatives Potential, das sich jetzt im Dezember sicher entfalten darf. Ob sich aus den vielen guten Ideen wirklich etwas entwickeln kann, wird sich erst später zeigen.

Es ist nicht alles Gold, was glänzt. Lassen Sie sich nun nicht von schnellen Versprechungen blenden, sondern schauen Sie lieber zweimal hin, bevor Sie sich für eine Sache entscheiden, die Ihnen am Ende nur Arbeit macht.

Liebe, Familie, Freundschaft: In der Liebe zählen einmal mehr die kleinen Gesten. Es muss nicht immer gleich das ganz große Kino sein, um den Partner zu beeindrucken. Das wird übrigens auch gar nicht von Ihnen erwartet, lieber Drache. Setzen Sie sich also jetzt nicht unnötig unter Druck, sondern geben Sie einfach spontan, was Ihnen aus dem Herzen kommt.

Gute Gespräche sind fast durch nichts zu ersetzen, wenn es um die persönlichen Beziehungen geht. Nehmen Sie sich jetzt die Zeit und setzen Sie sich entspannt mit den Menschen zusammen, die Ihnen wichtig sind.

Beruf, Finanzen: Das starke Wasser-Element kann jetzt im Dezember dazu führen, dass sich der Drache mehr auf das Denken als auf die Umsetzung verlegt. Wenn es sich um ein eher unausgegorenes Projekt handelt, mag das in Ordnung sein. In allen anderen Fällen halten Sie sich wahrscheinlich damit nur von der Arbeit ab. Lassen Sie es nicht zu, dass durch unnötige Gedankenspiele die Arbeit leidet.

Sparsamkeit ist eine Tugend in diesen Wochen. Vor allem, wenn Ihr Konto gerade nicht ganz so gut gefüllt ist, sollten Sie sich also bei den Ausgaben lieber zurückhalten.

Tipp des Monats: Wenn Sie etwas wirklich wollen, können Sie es jetzt auch erreichen. Lassen Sie sich nichts anderes einreden.

SZE Schlange

Grundtendenz des Monats: Zum Ende des Kalenderjahres bringt die Ratte eine sehr starke Wasser-Energie mit, die die Schlange deutlich spüren dürfte. Das kann sich auf die Kommunikation in ihrer Umgebung auswirken, die sich nun vielfältiger und zuweilen vielleicht auch etwas verwirrend darstellt. Da müssen Sie nun schon ganz genau hinhören, damit Ihnen kein Detail entgeht.

Auf der anderen Seite sorgt das viele Wasser wahrscheinlich auch dafür, dass so mancher Einfall auf der geistigen Ebene stecken bleibt. Der Dezember dürfte also für die Schlange kein guter Zeitpunkt sein, von der Idee in die Umsetzung zu kommen. Da verlegen Sie sich nun lieber noch ein bisschen länger auf die Planung.

Liebe, Familie, Freundschaft: Viele Dinge scheinen nun im Fluss zu sein, was der Schlange vielleicht ein bisschen zu schaffen macht. Wenn ein wenig mehr Flexibilität gefordert ist, muss das nicht schlecht sein. Schließlich kann so frischer Wind in die Beziehung kommen und die Schlange kann einiges dazu lernen. Mittelfristig kann das die Liebe noch stärker machen.

Lassen Sie sich nichts einflüstern in diesen Wochen. So überzeugend Familie und Freunde es auch klingen lassen, am Ende des Tages müssen Sie doch Ihre eigenen Entscheidungen treffen.

Beruf, Finanzen: Sicher hat Sie der Tiger unter seiner Regentschaft dazu animiert, in großen Zusammenhängen zu denken und denkwürdige Erfolge anzustreben. Zum Ende seiner Herrschaft wird die Schlange nun vielleicht merken, dass es nicht immer der ganz große Wurf sein muss.

Kleinere Projekte, die sich nun dem Ende zuneigen, waren einfacher zu bewältigen und haben Ihnen außerdem wahrscheinlich auch mehr Freude gemacht. Finanziell oder für die Karriere mag das nicht ganz so viel gebracht haben, dafür mussten Sie sich aber auch nicht übermäßig stressen.

Tipp des Monats: Egal, wie schmal die Reserven sind - ein zufriedenes Leben ist immer in Ihrer Reichweite. Es liegt an Ihnen!

WU
Pferd

Grundtendenz des Monats: Das Kalenderjahr neigt sich dem Ende zu und bringt mit der Wasser-Ratte noch einmal viel Bewegung und vielleicht auch einige Gegensätze ins Spiel. Schließlich ist die Wasserenergie nun sehr stark ausgeprägt und bildet ein starkes Gegengewicht zum Feuerelement des Pferdes. Das kann nun dazu führen, dass sich viel auf der gedanklichen Ebene abspielt und das Pferd sich weniger im Hier und Jetzt befindet.

Auf der anderen Seite kann die Ratte auch sehr inspirierend wirken und das Pferd auf wundervolle neue Ideen bringen. Die sollten Sie gleich im nächsten Monat auf ihre Machbarkeit überprüfen und sich bitte jetzt noch nicht direkt in die Umsetzung stürzen.

Liebe, Familie, Freundschaft: In Ihrem privaten Umfeld ist man nun vielleicht der Meinung, dass Sie sich mit dem zufrieden geben sollten, was Sie haben. Gerade im Jahr des Wasser-Tigers wird das jedoch wahrscheinlich den meisten Pferden nicht reichen. Das birgt immer dann in den kommenden Wochen ein gewisses Konfliktpotential, wenn Ihre Lieben das Gefühl haben, zu kurz zu kommen.

Ratte und Pferd können zwar auf den ersten Blick kaum unterschiedlicher sein, aber beide verbindet das gute Verhältnis zum Tiger. Gerade in der Liebe können sich diese Gegensätze durchaus belebend auf die Partnerschaft auswirken.

Beruf, Finanzen: Neue Ideen sind prinzipiell sicher nichts Falsches, bekommen aber so kurz vor Jahresschluss vielleicht nicht die Aufmerksamkeit, die sie verdienen würden. Da macht es nun mehr Sinn, sich diese für einen späteren Zeitpunkt aufzuheben. Konzentrieren Sie sich lieber mehr auf die bestehenden Projekte.

Mit dem zusätzlichen Anteil an Yang Wasser wird jetzt noch einmal die Willenskraft gestärkt. Wer also unbedingt in diesem Jahr am Arbeitsplatz noch etwas Bestimmtes durchbringen möchte, hat nun gute Chancen, erfolgreich zu sein. Sie sollten allerdings nicht zu lange warten.

Tipp des Monats: Wenn andere nun nur reden, können Sie mit Taten überzeugen.

WEI
Ziege

Grundtendenz des Monats: Mit der Ratte begleitet Sie nun nicht gerade das entscheidungsfreudigste Tierzeichen im Chinesischen Horoskop. Das kommt der Ziege nicht unbedingt gelegen, denn zum Ende des Kalenderjahres sind in der Regel einige Entscheidungen für die kommenden Monate zu treffen. Anstatt das Pro und Kontra tagelang alleine im eigenen Kopf hin und her zu schieben, sollten Sie sich lieber jemandem anvertrauen.

Das Wasserelement wird im Dezember besonders stark betont. Da kann nun noch einmal einige in Bewegung geraten - vor allem auf der geistigen Ebene.

Liebe, Familie, Freundschaft: Man mag in Ihrem Umfeld nun der Meinung sein, dass genug geredet wurde. Gleichzeitig haben Sie aber wahrscheinlich noch einiges an Mitteilungsbedarf. Vielleicht können Sie einfach versuchen, klarer zu kommunizieren und sich für das Erste aufs Wesentliche zu beschränken?

Im Grunde braucht es gar nicht so viel zum persönlichen Glück. Wenn Sie ehrlich sind, reicht es Ihnen fast schon aus, wenn sich Ihre persönlichen Beziehungen harmonisch gestalten und Sie die Menschen auf Ihren Lebensweg begleiten können, die Ihnen wichtig sind. Wenn dabei dann auch die eigenen Bedürfnisse nicht zu kurz kommen, ist alles gut.

Beruf, Finanzen: Haben Sie sich getraut, die ersten Schritte in eine neue Richtung zu wagen, können Sie jetzt mit sich zufrieden sein. Vielleicht ist der ganz große Wurf noch nicht gelungen, aber dafür konnten Sie sich mit dem Tiger darüber klar werden, wohin die Reise geht. Wer noch Zweifel hat, darf sich ruhig noch einmal ausführlich Gedanken machen.

Wenn Sie nicht alleine entscheiden können oder wollen, holen Sie sich eben professionellen Rat ein. Manchmal braucht es eine neutrale Analyse von außen, damit man klarer sehen kann.

Tipp des Monats: Was Sinn macht für Sie können am Ende nur Sie allein sagen. Beim Entscheidungsprozess dürfen Sie sich aber ruhig helfen lassen.

SUNG
Affe

Grundtendenz des Monats: Einmal tief durchatmen und dann mit frischem Elan durchstarten - das darf der Affe im Dezember, wenn er mit der Ratte seit langem einmal wieder Unterstützung bekommt, die ganz nach seinem Geschmack ist. Da will der Affe am liebsten sofort loslegen, muss sich aber erst einmal fragen, ob er dafür genug freie Kapazitäten hat. Es ist niemandem geholfen, wenn Sie sich so kurz vor Ende des Tigerjahres übernehmen.
Die Ratte wirkt übrigens jetzt wie ein Bindeglied zwischen Tiger und Affe. Beide kommen wunderbar mit ihr aus und so kann jetzt vielleicht noch einmal der eine oder andere Gegensatz auf allen Ebenen überwunden werden.

Liebe, Familie, Freundschaft: Das Wasserelement ist jetzt besonders stark ausgeprägt, was für den Affen zweierlei bedeuten kann. Zum Einen wird der Schwerpunkt dadurch mehr auf die geistige Ebene gelegt. Vielleicht machen Sie sich dadurch viel zu viele Gedanken und damit unnötig Sorgen… wenn Sie Ihre Gefühle offen ansprechen würden, könnten Sie sich sicher einiges an inneren Tumulten sparen.
Zum Anderen stärkt das zusätzliche Wasser die Willenskraft - und zwar nicht nur die eigene, sondern auch die Ihrer Lieben. Da kann es nun durchaus die eine oder andere Diskussion geben, bis alltägliche Entscheidungen gefällt werden.

Beruf, Finanzen: Auch wenn das Gras am anderen Ufer nun vielleicht grüner scheint, sollten Sie jetzt nicht einfach alles stehen und liegen lassen, um etwas Neues anzufangen. Bemühen Sie sich um einen guten Abschluss, auch wenn Sie dabei erst einmal weniger Spaß haben. Der Aufwand ist schnell vergessen und Sie hinterlassen einen besseren Eindruck. Man trifft sich im Leben schließlich immer mehrmals.
Machen Sie sich ruhig mehr Gedanken über Ihre Motivation. Was treibt Sie in Ihrem Beruf an und wie können Sie diesen Aspekt noch mehr in den Vordergrund stellen?

Tipp des Monats: Ein erfülltes Leben ist immer möglich - arbeiten Sie an Ihren Glaubenssätzen.

YU
Hahn

Grundtendenz des Monats: Mit der starken Wasser-Energie, die die Ratte nun mitbringt, ist es kein Wunder, dass der Hahn sich über alle möglichen Dinge Gedanken macht. So manche Idee mag jetzt noch in Ihrem Kopf herumschwirren und darauf warten, in die Tat umgesetzt zu werden. Wenn möglich sollten Sie davon noch so viele wie möglich im Jahr des Wasser-Tigers anstoßen. Im nächsten Jahr wird es mit dem Hasen als Herrscher in diesem Bereich nicht ganz so einfach für den Hahn werden.
Wer nun Schwierigkeiten hat, sich zu sammeln, sucht sich am besten jemanden, mit dem er seine Gedanken teilen kann. Darüber zu sprechen hilft jetzt, die Sache klarer zu sehen.

Liebe, Familie, Freundschaft: Schauen Sie nun bitte noch einmal genau hin in Ihrer Partnerschaft: Sind beide Seiten zufrieden? Bekommen beide genug Freiräume und können sich entfalten? Falls Sie diese Fragen nicht mit ja beantworten können, sollten Sie sich nun schleunigst zusammen setzen und darüber reden. Suchen Sie gemeinsam nach einer Lösung, die längerfristig Bestand haben kann.
Konkrete Zusagen darf der Hahn auch seiner Familie machen. Dabei ist es wichtig, dass Sie nichts versprechen, was Sie nicht auch halten können. Der Tiger schätzt es nicht, wenn seine Untertanen nicht zu ihrem Wort stehen.

Beruf, Finanzen: Das starke Wasserelement kann zum Ende des Kalenderjahres auf beruflicher Ebene bedeuten, dass Sie sich mehr bewegen müssen. Das gilt übrigens sowohl auf der geistigen als auch auf der realen Ebene. Wählen Sie einen neuen Denkeinsatz für ein festgefahrenes Projekt oder brechen Sie zu einer Reise auf, um Ihren Horizont zu erweitern. Hauptsache, das Wasserelement darf im Fluss bleiben.
Eine abschließende Analyse kann Ihnen nun mehr Klarheit geben, wie die nächsten Schritte zu planen sind. Im Zweifelsfall können Sie dafür einen Experten mit ins Boot holen.

Tipp des Monats: Denken Sie nun nicht zu viel nach, sondern handeln Sie beherzt, wenn Sie alle Informationen haben.

SHIH
Hund

Grundtendenz des Monats: Zum Ende des Kalenderjahres bekommt der Hund noch einmal die eine oder andere kreative Eingebung mit auf den Weg. Mit der Ratte erscheint nun das erste Zeichen aus dem Tierkreis, das Sie auffordert, noch ein letztes Mal im Tigerjahr neue Projekte anzustoßen. Sollten Sie dazu so kurz vor Toresschluss noch genug Energie haben, ist zu empfehlen, dieser Einladung zu folgen. So können Sie sich eine gute Ausgangslage für die kommenden Monate schaffen.
Ratte und Tiger sind ein wirklich gutes Team, wenn es darum geht, den Hund noch einmal aus seiner Komfortzone zu stupsen. Lassen Sie sich ruhig darauf ein und beschreiten Sie mutig und entschlossen neue Wege.

Liebe, Familie, Freundschaft: Wer mit seinem Leben in den letzten zwölf Monaten zufrieden war, darf nun großzügig zurückgeben, was ihm zuteil wurde. Sicher gibt es in Ihrem persönlichen Umfeld liebe Menschen, bei denen es 2022 nicht ganz so rund gelaufen ist.
In der Partnerschaft braucht es nun keine großen Gesten, um zu zeigen, wie wichtig Ihnen Ihre bessere Hälfte ist. Sie sollten allerdings Ihre Gefühle schon zum Ausdruck bringen. Schließlich ist ein harmonischer Umgang miteinander keinesfalls so selbstverständlich, wie Sie das vielleicht glauben möchten.

Beruf, Finanzen: Manchmal braucht es nur eine zündende Idee, um ein stockendes Projekt wieder zum Laufen zu bringen. Die Ratte kann jetzt im Dezember diese Idee sicher liefern. Die Frage ist allerdings, ob der Hund mit seiner eher konservativen Grundhaltung sich traut, diesen Einfall wirklich umzusetzen.
Zum Ende des Jahres mag der Hund sich vielleicht nicht mehr so weit aus dem Fenster lehnen. Sie sollten es sich aber gut überlegen, ob Sie 2022 wirklich schon abhaken wollen. Unter Umständen ist noch einiges für Sie drin in den letzen Monaten.

Tipp des Monats: Zu viel Denken bringt Sie jetzt nicht weiter - mit dem Tiger an der Seite sollten Sie lieber noch einmal handeln!

HAN
Schwein

Grundtendenz des Monats: Zum Abschluss des Kalenderjahres wird noch einmal das Wasserelement stark betont. Mit der Ratte begleitet Sie zudem nun ein Zeichen, das vor allem auf der geistigen Ebene für mehr Bewegung sorgen kann. So lassen sich nun vortrefflich Pläne schmieden. Es ist allerdings fraglich, ob diese in der realen Welt Bestand haben können… Das sollte das Schwein nun aber nicht davon abhalten, die Fantasie spielen zu lassen. Wer weiß, vielleicht gibt es ja im nächsten Jahr die Möglichkeit, die Ideen doch noch zu vertiefen.

Liebe, Familie, Freundschaft: Wer sein Glück in den letzten Monaten auch einmal außerhalb der gewohnten Gefilde versucht hat, ist dort unter Umständen fündig geworden. Zum Ende des Jahres darf sich nun zeigen, ob das Ganze Bestand haben kann oder ob es sich eher um ein Strohfeuer gehandelt hat. Solange Sie das Ganze genießen konnten, ist alles gut
In einem Monat mit einem starken Wasserelement ist der Gesprächsbedarf in der Regel recht hoch. Das bedeutet allerdings nicht, dass es dabei wirklich in die Tiefe geht. Damit Sie jetzt nicht aneinander vorbei reden, sollten Sie sich bewusst Zeit für ein Gespräch nehmen und nicht nur sprechen, sondern vor allem auch gut zuhören.

Beruf, Finanzen: Die Ratte bringt im Dezember durchaus noch einmal ihre analytischen Qualitäten ins Spiel. Soll das Schwein nun zwischen verschiedenen Optionen wählen, ist es sicher einfacher als noch im vergangenen Monat, die Vor- und Nachteile abzuwägen. Es ist übrigens gar nicht unbedingt nötig, jetzt direkt eine endgültige Entscheidung zu treffen. Legen Sie einfach erst einmal alle Karten auf den Tisch und lassen Sie das Ganze in Ruhe auf sich wirken.
Das Wasserelement will immer in Bewegung sein. Das kann bedeuten, dass nun durch Reisen noch einmal einiges erreicht werden kann.

Tipp des Monats: Es muss wirklich nicht immer der ganz große Wurf sein - zeigen Sie sich zufrieden, mit dem, was Sie haben.

Dezember 2022	Jahreskonstellation – Wasser Tiger Monatskonstellation – Wasser Ratte

1. Erd Ratte	Ratte Büffel Tiger Hase Drache Schlange Pferd Ziege Affe Hahn Hund Schwein **Günstig:** Putzen, waschen, fasten, seelische und körperliche Pflege, Arztbesuche. **Ungünstig:** Ausdauersport, Reisen, Hochzeit.
2. Erd Büffel	Ratte Büffel Tiger Hase Drache Schlange Pferd Ziege Affe Hahn Hund Schwein **Günstig:** Umziehen, Reisen, Hochzeiten, Empfänge, wichtige Konferenzen. **Ungünstig:** geistige Arbeiten, Gartenarbeit, häusliche Tätigkeiten.
3. Metall Tiger	Ratte Büffel Tiger Hase Drache Schlange Pferd Ziege Affe Hahn Hund Schwein **Günstig:** Versammlungen, gerechte Verteilungen, Hochzeit, Konferenzen, Umzug. **Ungünstig:** Gartenarbeit, Dinge zum Abschluss bringen.
4. Metall Hase	Ratte Büffel Tiger Hase Drache Schlange Pferd Ziege Affe Hahn Hund Schwein **Günstig:** Gartenarbeit, Feiern, Hochzeit, Dinge zum Abschluss bringen. **Ungünstig:** keine Anschuldigungen gegen Dritte erheben.
5. Wasser Drache	Ratte Büffel Tiger Hase Drache Schlange Pferd Ziege Affe Hahn Hund Schwein **Günstig:** Gartenarbeit, Hochzeit, Dinge zum Abschluss bringen. **Ungünstig:** Umzug, Reisen, Geschäftseröffnung.
6. Wasser Schlange	Ratte Büffel Tiger Hase Drache Schlange Pferd Ziege Affe Hahn Hund Schwein **Günstig:** Ausruhen, Meditation, seinen Hobbys nachgehen. **Ungünstig:** wichtige Unternehmungen.
7. Holz Pferd	Ratte Büffel Tiger Hase Drache Schlange Pferd Ziege Affe Hahn Hund Schwein **Günstig:** Ausruhen, Meditation, seinen Hobbys nachgehen. **Ungünstig:** wichtige Unternehmungen.
8. Holz Ziege	Ratte Büffel Tiger Hase Drache Schlange Pferd Ziege Affe Hahn Hund Schwein **Günstig:** Amüsieren, mit Freunden ausgehen, Freizeitaktivitäten. **Ungünstig:** geschäftliche Aktivitäten, neue Dinge anfangen.
9. Feuer Affe	Ratte Büffel Tiger Hase Drache Schlange Pferd Ziege Affe Hahn Hund Schwein **Günstig:** für die meisten Aktivitäten, Geschäftsabschlüsse, Partnerschaft. **Ungünstig:** negative Bemerkungen über andere Menschen.
10. Feuer Hahn	Ratte Büffel Tiger Hase Drache Schlange Pferd Ziege Affe Hahn Hund Schwein **Günstig:** Handel, Geschäftseröffnungen, Hochzeiten und andere Feste planen. **Ungünstig:** Beerdigungen, Reisen, Arztbesuche.
11. Erd Hund	Ratte Büffel Tiger Hase Drache Schlange Pferd Ziege Affe Hahn Hund Schwein **Günstig:** Handwerkliche Aktivitäten, Handel, Hochzeiten, Reisen. **Ungünstig:** Trauerfeiern und Beerdigungen, schwere körperliche Arbeit.
12. Erd Schwein	Ratte Büffel Tiger Hase Drache Schlange Pferd Ziege Affe Hahn Hund Schwein **Günstig:** Ankündigungen machen, Beerdigungen, Trauerfeiern. **Ungünstig:** Handel, Vergnügungen, Freizeitaktivitäten.
13. Metall Ratte	Ratte Büffel Tiger Hase Drache Schlange Pferd Ziege Affe Hahn Hund Schwein **Günstig:** Kleidung schneidern, Handel, Buchhaltung, Ausflüge, neue Dinge beginnen. **Ungünstig:** Geschäfte eröffnen, Kraftanstrengungen, Reisen, Ersparnisse ausgeben.
14. Metall Büffel	Ratte Büffel Tiger Hase Drache Schlange Pferd Ziege Affe Hahn Hund Schwein **Günstig:** Putzen, waschen, fasten, seelische und körperliche Pflege, Arztbesuche. **Ungünstig:** Ausdauersport, Reisen, Hochzeit.
15. Wasser Tiger	Ratte Büffel Tiger Hase Drache Schlange Pferd Ziege Affe Hahn Hund Schwein **Günstig:** Umziehen, Reisen, Hochzeiten, Empfänge, wichtige Konferenzen. **Ungünstig:** geistige Arbeiten, Gartenarbeit, häusliche Tätigkeiten.

Ob ein Tag besonders günstig für Ihr Tierzeichen ist, sehen Sie an folgenden Farben:
Rot = sehr günstig, Grau = günstig, Schwarz = nicht günstig

Jahreskonstellation – Wasser Tiger
Monatskonstellation – Wasser Ratte

Dezember 2022

16. Wasser Hase	Ratte Büffel **Tiger** **Hase** Drache Schlange Pferd **Ziege** Affe Hahn Hund **Schwein** **Günstig:** Versammlungen, gerechte Verteilungen, Hochzeit, Konferenzen, Umzug. **Ungünstig:** Gartenarbeit, Dinge zum Abschluss bringen.
17. Holz Drache	**Ratte** Büffel Tiger Hase **Drache** **Schlange** Pferd Ziege **Affe** Hahn Hund Schwein **Günstig:** Gartenarbeit, Feiern, Hochzeit, Dinge zum Abschluss bringen. **Ungünstig:** keine Anschuldigungen gegen Dritte erheben.
18. Holz Schlange	Ratte **Büffel** Tiger Hase **Drache** **Schlange** Pferd Ziege Affe **Hahn** Hund Schwein **Günstig:** Gartenarbeit, Hochzeit, Dinge zum Abschluss bringen. **Ungünstig:** Umzug, Reisen, Geschäftseröffnung.
19. Feuer Pferd	Ratte Büffel **Tiger** Hase Drache Schlange **Pferd** **Ziege** Affe Hahn **Hund** Schwein **Günstig:** Ausruhen, Meditation, seinen Hobbys nachgehen. **Ungünstig:** wichtige Unternehmungen.
20. Feuer Ziege	Ratte Büffel Tiger **Hase** Drache Schlange **Pferd** **Ziege** Affe Hahn Hund **Schwein** **Günstig:** Amüsieren, mit Freunden ausgehen, Freizeitaktivitäten. **Ungünstig:** geschäftliche Aktivitäten, neue Dinge anfangen.
21. Erd Affe	**Ratte** Büffel Tiger Hase **Drache** Schlange Pferd Ziege **Affe** **Hahn** Hund Schwein **Günstig:** für die meisten Aktivitäten, Geschäftsabschlüsse, Partnerschaft. **Ungünstig:** negative Bemerkungen über andere Menschen.
22. Erd Hahn	Ratte **Büffel** Tiger Hase Drache **Schlange** Pferd Ziege **Affe** **Hahn** Hund Schwein **Günstig:** Handel, Geschäftseröffnungen, Hochzeiten und andere Feste planen. **Ungünstig:** Beerdigungen, Reisen, Arztbesuche.
23. Metall Hund	Ratte Büffel **Tiger** Hase Drache Schlange **Pferd** Ziege Affe Hahn **Hund** **Schwein** **Günstig:** Handwerkliche Aktivitäten, Handel, Hochzeiten, Reisen. **Ungünstig:** Trauerfeiern und Beerdigungen, schwere körperliche Arbeit.
24. Metall Schwein	Ratte Büffel Tiger **Hase** Drache Schlange Pferd **Ziege** Affe Hahn **Hund** **Schwein** **Günstig:** Ankündigungen machen, Beerdigungen, Trauerfeiern. **Ungünstig:** Handel, Vergnügungen, Freizeitaktivitäten.
25. Wasser Ratte	**Ratte** **Büffel** Tiger Hase **Drache** Schlange Pferd Ziege **Affe** Hahn Hund Schwein **Günstig:** Kleidung schneidern, Handel, Buchhaltung, Ausflüge, neue Dinge beginnen. **Ungünstig:** Geschäfte eröffnen, Kraftanstrengungen, Reisen, Ersparnisse ausgeben.
26. Wasser Büffel	**Ratte** **Büffel** Tiger Hase Drache **Schlange** Pferd Ziege Affe **Hahn** Hund Schwein **Günstig:** Putzen, waschen, fasten, seelische und körperliche Pflege, Arztbesuche. **Ungünstig:** Ausdauersport, Reisen, Hochzeit.
27. Holz Tiger	Ratte Büffel **Tiger** **Hase** Drache Schlange **Pferd** Ziege Affe Hahn **Hund** Schwein **Günstig:** Umziehen, Reisen, Hochzeiten, Empfänge, wichtige Konferenzen. **Ungünstig:** geistige Arbeiten, Gartenarbeit, häusliche Tätigkeiten.
28. Holz Hase	Ratte Büffel **Tiger** **Hase** Drache Schlange Pferd **Ziege** Affe Hahn Hund **Schwein** **Günstig:** Versammlungen, gerechte Verteilungen, Hochzeit, Konferenzen, Umzug. **Ungünstig:** Gartenarbeit, Dinge zum Abschluss bringen.
29. Feuer Drache	**Ratte** Büffel Tiger Hase **Drache** **Schlange** Pferd Ziege **Affe** Hahn Hund Schwein **Günstig:** Gartenarbeit, Feiern, Hochzeit, Dinge zum Abschluss bringen. **Ungünstig:** keine Anschuldigungen gegen Dritte erheben.
30. Feuer Schlange	Ratte **Büffel** Tiger Hase **Drache** **Schlange** Pferd Ziege Affe **Hahn** Hund Schwein **Günstig:** Gartenarbeit, Hochzeit, Dinge zum Abschluss bringen. **Ungünstig:** Umzug, Reisen, Geschäftseröffnung.
31. Erd Pferd	Ratte Büffel **Tiger** Hase Drache Schlange **Pferd** **Ziege** Affe Hahn **Hund** Schwein **Günstig:** Ausruhen, Meditation, seinen Hobbys nachgehen. **Ungünstig:** wichtige Unternehmungen.

TZE
Ratte

Grundtendenz des Monats: Für manche Ratten mag es nicht immer ganz einfach gewesen sein, in den letzten zwölf Monaten mit dem autoritären Stil des Wasser-Tigers klarzukommen. Schließlich hat er sich klare Positionen und ein stringentes Vorgehen von der Ratte gewünscht. Gleichzeitig hat das zusätzliche Wasserelement aber sicher des öfteren dazu geführt, dass die Ratte mehr auf der geistigen Ebene verweilte als sich an die wirkliche Umsetzung ihrer vielen Ideen zu machen.
Mit dem Büffel bekommen Sie im Januar nun noch einmal eine gute Gelegenheit, wirklich aktiv zu werden. Gerade kleinere Projekte können so doch noch ein gutes Stück auf den Weg gebracht werden.

Liebe, Familie, Freundschaft: Sie werden sicher gemerkt haben, dass man mit ausweichendem Verhalten vor allem auf der Gefühlsebene im Jahr des Tigers nicht weit kommen konnte. Vielleicht möchten Sie ja die Gelegenheit jetzt noch einmal nutzen, um klar zu Ihren Emotionen zu stehen? Die Menschen in Ihrem Umfeld haben es verdient, dass Sie Ihre ehrlichen Gefühle mit ihnen teilen.
Die Familie spielt jetzt noch einmal eine entscheidende Rolle. Müssen hier noch Schwierigkeiten überwunden werden? Dann sollten sie das Thema schleunigst auf den Tisch bringen. Mit dem harmoniebedürftigen Hasen wird es nicht mehr so einfach sein, in den kommenden Monaten Klartext zu sprechen.

Beruf, Finanzen: Der Wasser-Büffel wacht im Januar noch einmal ganz genau über die Finanzen der Ratte. Das bedeutet, dass die Zeit für gewagtere Aktionen definitiv vorbei ist. Wer jetzt noch investieren will, sollte dafür einen eher konservativen Rahmen wählen.
Wenn Sie ein Resümee der letzten zwölf Monate ziehen wollten - was wäre die wichtigste Erkenntnis aus dem Jahr? Nehmen Sie das Gelernte mit in die kommende Regentschaft!

Tipp des Monats: Wenn man Sie genug motiviert, können Sie Großes leisten. Suchen Sie sich starke Menschen, die Ihren Weg begleiten!

KIU
Büffel

Grundtendenz des Monats: Sicher war 2022 nicht immer ganz einfach für den Büffel. Mit dem Wasser-Tiger hatte ein Tierzeichen das Zepter in der Hand, mit dem der Büffel sicher nicht immer einer Meinung ist. Wer seine Chancen jedoch genutzt hat und selbstbewusst aufgetreten ist, geht gestärkt aus den letzten zwölf Monaten hervor.
Man wächst mit der Stärke des Gegners – diese Erfahrung dürfen Sie mit in das nächste Jahr nehmen, in dem ein deutlich sanfterer Metall-Hase auf Sie wartet. Bis es soweit ist, gibt es im Januar noch einmal Unterstützung von einem weiteren Büffel. Damit lassen Sie das Jahr in der Gewissheit ausklingen, dass Sie sich immer dann durchsetzen können, wenn es wirklich für Sie nötig ist.

Liebe, Familie, Freundschaft: Die Familie ist den meisten Büffeln heilig - das dürfte auch im Jahr des Tigers nicht anders gewesen sein. Es mag zwar nicht immer ganz einfach gewesen sein, in den eigenen vier Wänden einen Konsens zu finden. Vielleicht hat jedoch der stärkere Gegenwind letztendlich dazu geführt, dass Sie sich nun mit Partner und Nachwuchs intensiver besprechen und noch mehr versuchen, gemeinsame Entscheidungen zu treffen.
Auch wenn der scheidende Jahresregent das Abenteuer liebt - am Ende zählt für den Büffel doch eher die Beständigkeit. Vielleicht ist es ja gelungen, im bestehenden Rahmen für mehr Abwechslung zu sorgen.

Beruf, Finanzen: Sie wissen genau, was Sie 2022 geschafft haben, lieber Büffel! Stehen Sie also ruhig offen und stolz zu Ihrer Leistung - Sie haben Anerkennung verdient.
Nehmen Sie sich sich die Zeit, zurück zu schauen auf Ihren Startpunkt. Wer von gewohnten Pfaden abgewichen ist, wird sich vielleicht wundern, wie leicht die Neuausrichtung gefallen ist und wie gut das Ergebnis ausgefallen ist.

Tipp des Monats: Sicher haben Sie das Bedürfnis, Ihr Erfolgsrezept zu teilen, lieber Büffel. Das sollten Sie aber wirklich nur tun, wenn Sie danach gefragt werden.

> Kleine Kälte / Große Kälte < Januar

YING
Tiger

Grundtendenz des Monats: Zum Ende des Tigerjahres geht es wirklich nicht darum, sich mit anderen zu vergleichen, sondern vielmehr für sich selbst ein Gefühl von Zufriedenheit zu entwickeln. Wenn Sie ehrlich sind, dürften sich die meisten Dinge in den letzten zwölf Monaten doch ganz gut entwickelt haben, oder? Vielleicht hat der Tiger nicht alle seine ehrgeizigen Ziele erreicht, aber morgen ist ja schließlich auch noch ein Tag! Mit dem Hasen als neuem Regenten darf der Tiger weiterhin seine persönliche Entwicklung vorantreiben.

Vielleicht ist bei dem einen oder anderen Tiger nun doch ein wenig die Luft raus. Sollte das der Fall sein, nehmen Sie sich bitte eine Auszeit.

Liebe, Familie, Freundschaft: Mischen Sie sich bitte nicht ein, wenn Sie nicht ausdrücklich darum gebeten werden. Sie mögen vielleicht glauben, dass Sie eine schnelle Lösung für die Angelegenheit parat haben - aber darum geht es hier gar nicht! Gerade der eigene Nachwuchs muss seine eigenen Erfahrungen machen dürfen.

In der Liebe mag es in den letzten zwölf Monaten vielleicht zuweilen recht stürmisch zugegangen sein. Da kann es nun ganz erholsam sein, dass mit dem Büffel im Januar auf der partnerschaftlichen Ebene etwas mehr Ruhe und Stabilität einkehren darf.

Beruf, Finanzen: Mit der Kompromissfähigkeit des Tigers war es 2022 wahrscheinlich nicht weit her, was die Zusammenheilt für Kollegen und Mitarbeiter vielleicht nicht immer ganz einfach gemacht hat. Wenn nun am Ende aber ein gutes Ergebnis steht, wird man Ihnen das sicher nachsehen. Wenn im nächsten Monat der harmoniebedürftige Hase das Zepter übernimmt, kann es nicht schaden, ein bisschen diplomatischer aufzutreten.

Ihre klare Meinung wird allgemein geschätzt. Nutzen Sie das nun ruhig noch einmal aus, um gewisse Dinge in eine andere Richtung zu lenken oder frische Denkanstösse zu geben.

Tipp des Monats: Je begeisterter Sie von einer Sache sind, desto besser können Sie das auch verkaufen. Wählen Sie Ihre Projekte danach aus!

MAO
Hase

Grundtendenz des Monats: Ist es Ihnen gelungen, von der ausbreitenden Energie des Tigers zu profitieren in den vergangenen zwölf Monaten? Dann konnten Sie sicher zeigen, was in Ihnen steckt. Wer sich 2022 allerdings immer noch nicht getraut hat, aus sich selbst hinaus zu gehen, für den hat sich nicht viel bewegt. Sollte das der Fall sein, dürfen Sie sich nun ehrlich fragen, woran es liegt, dass Sie Ihre Talente nicht so nach außen tragen können. Vielleicht ist der Weg noch nicht ganz klar oder es fehlt am Glauben in die eigenen Fähigkeiten? Im letzten Monat des Tigerjahres darf sich der Hase Zeit nehmen, seine innere Motivation zu erforschen. Was treibt Sie wirklich an?

Liebe, Familie, Freundschaft: Stabilität und Sicherheit wünscht sich der Hase nun von seinem Partner. Im Monat des beständigen Büffels sollte es im Grunde nicht so schwer sein, diese Gefühle zu bedienen. Sprechen Sie das Thema offen an - von alleine kommt Ihre bessere Hälfte nicht unbedingt darauf, was Sie brauchen.

Wer nun versucht, Ihre Lieben zu kritisieren, bekommt es mit Ihnen zu tun. Der Hase wird zum mutigen Löwen, vor allem wenn es um den eigenen Nachwuchs geht. Da sollte man sich nun lieber nicht mit Ihnen anlegen. Ihre Verteidigung in Ehren, lieber Hase. Aber es schadet nicht zu schauen, ob die Kritik bis zu einem gewissen Grade vielleicht doch gerechtfertigt ist.

Beruf, Finanzen: Auf der beruflichen Ebene konnten ambitionierte Hasen 2022 wirklich viel erreichen. Wem Karriere und Kontostand nicht so wichtig sind, der hat seine Prioritäten in den letzten zwölf Monaten vielleicht auf andere Dinge gelegt. Beide Ansätze sind vollkommen in Ordnung. Es gibt wirklich keinen Grund, sich für irgendetwas zu rechtfertigen.

Halten Sie ruhig noch einmal inne und beobachten Sie Ihre Arbeitsumgebung. So sehen Sie sicher viele nützlichen Dinge, die Sie mit in das kommende Jahr nehmen können.

Tipp des Monats: Ab dem nächsten Monat beginnt Ihr eigenes Jahr. Nehmen Sie jetzt ruhig noch einmal den Schwung des Tigers mit.

> Kleine Kälte / Große Kälte < Januar

SHENG
Drache

Grundtendenz des Monats: Der letzte Monat im Jahr das Wasser-Tigers bricht an und man kann durchaus schon die Vorboten des neuen Regenten spüren. Ab Februar übernimmt der sanfte Wasser-Hase und wünscht sich mehr Einfühlungsvermögen vom Drachen. Bis es soweit ist, können Sie sich aber noch ein letztes Mal auf die natürliche Autorität des Tigers stützen und Entscheidungen treffen, die vor allem für Sie selbst von Vorteil sind.

Lassen Sie nun nicht vorschnell von einer bestehenden Meinung ab, nur weil man Sie von außen dazu drängt. Der Tiger wünscht sich von seinen Untertanen, dass sie sich nicht von außen beeinflussen lassen, sondern sich selbst schlau machen.

Liebe, Familie, Freundschaft: Manchmal muss man gar nichts machen, sondern darf einfach nur genießen. Dieser Zeitpunkt ist nun für den Drachen gekommen. Lehnen Sie sich also einfach entspannt zurück und lassen Sie einfach mal Ihre Lieben aktiv werden. Die freuen sich, wenn sie den Drachen auch einmal überraschen dürfen.

In der Liebe geht es nun mehr um Sicherheit als um Abenteuer. Schließlich gehört der Büffel zu den Beständigen unter den Tierzeichen. Das darf sich nun durchaus auf frische Beziehungen auswirken. Nun stellt sich die Frage, ob das Ganze von Dauer sein kann und ob der Drache dazu bereit ist.

Beruf, Finanzen: Mit dem Büffel ist im Januar vor allem Pragmatik und Erfahrung gefragt. Für spannende Neuheiten ist da jetzt sicher kein Platz mehr, auch wenn das dem Drachen jetzt noch einmal deutlich besser gefallen würde. Es sollte allerdings schon möglich sein, wenigstens in die bestehenden Projekten weiterhin Ihre Fantasie einzubringen.

Mit dem Hasen kommt ab dem nächsten Monat auch auf der beruflichen Ebene eine vollkommen andere Energie ins Spiel, die für den Drachen vielleicht nicht ganz so selbstverständlich zu nehmen ist wie die Kraft des Tigers.

Tipp des Monats: Sie tun nun gut daran, sich schon jetzt auf die gefühlsbetontere Stimmung des nächsten Jahres einzustellen.

SZE
Schlange

Grundtendenz des Monats: Abenteuer oder Sicherheit - das könnte in diesen Wochen die große Frage sein. Mit dem Büffel tritt nun ein Tierzeichen an Ihre Seite, dem es vor allem um Beständigkeit geht. Da ist der scheidende Jahresregent deutlich anders gestrickt. Wahrscheinlich fühlt sich die Schlange nun mehr zum Büffel hingezogen und entscheidet sich für Stabilität anstatt Risiko. Daran ist absolut nichts auszusetzen. Wenn ab dem nächsten Monat der Wasser-Hase übernimmt, verschieben sich die Schwerpunkte ohnehin.

Zeigen Sie sich nun dankbar für das, was Sie erreicht haben. Mit dem Tiger war es der Schlange sicher möglich, mit offenen Karten zu spielen und sich dadurch neue Möglichkeiten zu eröffnen.

Liebe, Familie, Freundschaft: Als guter Beobachter entgeht der Schlange so gut wie nichts. Das zeigt sich vor allem dann, wenn sie länger auf engerem Raum mit ihren Lieben zusammen ist. Wundern Sie sich bitte nicht, dass nicht alle Ihre Beobachtungen offen geteilt werden. Sie sind nicht die Einzige in der Familie, die das eine oder andere Geheimnis hat.

2023 kann für die Schlange auf der Beziehungsebene ganz wundervoll werden. Schließlich kommt mit dem Hasen ein Tierzeichen an die Macht, welches sich in der Liebe hervorragend mit der Schlange ergänzt.

Beruf, Finanzen: Es bleibt wahrscheinlich nicht mehr viel zu tun für die Schlange im letzten Monat des Tigerjahres. Der Büffel kann nun aber dabei helfen, Restarbeiten zu erledigen. So schließen Sie bearbeitete Projekte nicht nur real, sondern auch mental ab und können sich ab nächsten Monat auf neue Möglichkeiten freuen.

Haben Sie die letzten zwölf Monate dazu genutzt, offener zu Ihren Wünschen zu stehen und Ihre Rechte besser einzufordern? Dann haben Sie vom Wasser-Tiger wirklich viel gelernt.

Tipp des Monats: Zeigen Sie sich auch in der kommenden Zeit mutig und entschlossen. Nur so können Sie Ihre Träume auch gegen Widerstand durchsetzen.

WU Pferd

Grundtendenz des Monats: Mit dem Wasser-Büffel endet im Januar das Jahr des Tigers, das für die meisten Pferde recht erfolgreich verlaufen sein dürfte. Schließlich kommt es nicht so oft vor, dass ein Jahresregent Sie wirklich in allen Belangen vorbehaltlos unterstützt. Vielleicht haben Sie nicht alle Gelegenheiten optimal genutzt, weil Sie noch zu sehr mit anderen Dingen beschäftigt waren. Dann nehmen Sie aber jetzt wenigstens den Schwung mit in die kommende Regentschaft.

Wie immer zum Ende einer Regentschaft geht es im Januar mit dem Büffel darum, Angefangenes abzuschließen und die letzten nötigen Aufräumarbeiten durchzuführen.

Liebe, Familie, Freundschaft: Haben Sie Ihr Herz in den letzten zwölf Monaten frisch verschenkt? Dann dürfen Sie sich nun beim Tiger bedanken, der Ihnen sicher dabei geholfen hat, an der richtigen Stelle die Aufmerksamkeit erregt zu haben. Aber auch wenn die Liebe 2022 nicht an die Tür geklopft hat, gibt es keinen Grund, an sich zu zweifeln. Wenn ab nächsten Monat der Hase vom Tiger das Zepter übernimmt, stehen die Zeichen gut dafür, einen neuen Partner zu finden.

Die Familie ist dem Büffel wirklich heilig. Versuchen Sie jetzt also lieber nicht, sich vor familiären Verpflichtungen zu drücken. Das kommt überhaupt nicht gut an.

Beruf, Finanzen: Vielleicht mag es Ihnen ungewohnt vorgekommen sein, dass sich gewisse Dinge scheinbar von selbst lösen. Manchmal braucht es einfach nur ein bisschen Geduld und die richtige Unterstützung zur richtigen Zeit. Mit dem Tiger an Ihrer Seite konnten Sie in den vergangenen zwölf Monaten sicher so manches Mal zur Hochform auflaufen.

Auch wenn vieles gut gelaufen sein dürfte, hat sich das vielleicht nicht ganz so positiv auf Ihre Finanzen ausgewirkt. Da hilft wahrscheinlich nur, in den nächsten zwölf Monaten etwas besser auf Ihr Bankkonto zu achten.

Tipp des Monats: Wenn Sie etwas wirklich wollen, können Sie das auch erreichen. Nehmen Sie diese Erkenntnis mit in das kommende Jahr.

WEI Ziege

Grundtendenz des Monats: Das Jahr des Wasser-Tigers neigt sich dem Ende zu. Sind Sie zufrieden mit dem Ergebnis, wenn Sie zurückblicken? Oder hätten Sie sich vielleicht doch mehr erhofft? Bedenken Sie bitte, dass der Jahresregent zwar bestimmte Aspekte Ihres Lebens unterstützen kann, Sie aber nicht automatisch auch auf den richtigen Weg bringt. Am Ende liegt es immer an jedem Einzelnen, was sich aus der Regentschaft mitnehmen lässt.

Mit dem Wasser-Büffel kann jetzt im Januar noch einmal das Durchsetzungsvermögen der Ziege gestärkt werden. Das kann nützlich sein, wenn Sie vor dem Wechsel ins Jahr des Wasser-Hasen noch einmal die Richtung korrigieren möchten.

Liebe, Familie, Freundschaft: Es ist der Ziege zu wünschen, dass Sie 2022 gelernt hat, sich in den eigenen vier Wänden besser durchzusetzen. Das macht es nämlich dann in Zukunft leichter, Aufgaben zu delegieren oder verdiente Auszeiten einzufordern. Bevor sich alte Gewohnheiten einschleichen, sollten Sie sich jetzt noch einmal verinnerlichen, dass es in Ihrem Leben durchaus auch um Sie selbst gehen darf.

In einer Partnerschaft braucht jeder Zeit für sich. Der Tiger hat Ihnen hoffentlich zeigen können, wie wichtig es ist, dass jeder seinen Rückzugsort hat und es nichts über den Grad der Zuneigung aussagt, wenn man sich zuweilen zurückzieht.

Beruf, Finanzen: Wenn alle Aufgaben erledigt sind, dürfen Sie sich nun ruhig aufs Beobachten verlegen. Dabei können Sie sicher einige Inspirationen für die kommenden zwölf Monate sammeln,. Dann übernimmt mit dem Hasen ein Tierzeichen das Zepter, das mehr auf sanfte Überzeugung als auf knallharte Argumente setzt.

Bitte mischen Sie sich nun nicht unnötig in Angelegenheiten ein, die Sie gar nicht direkt betreffen. Damit handeln Sie sich nur unnötigen Stress ein.

Tipp des Monats: Auch 2023 können Sie Ihren Weg weiter gehen. Stehen Sie zu Ihren Bedürfnissen und fordern Sie ein, was Ihnen zusteht.

> Kleine Kälte / Große Kälte < Januar

SUNG
Affe

Grundtendenz des Monats: Ist es Ihnen in den vergangenen zwölf Monaten gelungen, Ihre Prioritäten besser zu setzen? Oder sind Sie wieder in alte Muster verfallen und haben einfach zu viel auf einmal angefangen? Mit dem Tiger an seiner Seite konnte der Affe lernen, die vielen bunten Aspekte seines Lebens besser unter Kontrolle zu bekommen.
Der Wasser-Büffel erinnert Sie nun noch einmal daran, dass nur ein klarer, selbstbestimmter Geist am Ende des Tages die richtigen Entscheidungen treffen und auf seinem persönlichen Weg vorankommen kann. Wenn Sie wissen, was Sie wirklich wollen, sollte Sie auch im kommenden Jahr niemand davon abhalten, Ihre Ziele weiter zu verfolgen.

Liebe, Familie, Freundschaft: Wenn sich beruflich in den letzten Monaten einiges bewegt hat, ist es jetzt umso wichtiger, dass auf der privaten Ebene Stabilität herrscht. Selbst der mutigste Affe kann nicht an allen Fronten gleichzeitig komplett neu anfangen. Vergewissern Sie sich deshalb jetzt noch einmal, dass Sie die Unterstützung von Partner, Familie und Freunden haben.
Die Familie ist dem Büffel heilig. Das hilft dem Affen jetzt ungemein, wenn er seine Lieben gegen Angriffe von außen verteidigen soll. An guten Argumenten und mentaler Stärke sollte es Ihnen da wirklich nicht mangeln.

Beruf, Finanzen: Büffel und Tiger haben vollkommen unterschiedliche Ansichten darüber, wie beruflicher Erfolg erreicht werden kann. Während der scheidende Jahresregent lieber den riskanteren und innovativeren Weg wählt, verlässt sich der Büffel mehr auf eher traditionelle Ansätze. Der Affe kann sich noch ein letztes Mal für den spannenderen Ansatz entscheiden, sollte allerdings bedenken, dass mit dem Hasen schon im nächsten Monat ein Tierzeichen das Zepter übernimmt, das sich nicht um jeden Preis durchsetzen will. Da kann es dann schwieriger werden, unpopuläre Entscheidungen durchzudrücken.

Tipp des Monats: Lassen Sie sich nicht einreden, dass Ihre Methoden nicht richtig sind. Wie Sie ans Ziel kommen, ist letztendlich vollkommen egal.

YU
Hahn

Grundtendenz des Monats: Wer seine Aufgaben erledigt hat in den vergangenen zwölf Monaten, kann nun eigentlich entspannt dabei zusehen, wie die Welt sich weiter dreht. Leider haben die wenigsten Hähne genug Muße, um das wirklich zu tun. Schließlich gibt es immer die Möglichkeit, die Dinge noch besser zu machen. Das letzte Quäntchen herauszuholen sollte aber nun wirklich nicht Ihre Aufgabe sein, lieber Hahn.
Wenn im nächsten Monat der Hase die Regentschaft vom Tiger übernimmt, geht es für den Hahn vielleicht nicht ganz so gut voran. Setzen Sie die Latte also ruhig ein bisschen niedriger an als 2022.

Liebe, Familie, Freundschaft: Sie dürften im letzten Jahr gemerkt haben, dass es recht anstrengend sein kann, wenn man ständig mit dem Kopf durch die Wand will. Mit dem Tiger an der Seite war es vielleicht nicht immer ganz leicht für den Hahn, sich nachgiebig zu zeigen, was zu der einen oder anderen Auseinandersetzung zu Hause geführt haben könnte. Auch wenn jetzt im Januar mit dem Büffel nicht unbedingt versöhnlichere Töne aufkommen, wäre es sicher ratsam, wenn Sie sich wirklich noch mehr zurücknehmen.
Stabile Verhältnisse in der Partnerschaft können im Januar sicher erreicht werden und sich auch in die neue Regentschaft hinüber weiter entwickeln. Zeigen Sie sich von Ihrer sanften Seite.

Beruf, Finanzen: Mit dem Büffel an seiner Seite kann der Hahn auf der beruflichen Ebene noch einmal Nägel mit Köpfen machen. Bringen Sie vor allem die Projekte zum Abschluss, die sich nun wirklich nicht noch weiter verbessern lassen. Wenn Sie dort auch mental einen Schlussstrich ziehen können, haben Sie den Kopf frei für die kreative Energie, die Sie in den kommenden Monaten erwartet.
Halten Sie jetzt schon die Augen offen, damit Ihnen ab nächsten Monat kein neuer Trend entgeht.

Tipp des Monats: Lassen Sie sich nun nicht von außen beeinflussen, etwas zu verändern, was Sie im Grunde gar nicht wollen.

SHIH Hund

Grundtendenz des Monats: Das Tigerjahr neigt sich dem Ende zu und es wird Zeit, ein Resümee zu ziehen. Wie fühlen Sie sich, nachdem Sie in den letzten zwölf Monaten Seite an Seite mit einem Regenten verbracht haben, der Sie wirklich unterstützen wollte? Wer sein Schicksal beherzt in die Hand genommen hat, ist 2022 sicher reich belohnt worden und darf den gewünschten Weg auch in den nächsten Monaten weitergehen.

Im letzten Monat des Tigerjahres noch auf große Veränderungen zu hoffen, ist dagegen wohl keine so gute Idee. Mit dem Büffel wird im Januar schon wieder mehr auf Beständigkeit als auf Innovation gesetzt.

Liebe, Familie, Freundschaft: Die eigenen Interessen stehen jetzt nicht mehr ganz so im Vordergrund wie 2022. Dafür macht sich schon langsam die fürsorgliche Energie des Wasser-Hasen bemerkbar, der ab dem Februar vom Tiger übernimmt. Mit dem neuen Regenten stehen die persönlichen Beziehungen wieder mehr im Zentrum der Aufmerksamkeit und werden den Hund sicher mehr beschäftigen als im vergangenen Jahr.

Klare Verhältnisse sind der Schlüssel zu jeder guten Beziehung. Wenn Sie sich Beständigkeit wünschen, zeigen Sie das am besten deutlich.

Beruf, Finanzen: Ohne Eigeninitiative dürfte sich auf der beruflichen Ebene für den Hund nicht viel bewegt haben. Schließlich ging es dem Tiger vor allem darum, dass Sie an Selbstbewusstsein gewinnen und Ihre eigenen Bedürfnisse umsetzen können. Zögerliches Verhalten war da nur hinderlich und hat den Mutigeren in die Karten gespielt. Diese konnten allerdings wirklich neue Impulse setzen und sich vielleicht sogar völlig neu definieren.

Wenn Sie auch weiter mehr den Ton angeben möchten, sollten Sie ein wenig vom autoritären Stil des Tigers beibehalten, sich aber gleichzeitig auf diplomatischere Töne besinnen. So können Sie Ihre Mitstreiter besser bei der Stange halten.

Tipp des Monats: Sie müssen sich wirklich nicht verstecken! Suchen Sie sich für 2023 wertvolle Verbündete.

HAN Schwein

Grundtendenz des Monats: Im letzten Monat des Tigerjahres macht sich schon eine deutlich andere Energie bemerkbar. Der forsche Entdeckergeist des scheidenden Regenten weicht nun einer sanfteren, erhaltenden Kraft, die der Hase ab dem nächsten Monat voll und ganz repräsentiert. Der Ankunft des neuen Herrschers dürfen Sie freudig entgegen sehen, denn sein Führungsstil liegt Ihnen deutlich besser.

Bevor der Wechsel aber komplett über die Bühne geht, hält der Wasser-Büffel das Schwein nun im Januar zu mehr Besonnenheit an. „Erst denken, dann handeln" lautet einmal mehr die Devise.

Liebe, Familie, Freundschaft: Spätestens jetzt sollte dem Schwein nicht mehr so sehr nach Abenteuer zumute sein. Auch wenn der Tiger versucht hat, Sie in diesem Bereich aus der Reserve zu locken, wünschen Sie sich im Grunde wahrscheinlich nichts mehr als Beständigkeit. Die lässt sich mit Partner und Familie nun vor allem dann erleben, wenn alle mit den aktuellen Umständen zufrieden sind.

Dem Büffel sind Heim und Familie absolut heilig. Wer also nun versucht, Sie in diesem Bereich anzugreifen, darf sich warm anziehen. Umgekehrt sollte das Schwein jetzt nichts tun, was die Harmonie in diesem Bereich stört, wenn es sich nicht auf eine längere Auseinandersetzung einlassen möchte.

Beruf, Finanzen: Sicher wurde Ihr Fleiß auch 2022 bis zu einem gewissen Grad belohnt. Aber in den meisten Fällen dürfte das nicht ausgereicht haben, um in den vergangenen zwölf Monaten wirklich einen Unterschied zu machen. Dafür hat sich der Tiger vom Schwein mehr Mut und Tatkraft erwartet. Im Grunde ist es jedoch gar nicht so schlimm, wenn Sie sich erst einmal abwartend verhalten haben. Wenn ab nächsten Monat der Hase vom Tiger das Zepter übernimmt, werden die Karten für das Schwein ohnehin neu gemischt. Der neue Herrscher liegt Ihnen nämlich deutlich besser.

Tipp des Monats: Schwamm drüber, wenn Sie hinter den eigenen Erwartungen zurückgeblieben sind. 2023 wird es Ihnen deutlich leichter gemacht.

Januar 2023	Jahreskonstellation – Wasser Tiger Monatskonstellation – Wasser Büffel

1. Erd Ziege	Ratte Büffel Tiger **Hase** Drache Schlange **Pferd Ziege** Affe Hahn Hund **Schwein** **Günstig:** Amüsieren, mit Freunden ausgehen, Freizeitaktivitäten. **Ungünstig:** geschäftliche Aktivitäten, neue Dinge anfangen.
2. Metall Affe	**Ratte** Büffel Tiger Hase **Drache** Schlange Pferd Ziege **Affe Hahn** Hund Schwein **Günstig:** für die meisten Aktivitäten, Geschäftsabschlüsse, Partnerschaft. **Ungünstig:** negative Bemerkungen über andere Menschen.
3. Metall Hahn	Ratte **Büffel** Tiger Hase Drache **Schlange** Pferd Ziege **Affe Hahn** Hund Schwein **Günstig:** Handel, Geschäftseröffnungen, Hochzeiten und andere Feste planen. **Ungünstig:** Beerdigungen, Reisen, Arztbesuche.
4. Wasser Hund	Ratte Büffel **Tiger** Hase Drache Schlange **Pferd** Ziege Affe Hahn **Hund Schwein** **Günstig:** Handwerkliche Aktivitäten, Handel, Hochzeiten, Reisen. **Ungünstig:** Trauerfeiern und Beerdigungen, schwere körperliche Arbeit.
5. Wasser Schwein	Ratte Büffel Tiger **Hase** Drache Schlange Pferd **Ziege** Affe Hahn **Hund Schwein** **Günstig:** Handwerkliche Aktivitäten, Handel, Hochzeiten, Reisen. **Ungünstig:** Trauerfeiern und Beerdigungen, schwere körperliche Arbeit.
6. Holz Ratte	**Ratte Büffel** Tiger Hase **Drache** Schlange Pferd Ziege **Affe** Hahn Hund Schwein **Günstig:** Ankündigungen machen, Beerdigungen, Trauerfeiern. **Ungünstig:** Handel, Vergnügungen, Freizeitaktivitäten.
7. Holz Büffel	**Ratte Büffel** Tiger Hase Drache **Schlange** Pferd Ziege Affe **Hahn** Hund Schwein **Günstig:** Kleidung schneidern, Handel, Buchhaltung, Ausflüge, neue Dinge beginnen. **Ungünstig:** Geschäfte eröffnen, Kraftanstrengungen, Reisen, Ersparnisse ausgeben.
8. Feuer Tiger	Ratte Büffel **Tiger Hase** Drache Schlange **Pferd** Ziege Affe Hahn **Hund** Schwein **Günstig:** Putzen, waschen, fasten, seelische und körperliche Pflege, Arztbesuche. **Ungünstig:** Ausdauersport, Reisen, Hochzeit.
9. Feuer Hase	Ratte Büffel **Tiger Hase** Drache Schlange Pferd **Ziege** Affe Hahn Hund **Schwein** **Günstig:** Umziehen, Reisen, Hochzeiten, Empfänge, wichtige Konferenzen. **Ungünstig:** geistige Arbeiten, Gartenarbeit, häusliche Tätigkeiten.
10. Erd Drache	**Ratte** Büffel Tiger Hase **Drache Schlange** Pferd Ziege **Affe** Hahn Hund Schwein **Günstig:** Versammlungen, gerechte Verteilungen, Hochzeit, Konferenzen, Umzug. **Ungünstig:** Gartenarbeit, Dinge zum Abschluss bringen.
11. Erd Schlange	Ratte **Büffel** Tiger Hase **Drache Schlange** Pferd Ziege Affe **Hahn** Hund Schwein **Günstig:** Gartenarbeit, Feiern, Hochzeit, Dinge zum Abschluss bringen. **Ungünstig:** keine Anschuldigungen gegen Dritte erheben.
12. Metall Pferd	Ratte Büffel **Tiger** Hase Drache Schlange **Pferd Ziege** Affe Hahn **Hund** Schwein **Günstig:** Gartenarbeit, Hochzeit, Dinge zum Abschluss bringen. **Ungünstig:** Umzug, Reisen, Geschäftseröffnung.
13. Metall Ziege	Ratte Büffel Tiger **Hase** Drache Schlange **Pferd Ziege** Affe Hahn Hund **Schwein** **Günstig:** Ausruhen, Meditation, seinen Hobbys nachgehen. **Ungünstig:** wichtige Unternehmungen.
14. Wasser Affe	**Ratte** Büffel Tiger Hase **Drache** Schlange Pferd Ziege **Affe Hahn** Hund Schwein **Günstig:** Amüsieren, mit Freunden ausgehen, Freizeitaktivitäten. **Ungünstig:** geschäftliche Aktivitäten, neue Dinge anfangen.
15. Wasser Hahn	Ratte **Büffel** Tiger Hase Drache **Schlange** Pferd Ziege **Affe Hahn** Hund Schwein **Günstig:** für die meisten Aktivitäten, Geschäftsabschlüsse, Partnerschaft. **Ungünstig:** negative Bemerkungen über andere Menschen.

Ob ein Tag besonders günstig für Ihr Tierzeichen ist, sehen Sie an folgenden Farben:
Rot = sehr günstig, Grau = günstig, Schwarz = nicht günstig

Jahreskonstellation – Wasser Tiger
Monatskonstellation – Wasser Büffel

Januar 2023

16. Holz Hund	Ratte Büffel **Tiger** Hase Drache Schlange **Pferd** Ziege Affe Hahn **Hund Schwein** **Günstig:** Handel, Geschäftseröffnungen, Hochzeiten und andere Feste planen. **Ungünstig:** Beerdigungen, Reisen, Arztbesuche.
17. Holz Schwein	Ratte Büffel Tiger **Hase** Drache Schlange Pferd **Ziege** Affe Hahn **Hund Schwein** **Günstig:** Handwerkliche Aktivitäten, Handel, Hochzeiten, Reisen. **Ungünstig:** Trauerfeiern und Beerdigungen, schwere körperliche Arbeit.
18. Feuer Ratte	**Ratte Büffel** Tiger Hase **Drache** Schlange Pferd Ziege **Affe** Hahn Hund Schwein **Günstig:** Ankündigungen machen, Beerdigungen, Trauerfeiern. **Ungünstig:** Handel, Vergnügungen, Freizeitaktivitäten.
19. Feuer Büffel	**Ratte Büffel** Tiger Hase Drache **Schlange** Pferd Ziege Affe **Hahn** Hund Schwein **Günstig:** Kleidung schneidern, Handel, Buchhaltung, Ausflüge, neue Dinge beginnen. **Ungünstig:** Geschäfte eröffnen, Kraftanstrengungen, Reisen, Ersparnisse ausgeben.
20. Erd Tiger	Ratte Büffel **Tiger Hase** Drache Schlange **Pferd** Ziege Affe Hahn **Hund** Schwein **Günstig:** Putzen, waschen, fasten, seelische und körperliche Pflege, Arztbesuche. **Ungünstig:** Ausdauersport, Reisen, Hochzeit.
21. Erd Hase	Ratte Büffel **Tiger Hase** Drache Schlange Pferd **Ziege** Affe Hahn Hund **Schwein** **Günstig:** Umziehen, Reisen, Hochzeiten, Empfänge, wichtige Konferenzen. **Ungünstig:** geistige Arbeiten, Gartenarbeit, häusliche Tätigkeiten.
22. Metall Drache	**Ratte** Büffel Tiger Hase **Drache Schlange** Pferd Ziege **Affe** Hahn Hund Schwein **Günstig:** Versammlungen, gerechte Verteilungen, Hochzeit, Konferenzen, Umzug. **Ungünstig:** Gartenarbeit, Dinge zum Abschluss bringen.
23. Metall Schlange	Ratte **Büffel** Tiger Hase **Drache Schlange** Pferd Ziege Affe **Hahn** Hund Schwein **Günstig:** Gartenarbeit, Feiern, Hochzeit, Dinge zum Abschluss bringen. **Ungünstig:** keine Anschuldigungen gegen Dritte erheben.
24. Wasser Pferd	Ratte Büffel **Tiger** Hase Drache Schlange **Pferd Ziege** Affe Hahn **Hund** Schwein **Günstig:** Gartenarbeit, Hochzeit, Dinge zum Abschluss bringen. **Ungünstig:** Umzug, Reisen, Geschäftseröffnung.
25. Wasser Ziege	Ratte Büffel Tiger **Hase** Drache Schlange **Pferd Ziege** Affe Hahn Hund **Schwein** **Günstig:** Ausruhen, Meditation, seinen Hobbys nachgehen. **Ungünstig:** wichtige Unternehmungen.
26. Holz Affe	**Ratte** Büffel Tiger Hase **Drache** Schlange Pferd Ziege **Affe Hahn** Hund Schwein **Günstig:** Amüsieren, mit Freunden ausgehen, Freizeitaktivitäten. **Ungünstig:** geschäftliche Aktivitäten, neue Dinge anfangen.
27. Holz Hahn	Ratte **Büffel** Tiger Hase Drache **Schlange** Pferd Ziege **Affe Hahn** Hund Schwein **Günstig:** für die meisten Aktivitäten, Geschäftsabschlüsse, Partnerschaft. **Ungünstig:** negative Bemerkungen über andere Menschen.
28. Feuer Hund	Ratte Büffel **Tiger** Hase Drache Schlange **Pferd** Ziege Affe Hahn **Hund Schwein** **Günstig:** Handel, Geschäftseröffnungen, Hochzeiten und andere Feste planen. **Ungünstig:** Beerdigungen, Reisen, Arztbesuche.
29. Feuer Schwein	Ratte Büffel Tiger **Hase** Drache Schlange Pferd **Ziege** Affe Hahn **Hund Schwein** **Günstig:** Handwerkliche Aktivitäten, Handel, Hochzeiten, Reisen. **Ungünstig:** Trauerfeiern und Beerdigungen, schwere körperliche Arbeit.
30. Erd Ratte	**Ratte Büffel** Tiger Hase **Drache** Schlange Pferd Ziege **Affe** Hahn Hund Schwein **Günstig:** Ankündigungen machen, Beerdigungen, Trauerfeiern. **Ungünstig:** Handel, Vergnügungen, Freizeitaktivitäten.
31. Erd Büffel	**Ratte Büffel** Tiger Hase Drache **Schlange** Pferd Ziege Affe **Hahn** Hund Schwein **Günstig:** Kleidung schneidern, Handel, Buchhaltung, Ausflüge, neue Dinge beginnen. **Ungünstig:** Geschäfte eröffnen, Kraftanstrengungen, Reisen, Ersparnisse ausgeben.

Das Tao der Liebe

Die 12 Tierzeichen und ihre Vorlieben in Sachen Liebe & Romantik

Die alten Chinesen haben auch in der Liebe nichts dem Zufall überlassen und sich ganz genau die Eigenschaften der Tierzeichen und ihre Kompatibilität angeschaut, bevor sie eine feste Bindung eingegangen sind.

Vielleicht haben Sie es sich ja auch schon zur Gewohnheit gemacht, neue Bekanntschaften erst einmal nach dem Tierzeichen zu fragen und dann auf unserer Tabelle auf Seite 8/9 zu schauen, ob das Ganze passen könnte?

Damit Sie sich ein noch besseres Bild machen können, wenn es um Liebe und Romantik geht, stellen wir Ihnen die Vorlieben der einzelnen Zeichen getrennt nach männlich und weiblich nachfolgend vor. Außerdem geben wir Ihnen ein paar nützliche Tipps mit auf den Weg, wie Sie das Herz Ihres Wunsch-Tierzeichens am besten gewinnen können.

Die RATTE und wie man sie erobert

Romantisch & aufmerksam: die Ratte

Die weibliche Ratte

Auf den ersten Blick wirken weibliche Ratte meist überaus lebendig und dynamisch. Ständig scheint sie auf der Suche nach neuen Aufregungen und Vergnügungen zu sein. Dieser Eindruck täuscht jedoch, denn gerade in Bezug auf Liebe und Partnerschaft wünscht sie sich auf lange Sicht eine stabile Beziehung, die fest in ein soziales Gefüge integriert ist.

Wird die weibliche Ratte vor die Wahl gestellt zwischen Karriere oder Liebe und Familie, wird sie wahrscheinlich letztere Option wählen.

Lockere Beziehungen ohne Perspektive oder gar One-Night-Stands sind nicht nach ihrem Geschmack. Die weibliche Ratte nimmt ihre Beziehungen sehr ernst und überprüft einen potentiellen Partner sicher schon recht bald auf seine Tauglichkeit für ein langfristiges Zusammensein. In der Sexualität zeigt sie sich nur dann erfindungsreich und aufgeschlossen, wenn sie ihrem Partner voll und ganz vertraut.

... und so gewinnt man ihr Herz: Zeigen Sie Verständnis für ihre innere Unsicherheit und geben Sie ihr die Bestätigung, die sie braucht. Im Gegenzug wird sie ihre zahlreichen Talente einsetzen, um sie wirklich glücklich zu machen.

Die männliche Ratte

Mit ihrer geistreichen Art gelingt es der männlichen Ratte recht schnell, die Herzen zu gewinnen. Sie beeindruckt ihr Gegenüber vor allem in der ersten Phase der Beziehung mit originellen Einfällen und teuren Geschenken. Hinter ihrer scheinbar so selbstsicheren Art verbirgt sich jedoch häufig der Wunsch nach Bestätigung.

Männliche Ratten eignen sich prinzipiell hervorragend für eine langfristige Beziehung. In einer liebevollen Partnerschaft glänzen sie mit ihren romantischen Einfällen. Vom spontanen Candlelight-Dinner bis zum bestellten Liebes-Ständchen ist fast alles drin. Sie nehmen ihre Beziehung sehr ernst und es muss schon viel im Argen liegen, damit sie sich nach etwas anderem umsehen.

Sie sind aufmerksame und zärtliche Liebhaber, die es ausgesprochen gerne hören, wenn man sie für ihre Fähigkeiten lobt. Dann laufen sie zur Hochform auf und lesen ihrem Partner jeden Wunsch von den Lippen ab.

... und so gewinnt man ihr Herz: Werden Sie nicht müde, ihre vielen Vorzüge zu preisen. Wenn sie sich bewundert und geliebt fühlt, wird sie Sie mit großer Sicherheit auf Händen tragen und Ihnen jeden Wunsch von den Augen ablesen.

Ideale Partner: Büffel, Drache, Ratte

Der BÜFFEL und wie man ihn erobert

Der weibliche Büffel

Die Anziehungskraft und Attraktivität eines weiblichen Büffels basieren weniger auf der äußeren Erscheinung als vielmehr auf einer Aura aus Stärke und Verlässlichkeit. Sein starker Wille hat einen großen Einfluss auf die Liebesbeziehungen.

Es gibt wohl kaum ein Tier im chinesischen Horoskop, das man mit romantischen Aktionen oder schmeichelnden Worten weniger beeindrucken kann als einen weiblichen Büffel.

Hat sich der weibliche Büffel erst einmal mit Verstand und Herz für einen Partner entschieden, bringt die beiden so schnell nichts wieder auseinander. Er unterstützt seine bessere Hälfte in allen Belangen und hat eine Gabe, den Partner zu besänftigen und ihm den Rücken zu stärken.

Den Beziehungsalltag hat der weibliche Büffel perfekt im Griff, dafür darf man von ihr hinter verschlossenen Türen keine allzu großen Überraschungen oder leidenschaftliche Ausbrüche erwarten.

… und so gewinnt man sein Herz: Schenken Sie keine Blumen, sondern lieber etwas, was er wirklich gebrauchen kann. Darüber hinaus sollten Sie nicht versuchen, ihn zu dominieren oder vor anderen Menschen bloßzustellen.

Weiß, was er tut: der Büffel

Der männliche Büffel

Der männliche Büffel ist sich seiner selbst in der Regel sehr sicher, macht jedoch kein großes Aufsehen um seine Fähigkeiten. Er weiß in der Regel, was er will und lässt auch in der Beziehung eher Taten sprechen als Worte.

Männliche Büffel überzeugen lieber durch einen scharfen Intellekt als durch ein einnehmendes Äußeres. Unter der rauen Schale verbirgt sich jedoch häufig ein weicher Kern.

Wie der weibliche Büffel ist auch der männliche Gegenpart nicht besonders romantisch veranlagt. Aber mit seiner enormen inneren Stärke kann er ein leidenschaftlicher Liebhaber sein, der seine überschüssige Energie durchaus auch schon mal außerhalb der eigenen vier Wände auslebt. Für die meisten männliche Büffel hat körperliche Untreue aber rein gar nichts mit Liebe zu tun und ändert in der Regel nichts an den tiefen Gefühlen für den Partner.

… und so gewinnt man sein Herz: Gehen Sie nicht zu forsch vor, sondern überlassen Sie es ihm, die Initiative zu ergreifen. Schmeichelei ist ebenso wirkungslos wie Komplimente, die Sie nicht ernst meinen. Begegnen Sie ihm lieber mit ehrlichem Interesse und wirklichem Verständnis.

Ideale Partner: Hahn, Schlange, Ratte

Der TIGER und wie man ihn erobert

Die Leidenschaft kommt nicht zu kurz: der Tiger

Der weibliche Tiger

Im alten China waren weibliche Tiger als Ehefrauen nicht besonders begehrt, denn man sah man sie als zu stark und dominant an. Heute ist es zum Glück kein Makel mehr, wenn eine Frau Stärke zeigt und so hat der weibliche Tiger in der Regel eine Reihe von Bewunderern an der Seite. So viel Selbstbewusstsein führt allerdings auch des Öfteren dazu, dass sich potentielle Partner nicht so recht herantrauen, aus Angst, sie könnten dem weiblichen Tiger unterlegen sein.

Alles, was ein weiblicher Tiger tut, tut er mit Leidenschaft und voll und ganz. So vermag er sich vollkommen hinzugeben, wenn Amors Pfeil ihn trifft und kann dann alles vergessen, was ihn sonst umgibt.

Weibliche Tiger sind nicht unbedingt auf der Suche nach einer langfristigen Beziehung. Die große Leidenschaft ist meist wichtiger als geordnete Familienverhältnisse. Hat sie sich jedoch einmal dazu entschieden, ist sie eine hingebungsvolle und zuverlässige Partnerin.

… und so gewinnt man sein Herz: Seien Sie kreativ und stehen Sie zu ihren Macken. Zeigen Sie Willenskraft und Leidenschaft und machen Sie ihr Ihre Absichten von Anfang an klar. Je ehrlicher Sie sind, desto besser.

Der männliche Tiger

Den männlichen Tiger umgibt eine Aura, der man nur schwer widerstehen kann. Er ist nur schwer zu durchschauen und gerade das macht ihn so attraktiv! In einer Beziehung mit einem männlichen Tiger weiß man nie so recht, woran man ist – und das macht es wirklich spannend.

Der männliche Tiger wünscht sich die Aufmerksamkeit des Partners und tut sich schwer damit, die Bedürfnisse des anderen zu akzeptieren, so bald sie nicht zu seinen eigenen passen.

Über mangelnde Leidenschaft oder Sinnlichkeit braucht sich in einer Beziehung mit einem männlichen Tiger sicher niemand zu beschweren. Diese Eigenschaften sind fester Bestandteil seines Wesens und können eine Beziehung auf Dauer feurig und spannend erhalten.

Romantik ist dagegen nicht unbedingt die größte Stärke des männlichen Tigers. Er hält sich nur ungern mit Vorgeplänkel auf. Wenn er etwas will, kommt er ohne Umschweife auf den Punkt.

… und so gewinnt man sein Herz: Lassen Sie sich erobern! Wenn Sie sich auf seine „alles oder nichts" Einstellung einlassen, kann eine wunderbare Verbindung entstehen. Sie sollten allerdings niemals versuchen, ihn anzubinden.

Ideale Partner: Pferd, Hund, Hase

Der HASE und wie man ihn erobert

Der weibliche Hase

In einer Beziehung zeigt sich der weibliche Hase taktvoll und stellt die eigenen Ambitionen für den Erfolg des Partners oft hintenan. So mancher weibliche Hase entspricht dem traditionellen Frauenbild und geht voll in der Rolle als Mutter und Partnerin auf. Weibliche Hasen wünschen sich in der Regel einen gute Beziehung, ein schönes Zuhause, einen erfolgreichen Partner – kurzum eine perfekte Familienidylle, die sie vor allem auch nach außen zeigen wollen. Daneben ist es aber für weibliche Hasen auch sehr wichtig, dass der Partner ihnen Raum für das eigene Wachstum lässt.

Die Romantik sollte in der Beziehung niemals zu kurz kommen, denn sie ist sehr wichtig für den weiblichen Hasen. Mit seiner Feinfühligkeit gelingt es ihm, eine Partnerschaft über einen langen Zeitraum lebendig zu erhalten. Im Gegenzug wird dafür ein gewisses Maß an Aufmerksamkeit erwartet - unabhängig davon, ob das für die andere Seite gerade passt oder nicht

... und so gewinnt man sein Herz: Überzeugen Sie ihn von Ihrem Potential. Wenn er an Sie glaubt, wird sie sich sicher mit Ihnen einlassen. Zu große Luftschlösser schrecken sie allerdings ab – bleiben Sie also auf dem Teppich.

Romantisch und sensibel: der Hase

Der männliche Hase

Immer gut vorbereitet, immer mit vollendeten Manieren und extrem taktvoll – so könnte man den männlichen Hasen mit wenigen Worten beschreiben. Es wird ihm wohl kaum einmal ein böses Wort über die Lippen kommen, die Kunst der Diplomatie beherrscht er bis zur Perfektion. Das macht den männlichen Hasen sehr attraktiv, denn so viel Verständnis ist für Männer eher ungewöhnlich.

Wenn der männliche Hase sein Herz verschenkt, so tut er dies in der Regel wohl überlegt und nicht aus einer momentanen Laune heraus. Seine Gefühle hält er oft erst einmal zurück – sei es, weil er nicht verletzt werden will oder weil er selbst niemanden verletzen möchte. möchte. Er braucht Zeit, um Vertrauen zu entwickeln.

Der männliche Hase möchte nirgendwo anecken. Deshalb lässt er sich nur ungern zu klaren Ansagen hinreißen. Das gilt für allgemeine Belange in der Partnerschaft genauso wie beim Austausch von Zärtlichkeiten.

... und so gewinnt man sein Herz: Finden Sie den passenden Rahmen für Ihre Beziehung und vermeiden Sie es, ihn durch unbedachte Aktionen in Bedrängnis zu bringen. Schaffen Sie eine solide Basis, auf der Ihre Liebe langsam wachsen und gedeihen kann.

Ideale Partner: Ziege, Hase, Schwein

Der DRACHE und wie man ihn erobert

Der weibliche Drache

Sobald der weibliche Drache einen Raum betritt, wenden sich alle Köpfe in seine Richtung. An ihm scheiden sich die Gemüter: Entweder man verfällt komplett seinem Charme oder man kann damit überhaupt nichts anfangen. Die meisten weiblichen Drachen sind sich ihrer Wirkung durchaus bewusst und neigen zuweilen dazu, mit den Gefühlen ihrer Anbeter zu spielen.

Der weibliche Drache ist ein unabhängiger Geist, der nach einem ebenbürtigen Partner sucht. Findet er eine Seele, die mit ihm auf einer Ebene schwebt, wird die Beziehung sicher niemals langweilig werden. Mit dem weiblichen Drachen kann man eintauchen in ein Meer aus Leidenschaft und sich dauerhaft verzaubern lassen, was durchaus zu einer gewissen Abhängigkeit führen kann.

Der weibliche Drache braucht eine Menge Aufmerksamkeit und so ist es nicht verwunderlich, dass er seine Gefühle offen zeigt und klare Ansagen macht, was wirklich nötig ist für eine aufregende Beziehung.

… und so gewinnt man sein Herz: Schmeicheln Sie ihm und versuchen Sie, bei seinem Tempo mitzuhalten. Verletzen Sie niemals seinen Stolz – das könnte tödlich für die Beziehung sein.

Weiß ganu genau, was er will: der Drache

Der männliche Drache

Männliche Drachen gelten als der Inbegriff für Erfolg. Es ist also kein Wunder, dass der Drachen-Mann in der Regel mit einem guten Selbstbewusstsein ausgestattet ist, mit dessen Hilfe er vor allem in Beziehungen immer auf der Gewinnerseite zu stehen scheint. Seine Fähigkeit, sich im rechten Licht zu präsentieren, macht den Drachen zu einem der attraktivsten Tierzeichen im chinesischen Horoskop. Er ist sich seiner Wirkung in der Regel voll und ganz bewusst und flirtet gerne und ausgiebig.

In einer festen Beziehung fühlt sich der männliche Drache nur wohl, solange seine bessere Hälfte ihm genug Raum gibt. Wenn man sich davor hütet, ihn allzu sehr zu bemuttern und es schafft, das Feuer der Leidenschaft am brennen zu halten, wird er sich nicht abwenden. Verliert er jedoch das Interesse, macht er sich schnell auf und davon und sucht sein Glück in einer neuen Liebe.

… und so gewinnt man sein Herz: Loben Sie seine zahlreichen Talente. Wenn Sie mit ihm in die Öffentlichkeit gehen, sollten Sie darauf achten, sich selbst ebenfalls in einem guten Licht zu präsentieren, ohne von seinem eigenen Glanz allzu sehr abzulenken..

Ideale Partner: Ratte, Affe, Schlange

Die SCHLANGE und wie man sie erobert

Die weibliche Schlange

Die weibliche Schlange ist häufig ausgesprochen attraktiv, wirkt aber auf den ersten Blick vielleicht ein wenig kühl und distanziert. Gerade das scheint sie jedoch so reizvoll für das andere Geschlecht zu machen. Ihrer Ausstrahlung sind sich die meisten Schlangen nicht wirklich bewusst und so betören sie oft ein wenig gedankenlos und ohne feste Absichten, was so manches Herz brechen kann.

In der Regel hat die weibliche Schlange nichts gegen eine feste Bindung. Vielmehr schätzt sie es, in eine gewisse Routine eingebunden zu sein und Beziehungen zu haben, die ihr einen festen und sicheren Rahmen geben. Die Schlangen-Frau lässt sich gerne verwöhnen und liebt es, sich selbst zu verschönern und zu pflegen. In der Liebe verhält sie sich zunächst oft ein wenig abwartend und lässt den Partner auf sich zukommen. Wer allerdings zu forsch in ihre Intimsphäre eindringt, kann ihr Herz sicher nicht gewinnen.

... und so gewinnt man ihr Herz: Haben Sie Geduld mit ihr und versuchen Sie nie, ihre Zuneigung zu erzwingen. Bieten Sie Ihr einen sicheren Rahmen – so locken Sie sie sicher aus ihrem Loch heraus.

Fantasievoll und verführerisch: die Schlange

Die männliche Schlange

Mit ihrer stillen, aber dennoch starken Art ist die männliche Schlange mindestens genauso verführerisch wie ihr weibliches Pendant. Die Attraktivität wird nicht nur durch das Äußere bestimmt, sondern vor allem auch durch gute Manieren.

Besonders wenn sie beruflich erfolgreich sind, sind männliche Schlangen wunderbare Gefährten, die es selten an Aufmerksamkeit für den Partner mangeln lassen. Auf den ersten Blick wirken sie unter Umständen ein wenig bequem, aber sie können eine Menge Aufwand betreiben.

Ziehen allerdings Gewitterwolken in der Beziehung auf, wird das gerne erst einmal ignoriert und die männliche Schlange weigert sich, die Probleme zu sehen, geschweige denn, darüber mit dem Partner zu reden.

Mit Zurückweisung kann die männliche Schlange nur schlecht umgehen. Das gilt im Alltag genauso wie im Schlafzimmer. Auch wenn sie äußerlich kühl und gelassen wirkt, setzt ihr Ablehnung innerlich sehr zu.

... und so gewinnt man ihr Herz: Passen Sie sich ihrem Tempo an und vermeiden Sie, die Dinge zu forcieren. Wenn es Ihnen gelingt, sie von Versuchungen fernzuhalten, können Sie eine lange und glückliche Partnerschaft führen.

Ideale Partner: Hahn, Drache, Büffel

Das PFERD und wie man es erobert

Das weibliche Pferd

Das weibliche Pferd ist ein absolut freier Geist, der sich kaum für eine Beziehung verbiegen wird. Stolz und unabhängig geht es seinen Weg und lässt sich weder von Konventionen noch von einem Partner in Ketten legen.

Festen Beziehungen steht das weibliche Pferd zunächst einmal eher skeptisch gegenüber. Sobald es das Gefühl hat, dass seine Unabhängigkeit in Gefahr ist, zieht es sich lieber zurück und sucht sich eine neue Spielwiese.

Seinem Sinn für Romantik entspricht es eher, mit dem Partner in der Wildnis an einem Lagerfeuer zu sitzen, als ein Fünf-Sterne-Menü im teuersten Restaurant der Stadt zu genießen.

In der Partnerschaft ist es dem weiblichen Pferd vor allem wichtig, respektiert zu werden. Wer bereit ist, ihm zuzuhören hat gute Karten, sich seine Liebe auf Dauer zu sichern.

Das weibliche Pferd stellt in der Regel hohe Ansprüche an ihren Partner – und zwar in allen Bereichen. Das kann das Zusammenleben zuweilen etwas anstrengend gestalten.

... und so gewinnt man sein Herz: Begegnen Sie ihm auf Augenhöhe. Wenn Sie dann noch offen und ehrlich sind, kann eigentlich nichts mehr schief gehen.

Unabhängig und abenteuerlustig: das Pferd

Das männliche Pferd

Kein anderes Tier verkörpert den Yang-Aspekt besser als das männliche Pferd. Seine Stärke macht die Anziehungskraft dieses Tierzeichens aus. Unter der freundlichen Oberfläche scheint es oft zu brodeln - eine gewisse Ruhelosigkeit ist recht typisch für dieses Tierzeichen.

Das männliche Pferd ist kein Freund großer Worte und so ist sein Liebeswerben vielleicht nicht gerade spektakulär. Dafür ist es in der Regel von Anfang an absolut ehrlich zu seinem Partner und lässt ihn über seine Gefühle nicht im Unklaren.

Wenn das männliche Pferd sich verliebt, dann richtig. Seichte Gefühle sind nicht seine Sache und seine Begeisterung für den Partner hält meistens lange an. Er bekennt sich mit Freude offen zu seiner Liebe und ist dem Partner treu ergeben. Seitensprünge sind bei Pferde-Männern ausgesprochen selten. Sollte es doch einmal passieren, plagt sie das schlechte Gewissen meist so lange, bis sie ihren Fehltritt eingestehen und reumütig in den eigenen Stall zurückkehren.

... und so gewinnt man sein Herz: Männliche Pferde fühlen sich von schillernden Persönlichkeiten besonders angezogen. Zeigen Sie von Anfang an Stärke und Selbstbewusstsein. Das imponiert ihm am meisten.

Ideale Partner: Tiger, Hund, Ziege

Die ZIEGE und wie man sie erobert

Die weibliche Ziege

Stille Wasser gründen tief – das gilt in besonderem Maße für die weibliche Ziege. Äußerlich kommt sie immer ein wenig verträumt daher, aber in ihrem Inneren weiß sie ganz genau, was sie will. Als Sinnbild der Weiblichkeit wirken weibliche Ziegen oft sehr feminin und schutzbedürftig. Das weckt den Beschützerinstinkt und macht sie zum begehrten Objekt starker Persönlichkeiten, die in der Partnerschaft die Führung übernehmen wollen.

Innerlich ist die weibliche Zeige jedoch überhaupt nicht schwach. Sie versteht es überaus geschickt, den Partner genau die Richtung zu lenken, die sie für richtig hält. Dabei verfügt sie über eine schier unerschöpfliche Geduld. Es würde ihr nie in den Sinn kommen, ihren Partner direkt mit ihrem Missfallen zu konfrontieren. Vielmehr sucht sie Mittel und Wege, ihn spüren zu lassen, dass die Dinge nicht so laufen, wie sie es sich vorstellt.

In der Beziehung braucht die weibliche Ziege einen stabilen Rahmen, damit sie sich entwickeln kann.

... und so gewinnt man ihr Herz: Legen Sie ihr den Himmel zu Füssen! Hüten Sie sich jedoch vor falschen Versprechungen. Weibliche Ziegen können sehr nachtragend sein!

Außen sanft und innen stark: die Ziege

Die männliche Ziege

Der männlichen Ziege liegt es, im Verborgenen zu wirken und die Umgebung erst dann in ihre Pläne einzuweihen, wenn Resultate vorliegen. So weiß so mancher potentielle Partner erst dann um ihre Gefühle, wenn sie sich endgültig offenbart. Bevor sie sich nicht absolut sicher ist, wird kein verräterisches Wort über ihre Lippen kommen. Ist die männliche Ziege jedoch erst einmal entbrannt, setzt sie wirklich alle Hebel in Bewegung. Mit ihrer sensiblen Ader spürt sie genau, was der Partner sich wünscht.

Mit Betrug kann die männliche Ziege dagegen ausgesprochen schlecht umgehen. Sie erwartet vom Partner die gleiche bedingungslose Treue, die auch sie zu geben bereit ist. Es fällt ihr deshalb sehr schwer zu verzeihen - vor allem dann, wenn sie sich der Zuneigung sicher fühlte. Hat die männliche Ziege erst einmal das Vertrauen verloren, ist es schwer, sie erneut davon zu überzeugen, dass sie aufrichtig und ehrlich geliebt wird. Man tut deshalb gut daran, immer ehrlich zu bleiben.

... und so gewinnt man ihr Herz: Versuchen Sie nicht, sie zu manipulieren. Zeigen Sie lieber Respekt und Interesse für ihre Pläne und unterstützen Sie, wo Sie nur können.

Ideale Partner: Schwein, Hase, Pferd

Der AFFE und wie man ihn erobert

Charmant und großzügig: der Affe

Der weibliche Affe

Die meisten weiblichen Affen sind mit ihrer unkonventionellen Art schnell Mittelpunkt des Geschehens. Sie sind in der Regel ausgesprochen liebenswürdig und unterhaltsam. So ist es kaum verwunderlich, dass sie niemals lange alleine bleiben. Ihre Offenheit macht sie zu unterhaltsamen Gesprächspartnern, die schnell Anschluss finden.

Mit einem weiblichen Affen als Partner wird es so schnell sicher nicht langweilig. Über Laster und Fehler des Partners sieht er großzügig hinweg, solange dieser nicht seinerseits versucht, ihm die eigenen kleinen Macken auszutreiben.

Auseinandersetzungen versucht der weibliche Affe so weit wie möglich zu vermeiden. Wenn die Situation brenzlig wird, entzieht er sich lieber dem Partner und lässt ihn mit seinen Sorgen alleine klarkommen.

Weibliche Affen sind oft hoffnungslos romantisch und lieben es, sich den ganz großen Gefühlen hinzugeben. Mit ihrer Phantasie verstehen sie es, den Partner zu überraschen.

... und so gewinnt man sein Herz: Der weibliche Affe liebt das Besondere. Wenn Sie sein Herz gewinnen wollen, sollten Sie eingetretene Pfade verlassen. Zeigen Sie Ihre Liebe offen und ehrlich – je öfter, desto besser.

Der männliche Affe

Der männliche Affe besticht durch seinen jungenhaften Charme. Wie sein weibliches Pendant weiß er, sich in den Mittelpunkt des Geschehens zu rücken und tut dies mit einer Lässigkeit, dass man es ihm nicht übel nehmen kann.

Seinem Partner gegenüber zeigt er sich überaus großzügig. Er gibt alles, was er hat – nur seine Freiheit lässt er sich nicht nehmen. Es ist deshalb viel einfacher, der unabhängige Partner eines männlichen Affen zu sein als ihn zu heiraten. Der Gedanke an die Ehe mit all ihren Verpflichtungen kann ihn schnell in die Flucht treiben. Man sollte deshalb besser nicht versuchen, ihn anzuketten, sondern ihm viele Freiheiten lassen.

Mit einem männlichen Affen kommt so schnell sicher keine Langeweile auf. Mit seinen originellen Einfällen hält er die Partnerschaft in Schwung und sorgt auch dafür, dass die Leidenschaft so schnell nicht erlischt, indem er sich immer wieder neu erfindet.

... und so gewinnt man sein Herz: Tolerieren Sie seine zahlreichen Interessen, auch wenn Sie das Gefühl haben, dass Sie dabei ein wenig zu kurz kommen. An der langen Leine gehalten, lebt es sich am besten mit dem männlichen Affen.

Ideale Partner: Ratte, Drache, Hahn

Der HAHN und wie man ihn erobert

Der weibliche Hahn

Rein äußerlich erscheint der weibliche Hahn zuweilen ein wenig unnahbar. Sein Leben verläuft meist in durchorganisierten Bahnen und er ist unglaublich effektiv, in allem, was er anpackt. Wer sich die Mühe macht, hinter die Fassade zu schauen, kann dort einen liebenswürdigen Menschen finden, der es wert ist, aus vollem Herzen geliebt zu werden.

In einer festen Beziehung hat der weibliche Hahn den Alltag in der Regel voll im Griff. Sein Sinn für die praktischen Dinge macht ihn immun gegen blumige Versprechungen oder romantische Bestechungsversuche. Weibliche Hähne brauchen in der Liebe die Reibung und konstruktive Auseinandersetzungen wie das Salz in der Suppe. Es imponiert ihnen enorm, wenn der Partner sich durchzusetzen weiß. Er darf sich ihrer uneingeschränkten Unterstützung sicher sein, wenn er sich stark zeigt.

Wenn die Liebe ihn wirklich berührt, zeigt sich der weibliche Hahn von seiner sentimentalen und weichen Seite.

… und so gewinnt man sein Herz: Gewinnen Sie seinen Respekt und lassen Sie Taten sprechen. Stehen Sie zu Ihrer Meinung und imponieren Sie mit innerer Stärke und Ihrem Intellekt.

Respektvoll und beeindruckend der Hahn

Der männliche Hahn

Mit seinem gepflegten Erscheinungsbild macht der männliche Hahn eigentlich immer eine gute Figur. Überall, wo er in Erscheinung tritt, ist ihm die Bewunderung sicher. Er ist sich seiner Wirkung meist durchaus bewusst. Über einen Mangel an Aufmerksamkeit braucht er sich in der Regel nicht zu beklagen und so genießt es der männliche Hahn, stolz seine Fähigkeiten zu zeigen.

Dauerhafte Bindungen sind nicht unbedingt sein Fall, denn mit der Treue tut sich der männliche Hahn zuweilen ein bisschen schwer. Er lebt lieber nach seinem persönlichen Gusto und sucht Anerkennung und Liebe in wechselnden Beziehungen. Da es ihm schwer fällt, jemanden hinter seine Fassade blicken zu lassen, macht er sich manchmal lieber aus dem Staub, als dass er sich voll und ganz offenbart.

Viele männliche Hähne sehen sich lieber in der spannenden Rolle des wunderbaren Liebhabers als in der des treu sorgenden Ehemannes. Lässt der Hahn sich jedoch einfangen, wird er gut für seinen Partner sorgen.

… und so gewinnt man sein Herz: Zeigen Sie Bewunderung für seine zahlreichen Fähigkeiten und versuchen Sie nie, ihn indirekt zu beeinflussen.

Ideale Partner: Büffel, Schlange, Affe

Der HUND und wie man ihn erobert

Der weibliche Hund

Der weibliche Hund kommt häufig nach innen gekehrt daher und es fällt ihm oft nicht leicht, zu einem potentiellen Partner Kontakt aufzunehmen.

Dabei verfügt er über alle Eigenschaften, die man braucht, damit eine Beziehung dauerhaft funktionieren kann. Der weibliche Hund steht felsenfest zu seinem Partner, auch wenn sich die ganze Welt gegen ihn verschworen hat. In seiner Treue ist er unerschütterlich und sein Vertrauen in die bessere Hälfte ist fast grenzenlos, was ihn zu einem zuverlässigen und mitfühlenden Gefährten macht.

Der weibliche Hund fühlt sich am wohlsten, wenn er eine starke Schulter zum anlehnen hat. Ein Partner, der es vermag, ihn emotional zu stärken und ihn vor allen Unbilden zu beschützen findet in ihm eine wertvolle Stütze in allen Lebenslagen.

In der Liebe ist der weibliche Hund kompromisslos. Ganz oder gar nicht heißt die Devise und so ist er zu wahrer Hingabe fähig.

... und so gewinnt man sein Herz: Fangen Sie ihn emotional auf und sorgen Sie für ihn. Wenn Sie ihn dann noch davon abbringen können, immer zuerst das Haar in der Suppe zu suchen, stehen Ihnen glückliche Zeiten bevor.

Liebevoll und zuverlässig: der Hund

Der männliche Hund

Es gibt wohl kaum einer treuere Seele im chinesischen Tierkreis als den männlichen Hund. Er ist absolut aufrichtig in seinen Gefühlen und ehrlich in seinen Absichten, da kann sich jede Frau sicher sein.

An seine Wirkung mag er zuweilen nicht so recht glauben, weshalb er bei der Partnersuche vielleicht manchmal nicht ausreichend Eigeninitiative an den Tag legt. Gelingt es jedoch, ihn aus der Reserve zu locken, ist er durchaus in der Lage, sich im rechten Licht darzustellen. Die meisten männlichen Hunde meiden das Risiko und wagen sich deshalb in der Liebe nur so weit vor, wie es unbedingt sein muss. So ist es manchmal schwer zu erkennen, ob wirklich Interesse an einer Beziehung vorhanden ist.

Das traditionelle Partnermodell ist für die meisten männlichen Hunde wie geschaffen. Im sicheren Hafen der Ehe eingelaufen, zeigt er alle seine Qualitäten und liest seinem Gegenüber jeden Wunsch von den Augen ab.

... und so gewinnt man sein Herz: Überlassen Sie ihm das Geben. Er fühlt sich einfach wohler, wenn er Sie verwöhnen und für Sie sorgen kann und erwartet dafür in der Regel kaum eine Gegenleistung.

Ideale Partner: Tiger, Schwein, Pferd

Das SCHWEIN und wie man es erobert

Das weibliche Schwein

Schon die alten Chinesen wussten, welch wunderbare Gefährtin das weibliche Schwein ist. Es scheint Liebenswürdigkeit und Freundlichkeit schon in die Wiege gelegt zu bekommen und lässt seinen Partner gerne an seinem persönlichen Glück teilhaben.

Weibliche Schweine sind romantisch und malen sich in ihrer Phantasie die Liebe immer in den wunderbarsten Farben aus. Mit ihrem sonnigem Gemüt weigern sie sich, etwas Schlechtes von ihrem Partner zu glauben und stehen auch noch dann zu ihm, wenn bereits alle Indizien gegen ihn sprechen.

Die meisten weiblichen Schweine sind verliebt in die Liebe und gerade deshalb nicht vor Enttäuschungen sicher. Mit Niederlagen kommen sie allerdings recht gut klar und so landen sie nach kurzem aber heftigem Liebeskummer immer wieder sicher auf beiden Beinen.

Sie haben die Gabe, jede Beziehung zu etwas ganz Besonderem zu machen und sind bereitwillig Geliebte, Mutter und Vertraute.

... und so gewinnt man ihr Herz: Es braucht wirklich nicht viel, um das weibliche Schwein glücklich zu machen. Wenn Sie ihr den Hof machen, appellieren Sie vor allem an seine romantischen Gefühle.

Leidenschaftlicher Genießer: das Schwein

Das männliche Schwein

Alle mögen das männliche Schwein, weil es so einfühlsam ist, so dass sich jeder in seiner Gegenwart wohl fühlt. Sein großes Verständnis und seine Bereitschaft zum Zuhören sind für einen Mann eher untypisch und das macht sie zum begehrten Objekt.

Trotzdem ist das männliche Schwein nicht schnell, wenn es darum geht, eine Beziehung aufzubauen. Es zeigt sich nicht immer direkt empfänglich den Reizen der Liebe gegenüber. Das liegt vielleicht daran, dass es häufig unterschwellige Selbstzweifel plagen, die es davon abhalten, forscher ans Werk zu gehen.

Ist es jedoch gelungen, sein Herz zu gewinnen, wird man es sicher nicht bereuen. Das männliche Schwein liebt es nämlich, seinen Partner zu überraschen und mit exquisiten Dingen seine Zuneigung zu zeigen. Wenn das Schwein gibt, tut es das ohne Hintergedanken.

In einer Ehe oder langjährigen Beziehung mit einem männlichen Schwein wird der Zauber sicher so schnell nicht vergehen.

... und so gewinnt man sein Herz: Das männliche Schwein liebt es, mit Zuneigung überschüttet zu werden. Geben Sie ihm das Gefühl, dass Sie unmöglich ohne ihn leben können.

Ideale Partner: Ziege, Hase, Hund

„Wer ständig glücklich sein möchte, muss sich oft verändern"

Konfuzius

Yin und Yang und die Fünf Elemente

Jedes Tierzeichen wird durch die Fünf Elemente sowie Yin und Yang eindeutig charakterisiert. Diese beiden Grundprinzipien der asiatischen Philosophie beschreiben außerdem auch alle anderen Bereiche unseres Lebens auf verblüffend zutreffende Art und Weise

Im alten China standen die Fünf Elemente ursprünglich für die fünf Planeten Jupiter (Holz), Mars (Feuer), Saturn (Erde), Venus (Metall) und Merkur (Wasser). Aufgrund von astronomischen und astrologischen Beobachtungen über die Jahrhunderte wurden dann nicht nur die Jahreszeiten, Formen und Farben, sondern auch jedes Tier und jede Pflanze einem Element zugeordnet. Auch der menschliche Körper als Teil der universellen Schöpfung folgt diesen Gesetzmäßigkeiten. So lassen sich auch unsere inneren Organe, die Körpergewebe, die Sinnesorgane und unsere Empfindungen den Fünf Elementen sowie Yin und Yang zuordnen.

Nach der chinesischen Philosophie stehen die Elemente in einem sogenannten Fütterungszyklus zueinander. Danach nährt das Holz das Feuer, dessen Asche gibt der Erde Kraft. Aus der Erde wird das Metall gewonnen, das wiederum mit seinen reichhaltigen Inhaltsstoffen das Wasser belebt. Und Holz braucht das Wasser zum Wachsen – so ist der Zyklus harmonisch geschlossen. Anhand nebenstehender Grafik ist es einfach nachzuvollziehen, wie sich ein Zuviel oder ein Zuwenig der einzelnen Elemente auf das gesamte System auswirkt.

Fehlt zwischen Holz und Erde das Feuer, ist die Wirkung vergleichbar mit einem Baum, der dem Boden langsam, aber sicher die Kraft entzieht. Ein schwaches Wasser-Element kann dazu führen, dass das Holz nicht genug Nahrung bekommt und vom Metall „beschnitten" wird. Wasser und Feuer prallen direkt aufeinander, wenn dazwischen das Holz fehlt.

Die Fünf Elemente und ihre Eigenschaften

Die Tabelle bei der Jahresvorschau ihres Tierzeichens ab Seite 10 zeigt Ihnen, welches Element Ihrem Geburtsjahr zugeordnet sind.

Wenn Sie die Eigenschaften der unterschiedlichen Elemente betrachten, sollten Sie jedoch bedenken, dass jeder Mensch eine Kombination aus mehreren verschiedenen Elementen bei seiner Geburt mitbekommen hat. Der persönliche Charakter und das eigene Schicksal lassen sich also nicht ausschließlich aufgrund des chinesischen Jahrestieres mit dem dazugehörigen Element ermitteln, sondern ergeben sich aus der Kombination aller im Geburtshoroskop vorhandenen Elemente.

Wie sich Yin und Yang in Balance halten

Jedes der Fünf Elemente gibt es in einer Yang- und einer Yin-Ausprägung. Die Begriffe Yin und Yang wurden ursprünglich für die Sonnen- und Schattenseite eines Berges benutzt. Heute bezeichnen sie sämtliche Polaritäten wie hell und dunkel, langsam und schnell, männlich und weiblich. Wir Menschen sind dem Einfluss beider Seiten ausgesetzt und es gilt immer, nicht nur die Fünf Elemente in Harmonie zu bringen, sondern auch Yin und Yang in Balance zu halten.

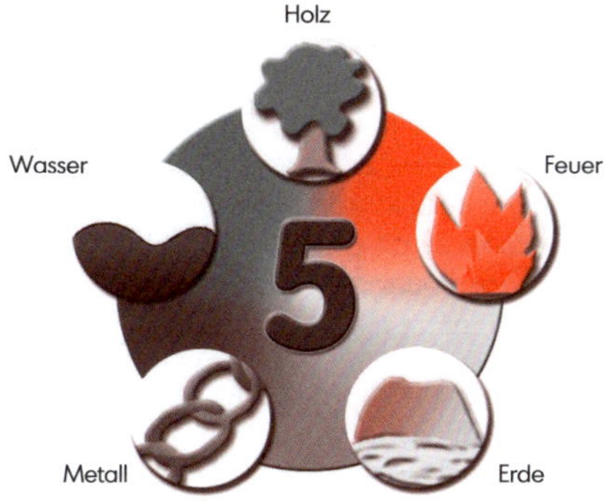

Holz

Das Element Holz steht für alles, was grünt, und verspürt ständig den Drang zu wachsen. Der Planet Jupiter ist der Holzplanet. Grün und hellblau sind die Farben, die mit Holz assoziiert werden. Auf der körperlichen Ebene steht Yang-Holz für die Galle und Yin-Holz für die Leber.

Die dem Holz entsprechende Jahreszeit ist der Frühling, das entsprechende Lebensalter des Menschen die Kindheit.

Das Element steht generell für Spielfreude, Schöpferkraft, Freiheitsdrang und Kreativität.

Menschen mit einem hohen Holzanteil lieben es, in der freien Natur zu sein und sind meistens sehr kinderlieb – wohl auch, weil sie sich selbst ihr inneres Kind bewahrt haben. Außerdem steht das Element Holz für eine gute Intuition.

Menschen mit viel Holz neigen häufig zur Egozentrik – vor allem wenn man sie einengen will. Wenn sie an ihre eigenen Grenzen stoßen, reagieren sie oft mit Zorn und Wut. Wird dieses Gefühl unterdrückt, äußert sich das häufig in einer Schwäche der entsprechenden Organe Galle und Leber.

Geduld gehört nicht unbedingt zu den Stärken des Holz-Elements. Wenn alles nicht sofort so klappt, wie sie es sich vorstellen, verlieren solche Zeitgenossen in der Regel schnell die Lust an einer Sache.

Damit man die Einfälle des Holz-Elements in die Tat umsetzen kann, braucht es das Feuer.

Feuer

Feuer bringt Bewegung und Aktivität ins Spiel. Das Holz nährt das Feuer mit seinen Ideen, die dann vom Feuer-Element in die Tat umgesetzt werden. Der Feuerplanet ist der Mars und die dazugehörige Farbe ist rot. Dünndarm (Yang) und Herz (Yin) sind diesem Element zugeordnet.

Feuer ist das Element, unter dem sich die Menschen emotional öffnen und Beziehungen eingehen. Die zum Feuer-Element gehörende Jahreszeit ist der Sommer, die Zeit, in der die Sonne am heißesten vom Himmel brennt. Zum Feuer-Element gehört der Lebensabschnitt der Teenager und jungen Erwachsenen.

Das Element Feuer steht für lebhafte und beredsame Zeitgenossen, die jedoch manchmal auch zu leicht extrovertiertem Verhalten neigen. Feuermenschen sind sehr geradeaus und tragen ihr Herz häufig auf der Zunge. Sie arbeiten gerne und viel und sind dabei meist clever und temperamentvoll.

Zeitgenossen mit viel Feuer fallen oft durch ein starkes Temperament auf. Sie gehen auch große Aufgaben mutig an und sorgen dafür, dass Worten auch entsprechende Taten folgen. Ein harmonisches Feuer-Element weiß, wann es aktiv werden muss und wann es „Fünfe gerade sein lassen kann". Ist das Feuer zu stark, kann sich das zuweilen in hektischer Aktivität äußern, während ein zu schwaches Feuer oft ein wenig antriebslos wirkt.

Wenn das Feuer zu Asche verbrannt ist, entsteht das Element Erde.

Erde

Dieses Element sorgt für die nötige Stabilität. Es bringt die Vernunft ins Spiel und achtet darauf, dass Aktivitäten nicht aus dem Ruder laufen. Der Saturn gilt als Erdplanet und die entsprechenden Farben sind alle Gelb- und Brauntöne. Aus der Erde gewinnen wir unsere Nahrung und deshalb gehören Magen (Yang), Milz und Bauchspeicheldrüse (Yin) zum Erd–Element.

Das entsprechende Lebensalter ist das mittlere Erwachsenenalter, wo der Mensch zu Familie und Beziehungen findet. Dem Erd-Element wird keine bestimmte Jahreszeit zugeordnet. Wie auch im Kreislauf der zwölf Tierzeichen wird es quasi immer als eine Art Puffer zwischen die anderen Elemente und Jahreszeiten platziert.

Erde steht für Stabilität und Sicherheit, aber auch für Familienzusammenhalt im weiteren Sinne. Menschen mit einem hohen Erdanteil im Horoskop sind sehr zuverlässige Zeitgenossen, die zu langfristigen und besonders stabilen Bindungen fähig sind.

Erd-Typen konservieren beharrlich altes Wissen und sind oft leidenschaftliche Sammler. Ein gesunder Erdanteil hilft uns, Bodenständigkeit in unser Leben zu bringen und die richtigen Entscheidungen zu treffen, damit aus unseren Ideen (Holz) und Aktivitäten (Feuer) etwas werden kann.

Zu viel Erde kann jedoch zu mangelnder Flexibilität führen. Ist die Erde dagegen schwach oder nicht vorhanden, fühlt sich der Mensch möglicherweise nirgendwo so richtig zu Hause.

Aus der Tiefe der Erde schürfen wir das Element Metall.

Metall

Metall ist ein kühles Element, das viel mit Struktur und Ordnung zu tun hat. Metall kann planen. Es weiß genau, welcher Schritt der nächste sein sollte, um ein angestrebtes Ziel zu erreichen. Die Venus ist der Metallplanet und die Elementfarben sind weiß, grau, silber und gold. Auf der körperlichen Ebene gehört das Metall-Element zu Lunge (Yin) und Dickdarm (Yang).

Der Herbst ist die Jahreszeit des Metalls. Auch beim Menschen ist der Lebensherbst diesem Element zugeordnet. Aktivität und Zielstrebigkeit sind nicht mehr die wichtigsten Ziele. Man hat in der Regel seinen Lebensrhythmus gefunden und erntet die Früchte des Erfolges.

Generell steht das Metall-Element für Tatkraft, Fortschrittlichkeit, Zähigkeit und einen ideellen Abstand zu den Dingen. Aber auch strategisches Denken und ein rationaler Umgang mit Geld zählen zu den Metallqualitäten.

Menschen mit einem gesunden Metallanteil verstehen es, ihr Leben zu organisieren. Zu viel Metall kann allerdings zu dogmatischen Strukturen führen, die wenig Spielraum für spontane Impulse von außen lassen. Ist das Metall dagegen nicht stark genug, besteht die Gefahr, dass man nicht zielstrebig genug ist und sich vom eigentlichen Weg abbringen lässt.

Um in den Fluss zu kommen braucht Metall das Wasser-Element.

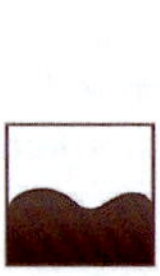

Wasser

Wasser fließt (Yang-Wasser) oder steht (Yin-Wasser). Es ist von allen Elementen das flexi-

Die Fünf Elemente und ihre Entsprechungen

	HOLZ	FEUER	ERDE	METALL	WASSER
Himmels-richtung	Osten, Südosten	Süden	Südwesten, Nordosten	Westen, Nordwesten	Norden
Jahreszeit	Frühling	Sommer	Übergänge zwischen den Jahreszeiten	Herbst	Winter
Farben	grün/hellblau	rot/violett/ orange	gelb/braun/ beige	weiß/hellgrau/ gold	schwarz/ dunkelblau
Formen	langgestreckt	spitz, dreieckig	flach, rechteckig	rund	unregel-mäßig
Material	Holz Pflanzen	Feuer Kerzen, Räucherstäbchen	Erde Ton Terrakotta	Metall Schmuck Hartgeld	Wasser Brunnen Teiche
Organe Yin Yang	Leber Gallenblase	Herz Dünndarm	Milz/ Bauchspeicheldrüse Magen	Lunge Dickdarm	Nieren Blase
Sinnesorgan	Augen (sehen)	Zunge (sprechen)	Mund/Lippen (schmecken)	Nase (riechen)	Ohren (hören)
Gewebe	Finger- und Fußnägel, Sehnen	Blutgefäße	Muskeln Fett- und Bindegewebe	Haut, Körperbe-haarung	Knochen, Zähne, Kopfbe-haarung
Geschmack	sauer	bitter	süß	scharf	salzig

Hier eine kleine Auswahl mit den wichtigsten Entsprechungen der einzelnen Elemente. Will man eines der Elemente stärken, kann man dies z. B. mit den entsprechenden Farben, Formen, Materialien oder Geschmacksrichtungen tun. Schwächen in einem der Elemente äußern sich häufig körperlich über Ungleichgewichte oder Krankheiten der entsprechenden (Sinnes-)Organe.

belste. Dem Wasser steht die Welt offen. Ist ein Weg versperrt, sucht es sich eben einen anderen. Merkur ist der Wasserplanet. Die Farben schwarz und dunkelblau gehören diesem Element an und auf der körperlichen Ebene ist das Wasser unter anderem Nieren (Yin) und Blase (Yang) zugeordnet.

Im Winter, der Jahreszeit des Wasser-Elementes, kommt die Natur zur Ruhe und sammelt ihre Kräfte für den Neuanfang im Frühjahr. Entsprechend gehört auch beim Menschen das Alter zum Wasser-Element – die Kraft zieht sich jetzt allmählich zurück.

Im Wasser-Element spielen Emotionen und Begeisterung nicht mehr die größte Rolle. Wasser stellt eigentlich alles in Frage und denkt über die Grenzen des Greifbaren hinaus. Dabei schwimmen Wassermenschen durchaus auch gegen den Strom und kümmern sich wenig um die Gefühle und Meinung anderer. Sie legen Wert auf ihre Unabhängigkeit.

Ein harmonisches Wasser-Element gibt uns Gelegenheit, uns für unsere Umgebung zu öffnen, Reisen zu genießen und mit unseren Mitmenschen zu kommunizieren. Ist das Wasser-Element zu stark, kann der Druck auf den Menschen zu groß werden. Das kann dann entweder zu Rastlosigkeit (Yang) oder zu Süchten (Yin) führen. Menschen mit einem zu schwachen Wasseranteil fühlen sich dagegen oft unverstanden.

Wasser nährt das Holz – und damit schließt sich der Kreislauf der Fünf Elemente.

LEBENSWEISHEITEN AUS DEM FERNEN OSTEN

Hänge nicht der Vergangenheit nach,
eile nicht in die Zukunft voraus,
bleibe direkt im Bewusstsein
der Gegenwart, so wie es ist.

Gampopa

Wer das Lebensglück
in den kleinen Dingen sucht,
der wird zufrieden leben können.

Gautama Buddha

Jeden Morgen werden wir neu geboren,
jeder Tag ist uns ein Geschenk.
Es kommt darauf an,
was wir aus diesem Geschenk machen.

Gautama Buddha

Meditation heißt,
den Geist zur Ruhe zu bringen,
um Weisheit entstehen zu lassen.

Ajahn Chah

Tag und Nacht, was immer
euch begegnet, ist euer Leben;
daher sollt ihr euer Leben
der Situation anpassen,
der ihr im Augenblick begegnet.

Dogen Zenji